デューイ著作集4　哲学4

JOHN DEWEY

The Quest for Certainty
A Study of the Relation of Knowledge and Action

確実性の探求
知識と行為の関係についての研究

ジョン・デューイ[著]
加賀裕郎[訳]
田中智志[解題]

東京大学出版会

The Collected Works of John Dewey,
Volume IV [Philosophy 4]
*The Quest for Certainty: A Study of the Relation of
Knowledge and Action,* by John Dewey, 1929.

Based on English editions, published by George Allen &
Unwin, Ltd. in 1929, G. P. Putnam's Sons in 1960 [Capricorn
Books], and Southern Illinois University Press in 2008
[Collected Works of John Dewey, Book 4].

Japanese Translation by Hiroo KAGA
University of Tokyo Press, 2018
ISBN978-4-13-014204-5

『デューイ著作集』の刊行に寄せて

　アメリカの教育学者・哲学者として広く知られているデューイ（John Dewey, 1859-1952）は、ほぼ同時代を生きたドイツの哲学者、ハイデガー（Martin Heidegger, 1889-1976）と、好対照をなしているように見えるだろう。デューイはハイデガーよりも30歳年長であるが、二人は60年以上にわたり、同時代を生きている。どちらも、世界に広く知られているが、どちらも、相手に言及したことが一度もない。「プラグマティズム」と「存在論」という、水と油のような二人の思想の違いを考えれば、得心しそうになるが、おそらく、ことはそう単純ではないのだろう。

　ともあれ、日本の教育学において、デューイの思想は、ハイデガーの思想に比べれば、はるかに大きな理論的主柱をなしていた。あの「大正新教育」を理論的に支えてきた思想の主柱の一つは、デューイのそれであったし、第二次大戦後から現代にいたるまで、日本の教育の大きな転換期においては、様ざまな人が、デューイの思想に触発されつつ、説得力あふれる教育論を展開してきた。有名な『デモクラシーと教育』『学校と社会』などは、今も教育学の基本文献である。

　にもかかわらず、デューイの教育思想は、「問題解決に向かう学習」「民主主義を実現する教育」といわれるような、わかりやすいものではないし、その哲学思想も、「プラグマティズム」という言葉に収まるような、一意的なものではない。そこには、たとえば、ハイデガーが批判しながらも、迎え入れた形而上学的思考がふくまれている。デューイの教育思想も哲学思想も、いまだにその全貌が分からない、そして私たちを大切なものに向けて触発しつづける、豊かさそのものである。

　さかのぼれば、『デューイ著作集』を企画し東京大学出版会に提案したのは、2011年の晩秋のころである。あれほど著名な人物でありながら、そして教育思想と哲学思想の両方にまたがる思想家でありながら、その主要な著作が読み

やすいものとして、またまとまったかたちで翻訳されていなかったからである。本国のアメリカで南イリノイ大学出版局（Southern Illinois University Press）から全37巻の著作集（*The Collected Works of John Dewey, 1882–1953*）が刊行され、すでに20年前に完結していたことも、後押しとなっていた。ちなみに、ハイデガーの全集については、ドイツのクロスターマン社（Vittorio Klostermann）から全102巻の全集（*Heidegger Gesamtausgabe*）が刊行されるとすぐに、日本でも、翻訳全集の刊行が開始された。

　なるほど、デューイの翻訳書は、すでに大正期から刊行されてきたが、もはや入手困難な春秋社版『ジョン・デュウイー著作集』（1950年代に刊行）をのぞけば、どれも単発的なものであった。私は、過去のそうした翻訳書の成果を踏まえつつも、多岐にわたるデューイの思想に一通りのまとまりをもたせた、かつ読みやすさを意識した訳文の著作集、とりわけ後期の充実した著作をふくむそれを刊行できるなら、新たなデューイ思想を描く確かな足場になるのではないか、と考えた。

　幸いにも、この企画について、多くの方々から賛同をいただき、2013年から著作の選定・調整、訳業の分担・依頼の作業に入った。ただ、思いのほか訳業・調整に手間取り、最初の配本にこぎつけるまでに多くの時間を要することとなった。この企画に参画してくださった方々のご尽力に、衷心から敬意を表する。また、ワーキング・グループとして、本著作集に組み込むデューイの著作の選定・配列をはじめ、具体的な作業を一手に引き受けてくれた「デューイ翻訳著作集編集委員会」の方々にも、深甚の感謝を申しあげる。なお、本著作集は、当面、第Ⅰ期として全8巻が刊行されるが、第Ⅱ期についても、同じ巻数の翻訳を考え、準備を行っている。この著作集が、今後のデューイ研究、また哲学思想・教育思想の研究の礎にならんことを、心より祈念する。

総監修　田中智志

デューイ著作集4
［哲学4］『確実性の探求』──目　次

解　題『確実性の探求』に寄せて（**田中智志**）　　v

確実性の探求──知識と行為の関係についての研究（**加賀裕郎**［訳］）

第1章　危険の回避────────────────3

第2章　不変なものへの哲学の探求──────────21

第3章　権威の対立──────────────────39

第4章　受容の技術と制御の技術──────────59

第5章　作業する観念────────────────85

第6章　観念の自由な働き──────────────111

第7章　知的権威の座────────────────135

第8章　知性の自然化────────────────157

第9章　方法の卓越性────────────────181

第10章　善の構成──────────────────207

第11章　コペルニクス的転回────────────235

解　説───────────────**加賀裕郎**　257
　　1. 本書の成立（257）／2. デューイ思想における本書の位置づ

iv 目 次

け（259）／3.『確実性の探求』に関する若干の興味深い解釈（265）／4. 教育への示唆（268）

人名索引（271）／事項索引（273）

解　題　『確実性の探求』に寄せて

田 中 智 志

何が「確実性」と呼ばれるべきか

　本書『確実性の探求』の主題は、何が確実性であるか、何がそれに求められるか、である。デューイの主張を端的に要約するなら、次のようになるだろう。確実性は、唯一神のような絶対者が定めた秩序、ないし所与である原理に支えられた「絶対的確実性」（absolute certainty）ではなく、実験の結果から確証される科学的確実性（デューイは「安全性」security という）を踏まえつつも、「原理」や「確証」が前提としている主従的二項対立、すなわち神と人、無限と有限、形式と質量、理論と実践、価値と事実、理想と現実、知識と行動などを超えて探究されるところ、つまり主従的に対立化された二項の連続性ないし「一体性」に通じてるような「現実の可能性」、すなわち「[現実の] 理想的可能性」（ideal possibilities）を必要としている。そしてそこでは、近代とともに忘却され、放逐された「依存の感覚」（sense of dependence）が、「宗教的態度」とともに、回復される、と。

　簡単に敷衍しよう。まず、「絶対的確実性」は、近年「基礎づけ主義」（foundationalism）と形容される思考の中心である。それを支える「原理」は、たとえば、プラトンの「イデア」、アリストテレスの「エッセ」、キリスト教思想の「ロゴス」、「存在」である。それはまた、近世の「形而上学」、たとえば、バウムガルテンやクルジウスのそれにおいて「ラティオ」（ratio）と呼ばれたものであり、明治期以降の日本で「本質」と呼ばれてきたものである。しかし、こうした「原理」は、本来、明示的に語りえない。たとえば、「神」の絶対性を語る神学が「否定神学」（theologia negativa）と形容されるように、暗示的にしか語りえない。にもかかわらず、その「原理」が明示的に語られるとき、つまりそれが実体化されるとき、そこに、神と人、無限と有限、理想と現実と

いった、主従的二項対立の主としての「原理」が構築され、そうした二項対立が成立し、価値の「基礎づけ」が始まる。

　次に、科学的確実性を支えているのは、「実証性」(positivity) というよりも、ポパー (Popper, Karl) のいう「反証可能性」であろう。「反証」(disproof/counter-evidence) とは「A は B である」という言明を否定することである。それは「A は B ではない」と記述可能な事実を見つけることである。ある言明を否定するといえる事実を示すことが「反証」である。反証は可能である。その事実が見つかるかどうかという難しさはあるが。これに対し、「実証」(actual proof) とは「A は B である」という言明を事実によって肯定することである。それは、「「A」と呼ばれる事象すべてが「B」と呼ばれる事象すべてである」という事実を示すことである。ある言明を肯定する事実をすべて示さなければならない。それは厳密にいえば不可能である。実際に「実証された」と呼ばれている事実は、一定の情況下（条件下）の事実である。ともあれ、反証、実際の「実証」が示そうとする「法則」は、一定の情況内において期待される「十分に安定した［因果］関係」、つまり暫定的関係性にすぎない（本書 p. 166)。それは、不確定性原理が登場しても、変わることなく、科学が求めるものである。

　さて、以上の敷衍を踏まえつつ、以下では、本書の議論を支えている三つの概念、すなわち「宗教的態度」「想像力」「依存の感覚」について敷衍し、最後に本書のもつ教育学的含意を示す。

確実性が要する宗教的態度

　まず、確認するなら、デューイが「絶対的確実性」にも科学的確実性にも見いだしているものがある。それは「反様相」である。「様相」(modality) は、時間・情況の変化とともに変わる相であり、反様相とは何があっても変わらないことである。すなわち、どこでも・いつでも「A ならば B である」という必然性があることである。こうした因果の必然性は、古来、人びとの願望するところであった。不慮不測の事故・災害・戦争など、予想外の出来事で死滅することを恐れる人びとが、心から求めてきたものである。生存に不可欠なものこそが、因果の必然性としての確実性である。その意味では、全知全能の神に

解　題　『確実性の探求』に寄せて　　　　vii

祈願することも、不変の法則を実証的に探究することも、同じである。

　こうした反様相への願望は、現代社会の行政・経営にも、かなり矮小化されたかたちであるが、見いだされる。それは、たとえば、あの「確証によること」(evidence-based) を求める態度である。すなわち「この新しいプランには、エヴィデンスが欠けています」と、初めてやることに対し、それが成功する確証を求めるという、パラドキシカルな態度である。この「エヴィデンスを示せ」というまじめな顔ににじむものは、失敗・過誤に対する怯え・恐れである。しかし「私たちが未来に向かいどんな努力しても、確実性を手に入れることはできない」(本書 p. 251)。反様相の願望は、よりよいことに向かう進取を敢然と試みること、すなわち「理想」に向かうという態度と一致しない。

　デューイが確実性のために希求することは、この「理想」に向かうという態度である。デューイは、それを「宗教的態度」(religious attitude)（！）と形容する。それは、「世界の理想化」(idealizing the world) に向かう「現実の可能性を発見し、その可能性を具現化しようと努めるという」態度であり、端的にいえば「理想主義」(idealism デューイ流の「観念論＝理念論」) である。私たちは、私たちの情感と忠誠をこの可能性に向かわせるという能力をもっている（本書 pp. 248-249)、なるほど、この態度は、「絶対的確実性」を求めた人びとにも見いだされるだろう。しかし、「本質」(essence) を「大いなる存在」(Being＝「神」) のなかに見いだしてきた「哲学」(たとえば、トマス・アクィナスのそれ) は、その「本質」を、あらたに「行為を通して具現化されるべき〔現実の〕可能性」に見いださなければならない（本書 p. 250)。デューイが確実性のために希求するのは、この新しい「宗教的態度」であり、「想像力」をいっそう活性化し、人びとが向かうべき「現実の可能性」を拓くことである。

受容し創出する想像力

　確認しておくなら、デューイにとって、人びとの「宗教的態度」は、「人間の自然」(humanity) の「表出」である。いいかえれば、私たちは、あらたに提起される理念・信念について何も知らないときでさえ、すでにあらたな理念・信念へ向かう力を携えている。あらたな理念・信念は、「現実性」である「知識」に対し、「可能性」として、それも生に方向性を与え、特定の情況にお

いて選択されるべき「理想」として、生成する。デューイにとっての「理想」は、様ざまな種類のあらたな理念・信念の本態である。その意味で「理想と可能的なものは等価の観念である」（本書 p. 245）。

この「人間の自然」の「表出」、「現実の可能性」の探究を主導する力は、「想像力」である。「想像力」が「現実の可能性」、それも「現実の理想的可能性」を生みだす。「想像力がその翼を切り取ったり、その翼を使うことを恐れたりするとき、知識は力を失う」（本書 p. 254）。「想像力は、現実的なものの知識が開示する新しい可能性を指し示し、人類のありふれた日常経験のうちに新しい可能性を実現するための方法を投企する」（本書 p. 255）。「仮説」は、その象徴である。この「想像力」は、事物から何かを感覚的に受容し、何らかの知識を意味的に創出することである。この受容と創出の力は、気まま・無秩序ではなく、「理想的可能性」に向かう。この「想像力」は、感覚（経験）されたものと意味（価値）づけられたものを媒介としつつも、それらを超えている。「想像力」は、感覚にも意味にも先立つ営みである。

思い出されるのは、カントが 1787 年の『純粋理性批判』において提示した「構想力の超越論的な能力」（transzendentale vermögen der Einbildungskraft）（W 3, KrV, I: A102-3）、つまり「超越論的構想力」（transzendentalen Einbildungskraft）である。それは、基本的に「直観」、それも「純粋な直観」（rein Anschauung）、いいかえれば「根源的直観」（intuitus originarius）である。しかしそれは「思考」もふくむ。それが「象る」（形象化する）ことでもあるから。つまり、超越論的構想力は、「形象的総合」（synthesis speciosa/figürliche Synthesis）と呼ばれるように（W 3, KrV, I: B151）、根源的直観という受容であり、かつ眼前にないものを象るという創出でもある。しかし、カントは、この受容し創出する超越論的構想力を敷衍しなかった。ハイデガーは、1928-29 年の講義『哲学の導入』において、カントは「超越論的構想力を前にして、形而上学的不安を覚え、それを自分の著作から削除しようと試みた」と述べる（GA 27, EP: 269）。「形而上学的不安」とは、「超越論的構想力」がキリスト教が語ってきた「神の象り」（imago Dei）の「象り」、つまり「理性」の外に向かいかねない、ということだろうか。

ともあれ、デューイは、おそらくカントのこの「形而上学的不安」を踏み超

えてであろう、その「超越論的構想力」に相応する力を、異なるかたちで「想像力」として語ったといえるだろう。

科学が喚起する依存の感覚

　三つめの「依存の感覚」（sense of dependence）は、人が他者・事物・自然を受け容れ、それらに与り支えられているという感覚である。この感覚は「人びとの分断を終息させる」。この感覚が「だれもが現実性の避けがたい不確実性を共有しているという感覚」を生み出すからである。この「依存の感覚」は、上記の形而上学的ともいえる「想像力」が生み出す「理想的可能性」の中身である。

　この「依存の感覚」と類同的な概念は、1917 年の『デモクラシーと教育』でも言及されている。「依存」ないし「相互依存」である。それは、自分が他者に依存できること、他者が自分に依存することを受容できること、である。「依存」といえば、否定的なニュアンスがただようが、デューイは、それを肯定的に意味づける。なぜなら、それは、協同性の基礎である相互支援（助けあい）を可能にするからである。デューイにとって、人びとが「依存」の力を喪い、個人主義的な「個人性」（自律性）に惑溺することは、きわめて危険なことであった。デューイは、次のように述べている。

> 　社会的観点から見るなら、[他者への] 依存は、弱さではなく、むしろ力（power）を意味し、その依存は、相互依存（interdependence）をふくんでいる。個人の独立性が増加することは、個人の社会的能力（social capacity）が減少する危険性をつねにはらんでいる。個人が独立的・自立的になればなるほど、個人はますます自己満足的になるだろう。つまり、個人は独善的になり、他者に対し冷淡になるだろう。その結果、人はしばしば自分と他者の関係について非常に鈍感になって、自分ひとりで生活し行動することが実際にできるにちがいないという幻想にとりつかれるだろう。（CWD, mw. 9, DE: 49）

　ここで、デューイは、当時流行の「個人主義」、すなわち「自己」の欲望を

実体化し制度化した言説を批判し、そこで語られる「個人」が「相互依存」という自・他の関係性を看過し、エゴイズムに堕する、と論じている。思い出すべきは、「依存」の力である、と。この力は、異なり他なるものを動かし操る力ではなく、それらを招き容れる力である。いわば、制御する力ではなく、歓待する力である。ちなみに、この受容する力は、倫理的な意味で、他者への配慮・顧慮を可能にしているだけでなく、生物学的な意味で、生命の生存・活動を可能にしている。そもそも、栄養を摂らなければ、いいかえれば、栄養を自分のなかに招き入れなければ、生命は、自分を維持できないのだから。

デューイはまた、1934 年の『共有の信』において、人間性・道徳性の基礎である「情感」を「結合の感覚」であると述べている。それは「依存しあい、支持しあうという、人間と世界の結合の感覚（sense of connection）であり、この感覚において、想像力は、この世界をユニヴァース（universe）として感知する」と（CWD, lw. 9, CF: 36）。「ユニヴァース」は、直訳すれば、全一（uni)-に向かうこと（verse）である。ようするに、すべてがつながり一体化することである。

デューイの議論は、著作の最後で、それまでの議論展開で用いていない、神学的概念をもち出す傾向にあるが、『確実性の探求』でも同じである。「依存の感覚」は、キリスト教の概念である。デューイは、「依存の感覚」の典拠として、シュライエルマッハー（Schleiermacher, Friedrich 1768-1834）を挙げているが（本書 p. 251）、その語用論的起源はパウロのいう「弱さの力」であろうし、その思想的起源は同じくパウロのいう「からだの器官」であろう（コリントの信徒への手紙 第二、第一）。どちらも原始キリスト教の概念である。「私」の魂の「完全化」をめざすシュライエルマッハーを突き動かしていたものは、「理性」ではなく「感情」（Gefühl）である。この「感情」は、近代的区別、すなわち理性／感情という区別を前提にしたそれではなく、1821/2（1830/1）年の『キリスト教信仰論』における彼自身の言葉を用いるなら、「無制約の依存の感情（絶対依存の感情）」（schlechthinnige Abhängigkeitgefühl）である（Schleiermacher 2008: §4-3）。金子晴勇によれば、それは「自己を超越した者に受動的に関わりながら、それ自身のうちにとどまっている」敬虔な感情である（金子 2012: 455）。これは、おそらく原始キリスト教のいう「信」（自己を超

えて神を受け容れること）への回帰だろう。

　ともあれ、この「依存の感覚」は、「絶対的確実性」を求めていても、科学的確実性だけを求めていても、得られない。この依存の感覚を甦らせるものは、コペルニクス的転回である。すなわち、確証されたものがもたらす確実性のかわりに、「変化の真っただ中の安全確実性［＝科学的確実性］に目を向ける」転回である（本書 p. 251）。それは、ヘーゲルのように「精神」のなかに価値をとどめることをやめ、価値をより拡張しより安全にすることで、現実を［再］解釈しつづけることである（本書 p. 253）。つまり、「依存の感覚」を生成するのは、科学が喚起する、社会的現実を変えようとする敢然なる意志であり、その意志が生み出す価値の無窮の再構築である。

教育学への含意

　さて、このように点描してみただけでも、デューイの教育論がよくいわれる「社会的構築主義」ではない、と分かるだろう。「社会的構築主義」は、すべての価値を社会的に構築・構成されたものと見なし、そうした価値に還元されない前提としての形而上学的概念を否定するからである。デューイ自身が命名しているように、彼の思想は「形而上学的探求」である。それは、「実験主義」と形容される早い時期においても、たとえば『デモクラシーと教育』を書いた1910 年代においても、変わらない。いっさいの形而上学的概念を放逐するなら、人は思考できないからである。

　人の思考は、それが「思考」の名に値するかぎり、つねに基底的な前提のうえに成り立つ。それは、事象・事物の背後に潜んでいる実体ではなく、事象・事物についての思考を構成する境位である。たとえば、価値は、価値として命題化される前の意味を前提にし、意味は、意味として象られる以前の何かを前提にしている。それは、つきつめれば、存在であり、時間である。

　デューイの教育思想は、彼の「形而上学的探求」と一体である。デューイの教育思想を、たとえば「問題解決学習」「アクティブ・ラーニング」などの教育方法に還元することは、彼が絶対的確実性よりも科学的な方法・手段を重視しているとしても（本書 p. 227）、デューイのいう教育を、いわば、解答のない「問い」への誘いから、解答のある「問題」への囲い込みに矮小化することで

ある。少なくとも次のように考えるべきだろう。すなわち、デューイの教育思想の基礎概念の一つは、人を解答のない「問い」に向かわせ駆りたてる「想像力」であり、もう一つは、「依存の感覚」への、いいかえれば、「つながりの感覚」への、メリオリズムである、と。

　一見すると、社会の変化が激しい時代ほど、人は「想像力」を掻き立てられるように見えるが、実際には、逆に大きな・生動的な「想像力」を失うように見える。目先の変化への対応に忙殺されるからである。むしろ、平穏無事な日々が続く時代ほど、人は大きな「想像力」を掻き立てられるのかもしれない。その「想像力」を支えるものが、たえず知識を更新する科学的確実性である。目先のグローバル化への対応を超えて、大きな・生動的な「想像力」を掻き立てること、それがデューイの教えることだろう。これは、ハイデガーの「[超越論的]構想力は人の存在の根源的本態と呼ばれるべきか」（GA 27, EP: 272）という問いに対する、一つの答えと見なされるだろう。

　つながりの感覚へのメリオリズムは、こうした「想像力」と一体である。人の自己中心的・人間中心的な心のハビトゥスは、他の人がいくら道徳的に憤慨しても、克服されない。「自己」に執着する心のハビトゥスは、それが一人ひとりにおいて哲学的に問われることで、初めて克服される。すなわち、私たち一人ひとりが、主観の主観性、自己の自己性への問いを、現実的かつ根本的に立てることによって。それは、「自己」を前提とする通念的な意味・価値を敢えて超えることを要する。それは、古代のギリシア哲学が「汝自身を知れ」（γνῶθι σεαυτόν [Gnothi seauton]）と述べたことに、すなわち自分の心の中をいくら探ってみても「人間性」は見つからないと知ることに、ひとしいだろう。

文　献

金子晴勇　2012　『キリスト教霊性思想史』教文館。

Kant, Immanuel 1974 *Immanuel Kant Werkausgabe*. Frankfurt am Main: Suhrkamp Taschenbuch Verlag. [W と略記]

　KrV = *Kritik der reinen Vernunft*, W 3/4. = 2013　カント（石川文康訳）『純粋理性批判』上・下　筑摩書房。

Dewey, John 2008 *The Collected Works of John Dewey, 1882-1953*. ed., Jo Ann Boydston. Carbondale, IL: Southern Illinois University Press. [CWD と略記 Early

Works = ew/Middle Works = mw/Later Works = lw]

DE = *Democracy and Education* (1916, mw. 9).

RC = *The Quest for Certainty* (1929, lw. 4)

CF = *Common Faith* (1934, lw. 9)

Heidegger, Martin 1975– *Martin Heidegger Gesamtausgabe.* Frankfurt am Main: Vittorio Klostermann. [GA と略記]

WiP = *Was ist das-die Philosophie?* GA 11.

EP = *Einleitung in die Philosophie,* GA 27. = 2002　ハイデガー（茅野良男／ヘルムート・グロス訳）『哲学入門』（ハイデッカー全集 27）創文社。

Schleiermacher, Friedrich 2008 *Der christliche Glaube: nach den Grundsätzen der evangelischen Kirche im Zusammenhange dargestellt.* Hrsg., Hermann Peiter. Berlin/New York: Walter de Gruyter.

確実性の探求

知識と行為の関係についての研究

The Quest for Certainty,
A Study of the Relation of Knowledge and Action,
1929

加賀裕郎 ［訳］

第1章　危険の回避

　危険な世界で生活する人間は、安全を求めずにはいられない。人間は二通りのやり方で、安全を手に入れようとしてきた。一つのやり方は、人間を取り囲み、その運命を決定する神々の機嫌をとろうとする試みで始まった。そのやり方は神頼み、生贄、儀礼、魔術的な祭礼で表現された。時がたつと、これらの粗雑な方法は、たいてい廃止された。悔恨の念を生贄にしたほうが、雄牛の生贄よりも神々を喜ばすとして、また崇敬と献身という内面の態度のほうが外面の儀式よりも望ましいとして尊ばれた。たとえ運命を征服できなくとも、人間は自ら進んで運命と手を結ぶことができるだろう。耐え難い苦痛の最中であっても、運命を支配する神々の側に気持ちを寄り添わせて、敗北を免れることができるだろうし、破壊のただ中にあっても勝利するかもしれない。

　他の方針は技術を発明することであり、技術を手段として、自然の神々から利益を得ることである。人間は自分を脅かす周囲の状況と力そのものから安全な場所を築く。人間は家を建て、衣服を織り、炎を敵に回すのではなく味方につけ、共同生活という複雑な技術をもつまでになる。前述の方法が情動と観念で自我を変える方法だとすれば、これは行為を通して世界を変える方法である。行為の方法が危険な思い上がりであり、存在する神々への挑戦でさえあると感じられたことは、人間が自然支配によって少しばかりの自己支配を獲得したことに対する注釈である。昔の人びとは思考する技術を神々の贈与と見なすか、神々の特権を侵すものと見なすかで、揺れ動いていた。どちらの見解も、技術には日常生活を超えたもの、超人間的あるいは非自然的なものという意味合いがあることを証拠立てる。人間は技術を手段とし、自然エネルギーと自然法則を統御することを通して、秩序と正義と美の王国を打ち立てることができると予測した人はほとんどいなかったし、あまり注目されなかった。

人間は、自分たちが所有する技術の成果を享受することに大きな喜びを感じてきたし、ここ数世紀、その成果を巧妙に扱うことに、次第に力を注ぐようになってきた。しかしこの努力には、人生の重大な危機を扱う方法としての技術に対する、根深い不信が結びついていた。実践という観念が軽蔑されてきたことを考えてみれば、こう述べたことは正しいのか、という疑念は拭い去られるだろう。哲学者は個人の観念を変える方法を賛美したし、宗教家は心情を変える方法を賛美した。こうした回心は、それ自体が尊重され、その結果生じる行為の変化のために、単に付随的に尊重された。行為の変化は生活状況を変える方法としてではなく、思考と感情が変わった証拠として尊重された。技術を使って現実の客観的変化がもたらされる場所は、たとえ卑しくはなくとも、劣等だと見なされたし、それらの場所と結びついた活動はつまらないものと見なされた。物質的なものという観念に付きまとう軽蔑の念が、そうした活動に付きまとった。「精神的なもの」という観念と結びついた高貴な性質は、内面的態度の変化のために留保された。

　行為の蔑視、行いと製作の軽蔑は、哲学者によって練り上げられてきた。しかし哲学者は、定式化とか正当化によって、その軽蔑を長続きさせたが、それを創始したのではなかった。哲学者は理論を実践よりはるか上位に置くことに疑いを抱かずに、彼ら自身の役目を賛美した。しかし彼らの態度とは独立に、多くのことが相重なって同じ結果になったのである。仕事は面倒で、骨が折れるものであり、太古の時代の呪いと結びついていた。仕事はやむを得ず、必要に迫られて行われたが、知的活動は余暇と結びついている。実践活動は面白くないので、その活動はできる限り奴隷と農奴に押しつけられた。こうしてこの階級が蒙っている社会的不名誉は、彼らが行う仕事にまで拡大された。認識と思考は非物質的、精神的原理と、技術とか行いや製作におけるすべての実践活動は物質と、古くから結びついている。何故なら仕事は肉体を用い、機械装置を使って行われるからであり、物質に向けて行われるからである。非物質的なものについての思考と比べて、物質についての思考には不評が付きまとっていたが、その不評は実践と結びついたあらゆるものに転移した。

　この調子でいくらでも論じることができよう。仕事と技術の概念についての自然史は、連綿と続く人びとと文化を遡って調べるならば、得るところがある

だろう。しかし私たちの目的にとって必要なのは、次のような発問をすることに尽きる。つまり、どうしてこのような不愉快な差別があるのだろうか。少しでも反省してみれば、説明と称して提示された案自体、説明を要することが分かる。社会階級とか感情的嫌悪感に由来する観念は、ある信念の原因には関係するかもしれないが、その信念の正当化に際して与えることができる理由などではない。物質と身体を軽蔑し、非物質的なものを称賛するのは、自明なことではない。しかも後ほどの議論で苦心して説明するように、思考と認識を物理的事物との結びつきからまったく切り離された、ある原理や力と結びつける考えは、とりわけ自然科学に実験的方法が全面的に取り入れられて以来、検討に耐えられないだろう。

　示唆された問いは、広範な論点を含む。理論と実践を鋭く分離した原因と意味は何だろうか。物質と身体とともに、なぜ実践は軽蔑されるべきなのだろうか。公然と行われる様ざまな行為様式、つまり産業、政治、美術への、そして単なる内面の個人的態度ではなく、結果を伴う公然とした活動と見なされる道徳に対する影響は何だったのだろうか。知性を行為から切り離したことは、知識論にどんな影響を及ぼしただろうか。とりわけ哲学の概念と哲学の歩みに対して、どんな影響を及ぼしただろうか。知識と行為の分離を打破するために、どんな力が働くだろうか。もしその分離が無効になり、認識と行為が相互に分かち難く結びつくようになれば、どんな結果が生じるだろうか。心、思考、知識についての伝統的理論にどんな修正が要求され、哲学の任務という観念に、どんな変化が要求されるだろうか。その結果、多面的な人間の活動に関わる学問に、どんな修正が生じるだろうか。

　これらの問いが本書の主題を形成し、論じられるはずの問題の本性を示している。第1章ではとくに、製作と行いよりも知識を高い地位に置くことに対する、いくつかの歴史的根拠を考察しよう。この面の議論では、実践的な事柄よりも純粋知性とその活動を高い位置に置くことは、絶対的で揺るぎのない確実性の探求と根本的に結びついていることを明らかにするだろう。実践的活動の際立った特徴、消去できないほど本来的な特徴は、その活動に不確実性が伴っていることである。実践的活動について、私たちはこう言わざるを得ない。行為せよ、しかし危険を覚悟で行為せよと。遂行されるべき行為に関する判断と

信念が、不安定な蓋然性以上のものになることは、あり得ない。しかし人びとは、思考を通して不確実性の危険を回避できるように思えたのである。

　実践的活動は、厳密に同じことが二度と起こらず、したがって完全な確実性などあり得ないような個別的で一度限りの状況を扱う。さらにすべての活動は変化を含んでいる。しかし伝統的学説によれば、知性は普遍的〈存在〉を把握できるし、普遍的〈存在〉は確固不動、不変である。実践的活動があるところでは何処でも、私たち人間は当事者として、その結果に巻き込まれている。私たちの自己意識に纏わりついている恐怖、軽蔑、信頼の欠如はすべて、私たちがその担い手である行為についての思考にも纏わりついている。人間の自己不信が、自らを超越しようとする欲望の原因になった。人間は、純粋な知識において、この自己超越を成し遂げられると考えたのである。

　公然とした行為に伴う危険については、くどくど説明するまでもない。多くの格言と金言によれば、人間が練り上げた最善の計画は、小ネズミ集団の計画と同様に、計画倒れである。私たち自身の意図と行為よりも、運が結果的な成否を決定する。期待したことが果たされなかった悲哀、目的と理想が打ち砕かれた悲劇、不慮の事故がもたらす大災害は、人間が置かれた状況についての解説すべてのなかで、ありふれたものである。私たちは周囲の状況を見渡し、可能な限り最も賢明な選択をする。私たちは行為し、あとは宿命、運あるいは摂理を信頼しなければならない。道徳家は、行為するときには結果を見るようにと語り、それから結果はつねに不確実だと知らせる。判断、計画、選択が、どれほど徹底的に行われようとも、行為がどれほど細心の注意を払って実行されようとも、それらが結果を決めるただ一つのものではない。外来の、無差別な自然の力、予見できない条件が入り込み、決定的にものをいう。問題が重要であればあるほど、将来の出来事に関する、自然の力と予測できない条件の決定権が大きい。

　したがって人間は、隠れていて、外部に現れる結果をもたない活動があるような領域を見つけたがった。製作と行いよりも知を選好するさいに、「安全第一」が大きな役割を果たした。純粋思考の過程が性に合い、余暇があり、選好を追求する適性をもった人びとの場合、知に伴う幸福には混じり気がない。知は、公然とした行為なら避けられない危険に巻き込まれない。思考は純粋な内

面の活動であり、心だけに備わっていると主張されてきた。そして伝統的な古典的学説によれば、「心」はそれ自体で完全であり、自足的である。公然とした行為は心的作用に随伴するかもしれないが、心的作用の完成に対して内在的にではなく、外在的に随伴する。合理的活動はそれ自体の内部で完全なのだから、外部に現れる必要がない。失敗と挫折はよそよそしく、手に負えず、劣等な存在領域で起こる出来事の属性である。思考の外れくじが引かれる場所は、思考の外部にある世界、しかし思考と知識に内在する至高性と完全性を決して傷つけない世界である。

　こうして達成可能な実際的な安全性を手に入れるさいの技術は、見下される。それらが与える安全性は相対的で、つねに不完全であり、扱いにくい事情を犠牲にしている。技術が増えることは、新たな危険のもとだと嘆かれかねない。各々の技術はそれ自身を保護する方法を要求する。運用中の技術は、対処する準備が整わない危険性のある、新しく予期しない結果をもち込む。確実性の探求とは保障された平和への、危険性がなく行為が落とす恐怖の影によって縁どられていない対象への探求である。何故なら人間が嫌うのは、不確実性そのものではなく、不確実性が私たちを悪の危険に巻き込むという事実だからである。結果は喜ばしいものだという条件があれば、経験されるはずの結果の細部にだけ影響を与える不確実性など、痛くも痒くもない。不確実性は、ワクワクする冒険の楽しさ、多様性という味付けをもたらすだろう。完全な確実性の探求は純粋な知においてのみ実現する。そうしたことが、最も長く続く哲学的伝統の裁断である。

　後ほど明らかにするように、哲学的伝統はすべての論題と主題に入り込んでおり、心と知識に関する現在の問題と結論のあり方を決定するのだが、もし伝統の重荷から突如として解放されるならば、現在の経験に基づいて、実践を蔑視する見解、また伝統が指図する、行為から切り離された知識を称賛する見解をとるべきなのかどうか、疑われるかもしれない。何故なら人間は、新しい生産と輸送技術の組織が人間を新しい災難に巻き込んだにもかかわらず、危険のもとになっているものを、うまく扱うことを学んだからである。人間は保護され過ぎた生活にうんざりして、危険のもとになるものを探し出しさえする。例えば、女性の地位に非常に大きな変化が見られることは、それ自体が、目的自

体としての保護という価値に対する態度が変化したことについての注釈である。私たちは、少なくとも無意識に、ある信頼感情を、つまり運命の主要な条件は、かなりの程度、私たち自身の手で制御できるという感情をもつようになったのである。私たちは数多くの技術に護られた環境で生きており、発生する災害を軽減し分散させる保証体制を考案した。戦争が残す一連の恐怖を防ぎつつ、もし現代の西洋人が、当然視している知識と行為についての古い信念を、すべて剥奪されるならば、かなりな程度の信ぴょう性をもって、人生において、ほどほどの安全が人間の手中に収められるようになったと想定することは、おそらくまっとうな推測である。

この示唆は推測である。それを認めるのに、論証は必要ない。その示唆の価値は、安心したいという切実な要求が最も強い情動だった、初期の状況を示すことである。何故なら原始人は、私たちが今もっている、身を守り、役に立つ手の込んだ技術を何ももっていなかったし、自分自身の力が器具によって補強されたときでも、自らの力をまったく信頼しなかったからである。原始人は危険にまともに晒される状況下で生活していたし、同時に今日なら当たり前な防御手段をもたなかった。私たちがもっている最も単純な道具も用具も、大半が存在しなかった。予測は正確さを、まったく欠いていた。人間は衣服を身に付けていないという以上の裸の状態で、自然の脅威に直面した。稀に見る運のよい状況にある場合を除けば、人間は情け容赦のない危険に取り囲まれていた。結局、善悪の経験は謎に包まれていた。善悪の自然的原因を突き止めることはできなかったし、その原因は天の配剤であり、制御不可能な神々の贈与と罰であるように思われた。誕生、思春期、病気、死、戦争、飢饉、伝染病、狩猟の不確かさ、気候の変動、季節ごとの大きな変化は、頭のなかを不確実さで一杯にした。人目につく悲劇や勝利には、どれほど付随的だったとしても、独特の意味深さが伴っていた。それは善の前兆としてか、悪の予兆として捉えられた。したがって、よい職人が今日、自分の道具を大切に扱うのと同じように、いくつかのものは安全を達成する手段として大切にされた。他のものは害悪になる可能性があるという理由で恐れられ、遠ざけられた。

溺れる者は藁をも摑むと言われるように、後の時代に発展した道具と技能をもたなかった人びとは、悩み事を抱えているときに、想像を逞しくして、手助

けになりそうなものは何でも摑んだ。今は器具を扱う場合の技能獲得とか、目的にいっそう役立つ手段のほうに注意、興味、関心が向かうのだが、かつては前ぶれに注目し、見当違いな予知を行い、祭礼を行い、自然の出来事に対して魔力をもつ対象を操るほうに向かった。そうした雰囲気のなかで原始宗教が生まれ、育まれた。むしろこの雰囲気は宗教的な性向であった。

　繁栄を促進し、敵対勢力から身を守ってくれるような手段と手を結ぶことが、絶えず探し求められた。こうした態度は、繰り返し起こる人生の危機との関連で最も目立つのだが、危険極まりない、これらの決定的事柄と、日常的行為の境界線はごく薄かった。ありふれたことや日常的作業に関連する行為には、普通、十分な安全のための祭礼的行為が伴っていた。武器を作ること、茶碗の鋳型を作ること、敷物を編むこと、種を蒔くこと、収穫物を刈り取ることには、使われる技能とは違う種類の行為が要求された。これら他の行為には特殊な厳粛さがあり、使われる実践的操作の成功を確実にするために必要だと考えられた。

　超自然的という語の使用を避けるのは難しいが、その語が現代人にとってもつ意味は避けなければならない。自然的なものを確定する境界など存在しない限り、超自然的なものには意味がない。人類学の研究者が指摘したように、区別されるのは日常と非日常であり、平凡でありふれた出来事の成り行きと、平均的で予想された出来事過程の方向を決める決定的で突発的な出来事であった。しかし二つの領域は決して鋭く区分けされていなかった。二つの領域が重なり合う中間地帯、漠然とした領域があった。いつ何時、非日常的なものが平凡なものに侵入するかもしれないし、平凡なものを粉砕したり、平凡なものに驚くべき栄光を与えたりするかもしれない。危機的状況で日常的なものを使用すれば、吉と出るか凶と出るか、皆目分からない潜在可能性に満ちていた。

　そうした事情の下で成長し、盛んに使われた二つの支配的概念、文化的カテゴリーと呼べるようなものは、聖と幸運という概念であり、その対語である俗と不運という概念であった。超自然的なものという観念の場合と同様、現在の語法を基礎として、語義が定められるべきではない。利益や損害をもたらす可能性が並はずれて大きいものは何でも聖なるものであった。神聖さは、儀礼的な躊躇いとともに接近する必要があることを意味した。場所、対象、人物、儀

式用の器具を問わず、聖なるものには不吉な面がある。そこには「取り扱い注意」という語が書かれている。そこから触れるべからず(Noli me tangere)という命令が出てくる。タブー、禁止と命令の全体系が聖なるものを取り囲む。聖なるものは、その神秘的な力を他のものに伝達することができる。聖なるものを味方につけることは、成功に向かっていることである。いっぽう、目覚ましい成功は、ある守護神が味方についているという証明——どの時代の政治家も利用する術を知っていた事実——である。聖なるものには、曖昧模糊とした性質をもつ力が上乗せされているので、躊躇いがちに近づかなければならないだけでなく、服従の態度でもって近づかなければならない。浄化、屈服、物忌み、祈禱という儀式があるが、これらは聖なるものを味方につける前提条件となるものである。

　聖なるものは天恵や幸運の運び手である。しかし聖なるものと幸運に近づくさいには異なる性向が作用するので、初期の頃に、それら観念の違いが生まれた。幸運をもたらす対象は使われるべきものである。それは畏敬の念をもって近づくべき、というよりも巧みに扱われるべきである。それは懇願と屈服よりも、まじない、呪文、占いを要求する。さらに幸運をもたらすものは概して具体的で、手で触ることができる対象であり、それに対して聖なるものは普通、何処にあるのか定かではない。聖なるものは、在り処と形がはっきりしないほど権威がある。幸運をもたらす対象は圧力を受けており、いざとなれば威圧され、叱責され、罰を受ける。それは幸運をもたらすことができなければ、放棄されるかもしれない。そこで帰依と服従といった、聖なるものに対しては依然として適切な態度であるものとは区別される、使用上の熟練という要素が発展した。こうして支配と服従、祈りと神頼み、利用と霊的交わりという、一種のリズムが存在した。

　こうした言明は、当然ながら、一面的な叙述である。人びとは、いつでも冷静に多くのことに取り組み、日常生活を楽しんだ。これまで語ってきたような儀式においてさえも、いったん決まった型が出来上がってしまうと、反復の欲求と、日常生活における演劇的なものへの愛好が発展した。原始人は初期の段階で、いろいろな道具とか、いろいろな技法を発展させた。それらの道具と技法には、ありきたりの事物についての散漫な知識が伴っていた。しかしこれら

第1章　危険の回避　　11

の信念の回りには、想像的で情緒的な信念が取り巻いており、そうした信念は多かれ少なかれ、想像的で情緒的な信念のなかに埋没した。さらに想像的で情緒的な信念のほうが、威信が高かった。いくつかの信念は事実に関わるものだというだけで、非日常的で説明し難いものについての信念に属している重みも権威もなかった。宗教的信仰が著しい活力をもつ場合には、今日でも同じ現象が繰り返される。

　実証可能な事実についての平凡な信念、感覚的証拠と役に立つ成果によって支えられる信念は、儀礼とか儀式の対象の人気に比肩できるような、魅力や威信をほとんどもたなかった。したがってそうした信念の題材を形成する事物は地位が低いと感じられた。親しみやすさは、軽蔑意識ではないにしても対等意識を生むものである。私たちは日常的に管理している事物とは同格だと考える。畏敬の念をもたれる対象が、否応なく優越した地位を占めるというのは、分かり切ったことである。人間の注意と関心の根本的二元論の源泉は、ここにある。日常生活における制御と優越するものへの依存という二つの態度の区別は、最後には知的に一般化された。その区別は、別々の二領域という概念をもたらした。劣等な領域は、人間が予測でき、ほどほどに制御することを期待できるような道具と技術をもっている領域であった。優越した領域は日常的な、ありふれた事物の範囲を超えた力の存在と働きを立証する、制御できない出来事が起こる領域であった。

　知識と実践、非物質的または精神的なものと物質的なものに関する哲学的伝統は、哲学の独創でも、哲学に起源をもつものでもなかった。その背景には、先に概略を述べておいた文化事情があった。それは日常的なものと非日常的なものが、ごく当たり前に区別されるようになった社会的雰囲気のなかで発展した。哲学はその区別について反省し、その区別に合理的な定式化と正当化を与えた。日常的な技術に対応する諸々の情報、事実に関わる知識の蓄積は、人びとの行為によって、知られたものだった。それらは有用なものの所産であり、その見込みであった。それらは、非日常的なもの、神的なものと比べて相対的に低く評価された。哲学は宗教が関わってきた領域を受け継いだ。哲学は高次の〈存在〉領域を扱うので、その認識方法は経験的技術に付随する認識方法とは異なっていた。儀礼と儀式という形をとる活動が、骨の折れる活動よりも高

貴で神に近いのとまったく同様に、哲学は日々の暮らしに関係する製作と行い
が存在する場所の空気よりも、もっと澄んだ空気を吸っていた。

　宗教から哲学への変化は、形式上とても大きかったので、内容に関するそれ
らの同一性は、容易に看過される。哲学の形式は想像豊かで情緒に訴える様式
で語られる物語形式ではなくなり、論理学の規範を遵守する合理的な言説形式
になる。周知のように、後世の人びとが形而上学と呼ぶアリストテレスの体系
の一部分を、アリストテレス自身は第一哲学と呼んだ。アリストテレスが書い
たものから、哲学という企てが冷静な合理的なものであり、客観的、分析的で
あると思わせる、「第一哲学」について述べた文章を引用することが可能であ
る。こうしてアリストテレスは、形而上学がすべての知識部門のなかで最も包
括的だと言う。というのも形而上学は、細かな点で、どれだけ違っていようと
も、すべての〈存在〉形態に属している特性の定義を主題とするからである。

　しかしこうした一節を、アリストテレス自身の頭のなかにあった文脈に置い
てみると、第一哲学の包括性と普遍性が、厳密に分析的な類いのものでないこ
とは明らかである。その包括性と普遍性は、価値の等級と崇敬の資格に関する
区別を示している。何故ならアリストテレスは、その第一哲学——または形而
上学——を神学と明確に同一視するからである。アリストテレスは、第一哲学
が他の諸学よりも高等だと言う。何故なら他の諸学は発生と生産を扱うのだが、
第一哲学の主題は論証的な、つまり必然的な真理であり得るからである。しか
も第一哲学の対象は神的であり、神自身が取り組むのに相応しいようなもので
ある。アリストテレスはこうも言う。すなわち哲学の対象は、私たちに現れる
神的なものであると同様、その原因でもある。そしてもし神的なものが何処か
に存在するとすれば、それは哲学が扱うようなもののうちに存在する。これら
の対象が、無上の価値と尊厳をもっていることは、次のような言明でも明らか
にされる。すなわち哲学が扱う〈存在〉は第一級で、永遠で、自足的であるが、
その理由はその存在の本性が〈善〉だからであり、したがって〈善〉は哲学の
主題である第一原理に含まれている——しかし理解しておかなければならない
が、それは人間の生活において意味と地位をもつような意味での〈善〉ではな
く、本質的に、また永遠に完全なものであり、完全で自足的なものである。

　アリストテレスが語るには、太古の昔からの伝統は、天体は神々であり、神

的なものは全自然界を包越するという観念を、私たちに物語形式で伝えた。ア
リストテレスは続けて、事実上、次のように言った。すなわちこの真理の核心
部分は大衆のために便宜的な理由で、つまりは社会制度を保持するために、神
話で飾り立てられたと。そこで哲学の消極的な仕事は、こうした想像力によっ
て付け加えられたものを取り除くことであった。一般民衆の信仰という観点か
らは、これが哲学の主要な仕事であったし、それは破壊的な仕事であった。大
衆はひたすら、自分たちの信仰が攻撃されていると感じた。しかし哲学の長く
続いた貢献は積極的であった。神的なものが世界を包越するという信念は、そ
の神話的脈絡から引き離されて、哲学の基礎に据えられた。その信仰は――天
体は神々であるという評言によって示唆されるように――自然学の基礎にもな
った。情緒たっぷりの想像よりも合理的学説という形をとって宇宙を物語るこ
とは、合理的学問としての論理学の発見を意味した。至高の実在の側で論理学
の要求に準拠することが、その実在を構成する対象に必然的、不変的性格を与
えた。これらの形相を純粋に観想することは、人間の最高の、最も神的な至福
であり、不変の真理との霊的な交わりであった。

　ユークリッド幾何学が、健全な臆見を合理的学説の形式に翻訳する道具であ
る、論理学への糸口を与えたことは疑いない。幾何学は、数字や図形における
単なる例証以上には、観察と感覚の恩恵を受けていない学問の可能性を開示す
るように思われた。幾何学は、理性だけが跡づけることができる、永遠で必然
的な関係によって結びついた理想的な（または感覚不可能な）形相の世界を開
示するように思われたのである。この発見は、思考によって把握されるとき不
変的、必然的な真理の完全な体系を形成する、確固不動の〈存在〉領域の学説
へと、哲学によって一般化された。

　もしプラトンとアリストテレス哲学の基礎を、人類学者がその素材を見るよ
うに、つまり文化的題材として見るならば、これらの哲学がギリシャ人の宗教
的、芸術的信仰の内容を合理的なやり方で体系化したことは明らかである。そ
の体系化は純化を含んでいた。論理学は究極的に実在する対象が適合しなけれ
ばならないひな型を供与した。それに対して自然学は、自然的世界が、たとえ
有為転変するものだったとしても、究極的な不変の合理的対象を具体的に例証
する程度に応じて可能であった。こうして神話と雑駁な迷信が取り除かれると

ともに、学問と理性的生活の理想が打ち立てられた。理性に対して自らを正当化できる目的が、慣習に代わって行為の指導原理という地位を占めた。学問と理性的生活という二つの理想は、今にまで続く西洋文明への貢献である。

しかし今にまで続くこれらの贈与に深く感謝しつつも、それに伴っていた条件を忘れてはならない。何故ならその贈与には、真の学問がそこでだけ可能であるような確固不動の実在という高次の領域の観念と、経験と実践的事柄が関わるような変化する事物の劣等な世界の観念が、伴っていたからである。それらは変化を犠牲にして不変なものを賛美した。しかもすべての実践的活動が変化の領域に属していることは明らかである。そのことは、ギリシャ時代以来、哲学をずっと支配してきた概念、つまり知識の機能は私たちの実践的判断がそうであるように、生じた問題を扱うのに必要な理解を得ることであるよりも、予め実在するものを明るみに出すことだという概念を、後世に伝えた。

古典的なタイプの哲学に関する限り、この知識観を確固としたものにするさいに、それは哲学的探求の特殊な課題もまた確立した。知識の一形態としての哲学は〈実在〉自体、〈存在〉自体の開示に関わる。自然科学が関わるものよりも高次で究極的な〈存在〉のあり方に没頭することによって、哲学は他の認識様式から区別される。哲学が、かりに人間の行為に関与する限り、理性の本性から生じると言われる目的を、行為に添加すべきであった。こうして哲学は、現状の経験が示唆する目的の探求とか、目的を実現する具体的手段に、考えをめぐらせなかった。哲学は、現状への積極的対処を求めない処置によって、存在の生成消滅を免れるという学説を、合理的に言い換えた。祭礼や祭式による救出が、理性による救出に代わった。この救出は知的、理論的な事柄であって、実践的活動とは別に手に入る知識によって構成された。

知識領域と行為領域は、それぞれ二つの部分に分割された。ギリシャ哲学は活動を認識から切り離したと推断すべきではない。それは活動と知識を結びつけたのである。しかしそれは、活動を行為——つまり製作と行い——から区別した。アリストテレスが褒め称えたように、合理的、必然的な知識は自らに起源をもち、自ら行う活動の究極的、自足的、自己完結的形態として扱われた。合理的、必然的知識は理想的で永遠であり、変化から、したがって人間が行為し生きる世界から、私たちが知覚し実践する経験の世界から独立していた。

第1章　危険の回避　　　15

「純粋活動」が実践的行為から峻別された。実践的行為は、産業や美術、道徳や政治を問わず、変化が支配し、したがって儀礼的にだけ〈存在〉と言われる、劣等な〈存在〉領域に関わっていた。何故なら実践的行為は変化という事実そのものによって、〈存在〉における確かな足場を欠いているからである。実践的行為は非存在に冒されている。

　知識の側で見ると、純粋活動と実践的行為の峻別には、十全な意味での知識と信念の相違が伴っていた。知識は論証的、必然的である、つまり確実である。反対に、信念は単なる臆見である。知識は真の実在領域に対応するが、信念は、その不確実さと蓋然性の点で変化の世界に関係する。この事実が哲学の機能と本性の考え方に影響する限り、それは再度、議論を私たちの特殊な主題に連れ戻す。人間が信念の二つの様相、二つの次元をもつことは疑いの余地がない。人間は現実存在とか出来事過程についての信念をもち、また追求されるべき目的、採られるべき方策、成就されるべき善、避けられるべき悪についての信念をもつ。すべての実践的問題のなかで最も差し迫っている問題は、これら二種類の信念の内容の結びつき方に関わっている。最も信頼でき、頼りになる認識的信念は、実践的信念を規制するために、どのように使うことができるだろうか。実践的信念は知的信念を組織化し統合するために、どのように役立つのだろうか。

　哲学の本当の問題がまさにこのような問いと結びついていることは、大いにあり得る。人間は科学的探求が与える信念、事物の現実の構造と過程についての信念をもつ。また人間は行為を規制すべき価値についての信念をもつ。どのようにすればこれら二つの信念の様式が、最も効果的で実りあるように相互作用するのかという問いは、人生で立ち現れる問題すべてのなかで、最も一般的で重要なものである。ある理性的な学問、他のどんな科学とも明らかに別の学問が、この問題を扱うべきである。こうして哲学の機能についての一つの考え方が与えられる。しかし哲学をこのように規定することは、主要な哲学的伝統によって道を塞がれている。何故なら哲学的伝統によれば、知識の領域と実践的行為の領域には、どのような本質的結びつきもないからである。するとここに私たちの議論に出てきた諸要素が収斂する焦点がある。そこで要点を繰り返すのが有益かもしれない。実践的なものの領域は変化が管轄する区域であり、

変化はつねに偶然的である。実践的なものの領域には、取り除くことのできない偶然の要素がある。もしある事物が変化するならば、その変化は、その事物が真の、または完全な〈存在〉を欠いている証拠である。あるものは、その語の十全で含蓄ある意味で、つねに、永遠にある。あるものが変化するのは自己矛盾である。あるものに欠陥もなく不完全なところもないならば、それはどのようにして変化できるだろうか。生成するものは単に何かになるのであって、決して真にあるものではない。それは非存在、完全な意味での存在の欠如に冒されている。生成の世界は衰退と滅亡の世界である。あるものが存在へと生成するところでは、必ず他のものが消滅する。

こうして実践の低い価値が、哲学的、存在論的に正当化された。自己運動する合理的自己活動と性質が異なる実践的行為は、生成と衰退の領域に、〈存在〉においても価値においても劣等な領域に属している。形のうえで、絶対的確実性の探求は、その目標に到達した。究極的な〈存在〉や実在は確固不動で永遠であり、変化や変容の余地がないので、合理的直覚によって把握され、合理的に、つまり普遍的、必然的に論証される。哲学が興隆する以前に、不変で確固不動なものと絶対確実なものが同一である、あるいは変化はすべての不確実性と災いの元だと実感されていたことは、疑いない。しかしこうした、まだ形をなしていない実感は、哲学によって明確に定式化された。それは幾何学と論理学の結論と同じように、論証的に必然だと見なされる根拠に基づいて主張された。こうして普遍的、不変的で永遠なものに向かう哲学の傾向が確固たるものとなった。古典的な哲学的伝統全体は依然として、その傾向を共有している。

その枠組みのすべての部分は結びついている。真の〈存在〉や〈実在〉は完全である。完全だという点で、それは完成されており、神的であり、不変であり、「不動の原動者［unmoved mover］」である。その次に究極的〈存在〉を分有することによってだけ付与される安定性が欠けているので、変化し、去来し、生成消滅するものがある。しかしこれらの変化には形相と特性があり、当の変化の成就であり完成である目的に、どの程度向かっているかに応じて、その変化を認識することが可能である。変化の不安定性は絶対的なのではなく、目標に向かおうとする熱望によって区分けされる。

完成され、完全なものは合理的思考であり、すべての自然運動の究極「目

第1章　危険の回避　　17

的」あるいは到達点である。変化するもの、生成消滅するものは質料である。
変化が物理的なものの顕著な特徴である。物理的なものは、せいぜい、安定し
た、確固不動の目的に到達する潜在的可能性である。これら二つの領域に、二
種類の知識が属している。それらのうちの一つだけが、十全な意味での知識、
学問である。これは合理的、必然的で不変の形相をもつ。それは確実である。
変化を扱う他のものは信念または臆見であり、経験的、個別的である。それは
偶有的であり、蓋然的な事柄であって、確実な事柄ではない。それが立言でき
るのは、せいぜい、物事は通常「概して」しかじかだ、ということである。存
在における分離と知識における分離に対応するのが、活動における分離である。
純粋な活動は合理的である。それは理論が実践的行為から切り離されていると
いう意味で理論的である。それから行いと製作における行為がある。その行為
は、身体をもつ人間が巻き込まれている、下等な変化の領域の生理的要求と欠
陥にどっぷり浸かっている。

　こうしたギリシャ人の定式化は、はるか昔に行われ、特定の術語の多くは、
今では違和感があるけれども、そのいくつかの特徴は、最初の定式化において
重要だったのと同じように、現代思想にも関連性がある。何故なら科学の主題
と方法が途方もなく大きく変わったにもかかわらず、また実践的活動が技術と
テクノロジーによって途方もなく拡大したにもかかわらず、西洋文化の主要な
伝統はこの観念の枠組みを、そっくりそのまま保持してきたからである。完全
な確実性は、人間が欲しがるものである。それは実践的な行いや製作によって
見つけることができない。行いと製作は不確実な未来に影響を及ぼし、災難、
不慮の事故、挫折、失敗の危険性を含む。他方、知識はそれ自体で確固不動な
存在領域に関わると見なされる。〈存在〉は永遠不変なので、人間の認識がそ
れに影響を与えることなどできない。〈存在〉には、思考の了解と論証という
媒体を通して、あるいは実在を単に知る以外に、それに何も影響しない他の心
的器官によって接近することができる。

　これらの言説には、哲学的結論の全体系が含まれている。何よりもまず、真
の意味での知識と実在の間には完全な対応がある。知られるもの、認識にとっ
て真であるものは存在において実在的なものである。知識の対象が、他のすべ
ての経験の対象の実在性の尺度となる基準を形成する。情愛の対象、欲望、努

力、選択の対象、つまり私たちが価値を与える一切のものは実在するのだろう
か。もしそれらが知識によって保証されるのならば、その通りである。もしこ
れらの価値属性をもつ対象を知ることができるならば、それらを実在だと考え
ることは正当である。しかし欲望と目的の対象として、価値属性をもつ対象が
知識を通して接近され確証されるまでは、それらの対象は〈存在〉のうちに、
どんな確かな場所ももたない。その観念はなじみ深いので、それが依拠してい
る暗黙の前提、つまり完全に確固不動で不変なものだけが実在であり得るとい
う前提を見過ごしやすい。確実性の探求が私たちの基礎的な形而上学を決定し
たのである。

　第二に、知識論は同じ学説によって確定された基本前提をもつ。知識が確実
であるためには、先立って存在するものや本質存在に関係しなければならない。
知識と科学に相応しく、知識と科学に唯一固有であるような、一定の対象が存
在する。私たちが製作に参加するものを、私たちは本当の意味で知ることがで
きない。何故ならそのようなものは行為に先立って存在するのではなく、行為
の後に生じるからである。行為に関わるものは単なる当て推量と蓋然性の領域
を形成するのであり、それは真の知識の理想である合理的確実性が保証されて
いるものとは別ものである。私たちは知識を行いと製作から切り離すことに慣
れきっているので、そのことが私たちの心の概念、意識と反省的探求の概念を
どれほど支配しているのか、認識できない。何故ならこれらの概念すべては、
真の知識に適用されるために、経験に先立ち、経験から独立して存在する諸条
件を修正する、公然たる行為が存在する余地がないという前提に基づいて、定
義されなければならないからである。

　個々の知識論は、お互いに大きく異なる。それらの言い争いは喧しい。こう
して作り出される喧噪によって、それらの言い争いで共通に言われていること
が聞き取れなくなる。その論争はお馴染みのものである。いくつかの理論は、
受動的に受容され、私たちの意志とは関係なく強制される感覚印象が、知識の
究極的検証だとする。他の理論は、知識の保証を、知性の総合的活動に帰属さ
せる。観念論は、心と知識の対象が究極的に同一だと主張する。実在論学説は、
経験から独立に存在するものについての意識に、知識を還元する等々。しかし
それらの知識論すべては、ある共通の前提に立っている。それらすべては、こ

第1章　危険の回避　　19

う主張する。すなわち探求の営みは、知られる対象の構成要素として実践活動が入り込むことを、少しも許さない。奇妙極まりないことだが、実在論と同様に観念論にも、受動的受容性の理論と同様に総合的活動の理論にも、このことは成り立つ。何故ならそれらの理論によれば、「心」は観察可能な方法によってではなく、また時間的性質をもつ公然とした実践的行為によってでもなく、ある神秘的な内面の作用によって、知識の対象を構築するからである。

　要するに、これらの理論すべてに共通する本質は、知られるものは観察と探求という心的作用に先立って存在すること、そしてこれらの作用による影響を何も受けないことである。そうでないと、知られる対象は確定されず、不変でもないだろう。知識に含まれる探求、研究、反省の過程が経験に先立つ存在に関係するという、この消極的条件は心に、また認識器官に帰される主要な性格を一挙に確定する。その属性は、認識の対象と相互作用することのないように、知られるものの外部になければならない。もし「相互作用」という語が使われるとすれば、その語の通常の実践的な用法における、変化を公然と生み出すという意味をもつことができない。

　認識論は視覚作用で起こると思われるものを、ひな型にして作られる。対象は光を屈折させて目に入り、見える。対象は目と視覚器官をもつ人には影響を与えるが、見られるものには何の影響も与えない。実在する対象は、堂々とした風格をもって超然としている確固不動の対象なので、その対象はそれを見つめる心にとって王者である。結果的に傍観者的知識論になるのは避けられない。心的活動が介入すると主張する理論はあったのだが、それらは古い前提を保持していた。したがってそれらの理論は、実在を知ることは不可能だと結論づけた。それらの理論によれば、心が介入する以上、私たちが知るのは実在する対象にどことなく似ているもの、ある「現象」に過ぎない。知識の対象は、変化を生み出す要素を含んだ探求行為から切り離されて、それ自体、確固不動で完全な実在であるという信念が完全に人びとの心を捕らえている。この点について、この結論が与える以上に完璧な確証を見出すことは難しいだろう。

　確実性と確固不動のものについての概念、実在する世界の本性についての概念、心とその認識器官の本性についての概念のすべては、きわめて密接な関係にあり、これらの概念の結果は、哲学的問いについて抱かれるどのような重要

な観念にも、実際上、波及する。それらの観念すべては（絶対的確実性の探求に関心を抱いて設定された）理論と実践、知識と行為の分離から生じる——そうしたことが私の基本命題である。結果的に、理論と実践、知識と行為の分離という問題には、それ単独で手をつけることができない。その問題はすべての種類の分野における根本的な信念とか観念と、徹頭徹尾、絡み合っているのである。

　したがって以下の諸章では、前述した論点の各々と関連づけて、本書の主題に接近するだろう。最初に、伝統的に理論と実践、知識と行為を分離したことが哲学概念に及ぼした影響に、とくに存在における価値の確かな場所の問題に関連づけながら取り組んでみよう。その次に人間が生活し、その行為を規制する場合の価値の客観的妥当性と自然科学の結論を調停する問題によって、近代哲学がどのように支配されてきたのかという問題——知識は実在への接近への独占的権利要求をもつという伝統的概念を、予め無批判に受け入れなかったなら、存在しなかっただろう問題——の考察に移ろう。その次に科学的手続きに典型的に示されるような、現実の認識の発展の諸相に取り組もう。その目的は実験的探求の諸相を分析することによって、前述した伝統的前提が具体的な科学的手続きにおいて、どれほど完全に放棄されたかを示すことである。何故なら科学は実験科学になるさいに、それ自体が方向づけられた実験的行為の一様態になったからである。それに続いて、理論と実践を分断してきた障壁の破壊が、心と思考についての基本観念の再構成とか、知識論に関する多くの積年の問題の解決に対して、どんな影響を及ぼすかについて、手短に述べられるであろう。そのうえで認識的手段による絶対的確実性の探求が、実践的手段による安全性の探求に置き換えられた結果が、行為、とりわけ行為の社会的な面を制御する価値に関する私たちの判断の問題との関わりで、考察されるであろう。

第2章　不変なものへの哲学の探求

　前章では、古典的伝統における知識と信念、あるいはロックの言い方では知識と判断が区別されたことに、付随的に言及した。この区別によれば、確実なものと知識は同じ範囲である。様ざまな論争はあるが、それらは確実性の基礎を与えるのが感覚か理性か、あるいは確実性の対象は現実存在か本質存在かという論争である。どちらなのかを決める問題とは対照的に、確実性という論題については「信念」という語そのものが雄弁に語る。私たちは知識や完全な確実性が欠如していると信じる。したがって確実性の探求は、つねに信念を超えようとする努力であった。さて既に言及したように、実践的行為に関わる事柄すべては不確実性の要素を含む以上、知識を実践的な行いと製作から切り離すことによって初めて、信念から知識に上昇することができる。

　本章ではとくに、信念の上位にある確実性という理想が、哲学の本性と機能についての考え方に、どんな影響を及ぼしたかを問題にする。ギリシャの思想家は、存在の認識に関して、経験が偶有的な蓋然性以上のものを与えることができないことを、はっきり――また論理的に――見てとった。経験は私たちに必然的真理を与えることができない。真理は理性によって完全に論証される。経験の結論は特殊的であって、普遍的ではない。その結論は厳密ではないので、「学問」以前である。こうして合理的真理、あるいは近代の専門用語では観念の関係についての真理と、経験的に確かめられる事実についての「真理」が区別されるようになった。それと共に産業的、社会的な実践の技術が知識の問題であるよりも信念の問題だという烙印を押されたばかりでなく、観察からの帰納的推論の問題であるすべての科学も、そうした烙印を押されたのである。

　自然科学はとくに高度の蓋然性を達成し、また個別事例における結論に、一定限度内で与えられる確率数値を測定するための技術を発展させたのだから、そうだったとしても関係ないと考えてみたくもなるだろう。しかし歴史的に見ると、この反駁を許容するほど、ことは単純でない。何故なら経験または観察

科学は、永遠で普遍的な対象を扱い、したがって必然的真理を所有する合理的科学と、癪に障る対照的位置に置かれたからである。結局すべての観察科学は、それらの素材が合理的科学によって与えられる形相と原理によって包摂できない限り、実践的な問題と同じように蔑視された。合理的科学の完全な実在性と比べれば、観察科学は相対的に程度が低く、世俗的で、神を汚す。

そしてここに、ギリシャ哲学のような遠い昔の事柄に立ち返る正当性がある。現在に至るまでの古典的伝統全体は、経験そのものを軽蔑する考え方をもち続け、また真の知識に固有な目標と理想として実在を掲げた。経験的なもののなかにあったとしても、実験的方法によっては知り得ない実在を支持し続けてきた。哲学そのものにとっての論理的帰結は明白である。方法の面では、哲学は理性自体から生じ、経験から独立した理性の保証をもつ方法を所有していると主張せざるを得なかった。自然自体が同じ合理的方法によって知られるという見解が成り立つ限り、その結果——少なくとも明白な結果——は深刻ではなかった。哲学と真の科学——またはそのように見なされたもの——には、どんな断絶もなかった。実際、区別さえなかった。論証的確実性が下降していく尺度のなかに形而上学的、論理的、自然的、道徳的などといった、哲学の様ざまな部門だけがあった。その理論によれば、程度の低い科学の主題は真の知識の主題とは本来、異なる特性をもつのであるから、信念と呼ばれる、程度の低い知識に合理的な不満を抱く根拠は何もなかった。劣等な知識や信念は劣等な主題設定に対応していた。

17世紀の科学革命は大きな変更をもたらした。数学の助けを通して、科学そのものが論証的知識の枠組みを自然的対象にもち込んだ。古い枠組みでは、自然界の「法則」は合理的、理想的な形相だけに属している確固不動な特性をもっていた。力学の語句で表現される数学的自然科学が、ただ一つの妥当な自然哲学だと主張した。そのために古い哲学は自然的知識との同盟関係を失い、またそれらによって哲学に与えられた支えを失った。哲学は最高の知識形態だと主張する場合には、自然科学の結論に対して公正さを欠き、いわば悪意のある態度を取ることを余儀なくされた。そうこうするうちに古い伝統の枠組みは、キリスト教神学のなかに包み込まれ、宗教的教説を通して、専門的哲学には通じていない人びとが受け継いだ文化の一部となった。結局、実在を知るという

第2章　不変なものへの哲学の探求　　　23

権利要求に関する哲学と新しい科学の対立は、事実上、古い伝統によって保証
された精神的価値と自然的知識の結論の対立に変わった。科学が進歩すればす
るほど、それは哲学が支配権を要求してきた領土のなかの特別区域を、ますま
す侵略するように思われた。こうして古典的哲学は、生活を規制し行為を統制
すべき価値が安全に置けるような究極的実在への信念を、弁解がましく正当化
する類いのものになった。

　これまで行ってきた歴史的な問題接近法に、不都合な点があるのは確かであ
る。ギリシャ風の定式化を強調してきたが、それは近代思想とくに現代哲学に
関しては、それほど適切ではないとか、あるいはどんな哲学的言明も、哲学と
は無縁の一般大衆にとっては、それほど重要ではないということが、すぐ頭に
浮かぶ。哲学に関心を抱く人びとは、行われた批判が仮想の敵に対してではな
くとも、少なくともずっと前に現実味を失った立場に対して向けられている、
と反論するかもしれない。哲学に親近感をもたない人びとは、専門の哲学者以
外の人びとにとって、それらの哲学に何の意味があるのか、と尋ねるかもしれ
ない。

　第一の型の反論は、次章でやや詳細に扱われるだろう。次章では、近代哲学
がきわめて多様であるにもかかわらず、それらが近代科学の結論を、西洋世界
の主要な宗教的、道徳的伝統と調停するという問題に、どのように関わってき
たのかを明らかにしたい。それとともに、こうした問題がギリシャ思想で定式
化された、知識の実在に対する関係についての考え方が保持されたことと、ど
のように結びつくのか明らかにしたい。当面の議論の到達点では、次の点を指
摘すれば十分である。すなわち細かい点では大きな変化があったにもかかわら
ず、知識と行為、理論と実践の分離という概念は永らく続いてきたのであり、
また行為と結びついた信念は知識の対象と本質的に結びついた信念に比べると
不確実で、価値が劣り、したがって行為と結びついた信念は、知識の対象と結
びついた信念から導出されて初めて、確実に立証されるのである。ギリシャ思
想の特定の内容は当面の問題に直接の関係はないが、安全性は知識の確実性に
よって評価されるとか、知識の確実性は確固不動で不変の対象、したがって人
間が実践的活動で行う活動から独立した対象にきちんと結びついていることに
よって評価されるという主張は、当面の問題に無関係ではない。

他の反論は種類が異なる。それはギリシャ哲学だけでなく、およそ哲学は重要な人間の関心事すべてとかけ離れていると感じる人びとから生じる。その反論は、哲学が自然科学によって与えられる知識よりも高次の知識だと主張することは生意気だと認めるのを厭わない、いやむしろそう主張する。しかしまた、その反論は、いずれにせよこのことは専門の哲学者を除けばたいした問題ではない、と主張する。

この後者の反論を行う人びとが、哲学者が主張するのとほぼ同じ確実性の哲学と、哲学の適正な対象を主張しているのでなければ、初歩的な表現形式だということを除けば、この反論には説得力があるだろう。彼らは、哲学的思考がこの対象と、この対象が与える確実性を手に入れる特殊な手段だという概念には何の関心もない。しかし彼らは、理知的に方向づけられた行為の技術が、価値の確実性を手に入れる場合の手段だとは、表向きにも暗黙裡にも、少しも主張しない。彼らは、いくつかの目的と善に関しては、この観念を受け入れる。しかしこれらの目的と価値を質料として、健康や富や劣等な結果のための条件の制御に関係するものとして考えるさいに、彼らは古典的哲学で定式化されるのと同じ、高次の実在と低次の実在の区分を保持する。彼らは理性、必然的真理、普遍、もの自体、現象について語る語彙を知らないかもしれない。しかし彼らは究極的に保証された理想と目的を手に入れるために、知識によって方向づけられた行為の道以外の道があると信じる傾向がある。彼らは実践的効用のためには実践的行為が必要だと考える。しかし彼らは実践的効用を精神的、理想的な価値と区別する。哲学が根底にある分離を創始したのではない。哲学は人びとの心のなかに、広範に影響を及ぼしている観念を知的に定式化し正当化しているに過ぎない。しかもこれらの観念の要素は、過去の文化と同じように、現在の文化でも活発に働いている。実際、宗教上の教義の普及を通して、究極的価値は特殊な啓示の問題であり、程度が低くて劣った目的を扱う行為の技術とは、根本的に異なる特殊な手段によって生活のうちで具体化されるという観念が、一般民衆の間で強調されてきた。

ここに、専門の哲学者だけに関心があるのではなく、一般の人びとにも重要な論点がある。価値の安全性、称賛に値し尊敬すべきもの、是認されるべきもの、求められるべきものの安全性についてはどうだろうか。おそらく実践蔑視

の結果、人間の経験における価値の安全な場所については、知識と行為の関係
という問題との関連では、めったに問われなかった。しかし行為の身分に関す
るどんな見解でも、行為の範囲は利己的な行為、打算的な面をもつ行為、一般
に便宜的なもの、しばしば「功利的」と呼ばれる事柄に限定できない。人間関
係において秩序と礼儀を守ることと同様に、知的価値、道徳的卓越性、美的に
称賛すべきものを守り普及させることは、人間の行為に依存するのである。

　伝統的宗教が個人の魂の救済を強調したからなのか、それ以外の理由からな
のか、道徳の究極的範囲を、行為が自我に及ぼす内省的結果に限定する傾向が
ある。一見すると伝統的神学から完全に独立しており、行為の判断基準として
一般善を強調する功利主義でさえ、その快楽主義的心理学では、行為の動機と
して私的快楽を強調した。すべての人間関係を通して、人生を価値あるものに
するすべてのものを安定的に、また次第に拡大するように設定することが、す
べての理知的行為の本当の対象である。そうした観念は、道徳は徳、あるいは
個人が自らの個人的能力で享受することに、主として関わる特殊な行為である
という、現在流布している考え方によって、見えにくくされている。活動をひ
じょうに異なった価値をもつ、二つの種類に区分するという概念が、形を変え
て、いまだに保持されている。その結果、「実践的な」ものと有益なものの意
味そのものに、侮蔑的な意味が付与されるようになった。「実践的」の意味は、
美術の普及、趣味の陶冶、教育の過程、人間関係をいっそう有意義に、また価
値あるものにすることに関わるすべての活動を含む、生のすべての価値が拡大
され、いっそう確実にされるような、すべての行為形態を網羅するようには拡
大されない。むしろ実践的の意味は安楽、快適、豊かさ、身体の安全と社会秩
序、そしておそらくは健康など、他の善から切り離されて、限定された狭い価
値の権利を主張できるに過ぎないものに制限される。結局これらの主題は専門
的な科学技術に引き渡される。これらの主題は、生成消滅する自然存在にある
低次の善に何が起ころうとも、最高の価値は究極的実在の不変の特性だと感じ
る、「高次の」興味が関知するところではない。

　「実践」を最も自由な意味で考える習慣があるならば、二種類の別々の価値、
本質的に高次の価値と本質的に低次の価値の慣習的二元論を放棄するならば、
「実践」を軽蔑する私たちの態度は変わるであろう。実践は、尊ぶべき、称賛

すべき、是認すべきだと判断されるあらゆるものが、具体的存在において経験
可能であり続ける場合の、（偶然を除けば）唯一の手段と見なされるはずであ
る。このことと関連して、「道徳」の意味全体が変わるだろう。自然的、社会
的関係の影響を受けた永続的な客観的結果を無視する傾向が、また個人的、内
面的な動機と性向が客観的に生み出し存続させるものとは無関係に、そうした
動機と性向を強調することが、事物自体に何の客観的影響も及ぼさない多様な
心的過程、多様な思考と感情を比較して、どれほど行為の価値を習慣的に蔑視
する結果であることだろうか。

　人間が行いうる安全への探求において、行為を中心に据えることができない
のは、結果の発生を左右する条件を規制し利用する手段を、人間がほとんども
たない文明の段階にあったときの無力感が残っているからだ、と主張して（し
かもかなりの正当性をもって）よいだろう。人間が出来事過程を方向づけるた
めの実践の技術をもつことができない限り、情緒的な代用品を求めるのは自然
なことだった。不安定で危険の多い世界のなかにあって、現実の確実性が欠如
していると、人びとは確実だという感情が得られるような、あらゆる種類のも
のを培った。幻想になってしまわなければ、感情を培うことは人びとに勇気と
自信を与え、人生の苦しみに比較的うまく耐えることを可能にした。しかしそ
の通りだとしても、この事実を筋の通った哲学の基礎にすべきだなどと、真面
目に主張することは、ほとんどあり得ないだろう。

　哲学概念に立ち戻ることにする。どのような行為も、ほぼ絶対に確実なもの
など与えることはできない、と私たちは主張した。行為は保証を与えるが確証
を与えない。行いは災難に、挫折の危険性に、つねに晒されている。人びとが
哲学的に反省し始めたとき、行為の結果は決して確実ではないのに、価値の在
り処を行為に委ねてしまうのは、あまりにも危険なように思われた。経験的存
在、可感的、現象的世界における存在に関する限り、この不確かさというのは、
その通りかもしれない。しかしこの不確かさそのものは、理想的な善が最も確
実なタイプの知識によって、究極的実在の領域に取り消しできず、圧殺できな
い位置をもつことが示されることを、よりいっそう必要としているように思わ
れた。少なくとも、人びとはそのように推論したのではないかと想像される。
そして今日、多くの人びとは、現実の経験では価値の存在が不安定で心もとな

いのを目の当たりにして、善の完全な形相を、地上の空を超えた天空にではなくとも本質存在の領域に投射することによって、何とも言えず心が慰められる。本質存在の領域では、価値の存在はいざ知らず、価値の権威はまったく揺らぐことがない。

この過程が、どれくらい最近の心理学によってお馴染みになった補償行為の類いなのかを尋ねる代わりに、私たちは、それが哲学に及ぼす影響を探求している。私が古典的と呼んできた哲学の主な目的は、最高であり最も必然的な知識の対象である実在には、私たちが心から望み、称賛し、是認するものに対応する価値もまた付与されているのを証明することであった。このことは否定できないと思われる。それはすべての伝統的理想主義の核心だと言ってよいだろう。哲学本来の任務は、最高の価値をもつ存在論的実在に知的または認識的保証を与えることだと考える、それ自体が崇高な情念が、哲学のうちにはある。

完全に善が実現され、すべての究極的な力が存在する〈実在〉と同一視される領域を想像しなければ、人びとが欲望と選択を熱烈に善に向けたのに、挫折することは理解するのが難しい。そのとき実生活の失敗と挫折の原因は、この世が実在であるというよりも、有限で現象的で感覚的だ、という事実に帰される。また存在と価値の食い違いは見かけ上のことに過ぎず、さらに十分な視力をもてば、部分的な悪は完全な善の一要素に見えることが分からない、私たちの有限な理解力の弱さに帰される。したがって哲学の任務は、自明だと思われる前提に依りながら、最も完全な認識的確実性をもつ対象が心から熱望される対象と同一であるような領域を、論理的に考案することである。こうして〈存在〉の統一性と十全性を伴った、善なるものと真なるものの融合が古典的哲学の目標になる。

もしその状況にそれほど親しんでいなければ、それは奇妙な状況だという印象を受けるだろう。実践活動は程度の低い実在の世界に放逐される。何かが欠乏しているところでだけ欲望が見出されるのであり、したがって欲望があることは、〈存在〉が不完全だというしるしである。したがって完全な実在と完全な確実性を見出すためには、冷静沈着な理性に向かわなければならない。しかしそれにもかかわらず、哲学が主に関心をもつのは、純粋な知識の対象である実在の本質的属性が、まさに情愛、欲望、選択との関連で意味をもつ特性だと

証明することである。知識を称揚するために実践的問題を貶めた後に、哲学の主要課題は、実践活動が関わるような価値の絶対確実で永遠の実在性を論証することになる。欲望と情動があらゆる意味で知識よりも劣った地位に貶められながら、同時に最高の、最も完全な知識と呼ばれるものの主要な問題が悪の存在——つまり道をはずれ、無効となった欲望の存在——だと見なされる状況に、アイロニーを感ぜずにいられようか。

　しかし含まれる矛盾は、純粋に知的な矛盾どころの騒ぎではない——純粋に理論的ならば、実践的結果の欠けた無害なものだろう。私たち人間のすべてに関心があるものは、まさに最大の確実さをもって、価値が具体的存在のうちで達成できるということである。私たちが生きている世界では不安定で動揺している価値が、（理性は論証するが、私たちは経験できない）高次の領域では永遠に確実であるという考え、こちらの世界で敗北した善があちらの世界で勝利するという考えは、打ちひしがれた人びとに慰めを与えるかもしれない。しかしその考えは、現実に存在する状況を少しも変えない。理論と実践を分離すること、その結果として、善の存在を経験のうちでいっそう確実なものにしようと実践的に努力する代わりに、絶対的確実性を求めて認識的に探求することは、課題を果たせば確かな結果が生まれるようなことから注意を逸らし、エネルギーを別方向に向けさせた。

　価値を具体的に確かなものにしようとするさいに、主として考慮すべきなのは、行為の方法を完成させることである。単なる活動、理知的でない努力は、物事を少しも前に進めない。結果が依存する諸条件を規制することは行いによって初めて可能であり、さらに言えば理知的に方向づけられ、諸条件を認識し、因果連鎖を観察し、この知識に照らして計画、実行する行いによって初めて可能である。行為から切り離された思考が、最高善の身分に関して完全な確実性を保証することができるという概念は、理知的な規制方法を発展させるという中心問題に、何も貢献しない。その概念はむしろ、その方向で努力する気持ちを萎えさせ、鈍らせる。それが古典的な哲学的伝統に向けられる主要な告発である。その告発の意味するところから、行為が知識に対して実際にどんな関係にあるかという問い、そして理知的行為以外の手段による確実性の探求は、思考をその適正な役目から致命的に逸脱させるのではないかという問いが立てら

第 2 章　不変なものへの哲学の探求　　29

れる。その告発の意味するところから、人類は認識方法の制御と実践的行為の技術を、今や十分と言えるほど成就したのではないか、だから私たちの知識観と行為観の根本的変化が可能であり必要でもあるのではないか、という問いが立てられる。

　科学的探求の実際の手続きから判断すると、認識は、認識と行為の伝統的な分離を、事実上、完全に放棄したのであり、実験的手続きは行いを認識の中心に据える手続きであり、このことは以下の諸章で注目する主題である。もし哲学が科学的探求と同様の放棄を本気になって行えば、哲学に何が起こるだろうか。もし哲学が実在と知識一般の問題を扱うことを止めるならば、哲学の役目は何だろうか。事実上、哲学の機能は私たちの認識的信念、最も信頼できる探求方法に基づいた信念と、寛大で自由な人間的意味がある物事のなかで、人間の行為を制御すべき価値と目的についての実践的信念の、実り多い相互作用を促進することだろう。

　そうした見解は、行為は本質的に知識より劣るとか、変化するものより確固不動なものが好ましいという伝統的概念を放棄する。そうした見解は、能動的な制御によって達成される安全は理論上の確実さよりも尊重されるべきだという確信を含んでいる。しかしそうした見解は、行為が知識よりも高等でよりよいとか、実践は本質的に思考より優れているということを含意しない。知識と実践が絶えず、また効果的に相互作用することは、活動そのものを称揚することとは、まったく別ものである。行為は、知識によって方向づけられるとき目的ではなく、方法であり手段である。目標とか目的は、知識だけが可能にする対象の能動的制御によって、価値がいっそう確実に、いっそう自由に、いっそう広く共有されて経験のうちに具体化することである[原注1]。

　この観点からは、哲学の問題は探求されるべき目的についての判断と、目的を達成するための手段の知識との相互作用に関わる。科学において知識の進歩の問題は、何を為すべきか、どんな実験を行うべきか、どんな器具を発明し使

　[原註1]　観想的知識のために長らく実践を蔑視してきた反動で、単に上下を逆さまにしようとする誘惑がある。しかしプラグマティズム的道具主義の本質は、知識と実践のいずれも善——あらゆる種類の卓越性——を、経験された存在のうちで確実なものにする手段だと考えることである。

うべきか、どんな計算に取りかかるべきか、数学のどの部門を使うべきか、または完成させるべきかである。同様に実践の典型的な問題は、知るために何を行う必要があるか、どのようにその知識を獲得するか、どのようにその知識を応用するかである。

　個人的な分業と、機能と意味を切り離すことは混同されやすく、またよくある習慣である。人間は個人として、認識の実践に一所懸命になったり、専門職、ビジネス、社会的技術や美術の実践に一所懸命になったりしがちである。各々の実践は、円のもう半分を当然のことだと見なす。しかし理論家と実践家はしばしば、各々の課題の重要性に関して見苦しい言い争いに明け暮れる。そのとき、個人の職業の違いが実体化されて、知識と実践の本質的相違に作り変えられる。

　知識の歴史を調べてみれば明らかなのだが、最初に人びとが知ろうとしたのは、生きるためにそうしなければならなかったからである。他の動物にとっては、その身体構造が有機体を導いてくれるが、人間にはそれが欠けているので、人間は何に取り組むかを見つけなければならなかったし、自らの行動の手段、障害、結果を構成する環境を調べることによって初めて、それを見つけることができた。いっそうの安全を手に入れる手段としてでなければ、行為の結果に関して知的または認識的理解を求めても無意味であった。さらに余暇時間が生まれた後に、認識を自分の特殊な職業や専門職にできる人びとが出始めたときでさえも、単なる理論的な不確実性は相変わらず無意味であった。

　こう述べると抗議が起きるだろう。しかし調べれば分かることだが、この言明に対する反発は、純粋に知的な不確実性、つまり何ものにも関わりをもたない不確実性の事例を見つけるのがとても難しいという事実によるのだ。多分これに最も近いのは、ある東洋の君主のよく知られた物語である。それによれば、その君主はどの馬が速く走ることができるのか、既に熟知しているので、競馬に出かけるのを取りやめた。何頭かの馬のうちどの馬が他の馬より速く走れるかに、君主が半信半疑であることは純粋に知的だったと言ってよいだろう。しかしまた、その物語から出てくるものは何もなかった。好奇心を少しも刺激せず、半信半疑の状態を晴らすために何の努力もなされなかった。言い換えると君主は気に留めなかった。半信半疑の状態は何の影響も及ぼさなかったのであ

第2章　不変なものへの哲学の探求　　　31

る。そしてただひたすら理論的な不確実性や確実性には、どんなものでも誰も
留意しないというのは、ごく当たり前のことである。何故なら定義上、ただひ
たすら理論的である場合、それはどこにも影響を及ぼさないものだということ
だからである。

　この命題に対する嫌悪感は、実際には、知的なものと実践的なものがきわめ
て密接に結びついているという事実に敬意を表している。したがってただひた
すら理論的な疑念を抱いていると思い込んでいるとき、私たちは無意識にその
疑念に関係するある結果を、そっともち込んでいるのである。私たちは探求の
過程で生じる不確実性について考える。その場合、不確実性は、それが解決さ
れるまで探求の前進を阻む――それは紛れもなく実践的な事柄である。という
のも不確実性は結論と、結論を生み出す手段を含むからである。もし私たちが
欲望も目的ももたないならば、どの事態も同じようによいというのは、分かり
切ったことである。絶対的存在はそれ自体のうちに、すべての価値を安全確実
に既に含んでいるという論証を重んじる人びとは、次のような事実に関心をも
ってきた。すなわちその論証は――多分もしそれらの価値を生み出し維持する
努力を弱めるのでなければ――これらの価値の具体的存在には少しも影響しな
いだろうが、人びと自身の個人的態度――満足感や責任からの解放感、何人か
の哲学者が道徳と宗教の違いがそこにあると見なした「道徳の休日（moral
holiday）」の意識――には影響するだろう。

　こうした考察が指し示す結論は、認識的確実性への探求の究極的根拠が、行
為の結果の保証への要求だということである。人間は、自分たちが知的確実性
それ自体のために心血を注いでいるということに納得しやすい。現実には、人
びとが知的確実性を望むのは、自分たちが欲望し尊重するものを保護すること
に、知的確実性が関係するからである。行為が保護され、成功するようにとい
う要求が、知的信念の妥当性を保証することへの要求を生んだのである。

　知識階級、つまり余暇があり、一般大衆を苦しめる油断ならない危険から、
かなりの程度護られている階級が明確な形で現れた後、その構成員は自分の役
目を進んで称賛した。行為においてどれだけ骨を折り、気を遣っても、完全な
確実性は保証されないので、その代わりに知識の確実性が崇拝された。重要で
はない問題、比較的に技術的、専門的、「功利的」問題では、結果をいっそう

確実なものにするために、操作方法の改善に頼り続けた。しかしきわめて重要な問題では、必要とされる知識はなかなか手に入らず、方法の改良は大勢の人びとの共同的努力によって初めて実現できる、遅々とした過程である。形成され、発展させるべき技術は社会的技術である。単独の個人が、重要な価値をさらに確実にする条件を規制するために、できることはほとんどない。ただし洞察力と特殊な知識が備わっていれば、自分に固有の目的を——それなりの幸運があれば——前に進めるために、かなりのことができるだろう。こうして短気を起こしたために、またアリストテレスが好んで指摘したように、個人は行為を何も含まないような思考では自足的なので、実践とは無関係であり、また無関係であるために尊ばれる、認識的確実性と真理の理想が発展した。実践的には、その学説は、最高に価値があるものでは権威とドグマへの依存を強めるように働き、その一方で日常的な、とくに経済的な問題では、増大する専門的知識に依拠した。呪術的儀式が十分な収穫物を得られるまでの種子の成長を規制するという信念は、自然的原因とその働きについて研究する風潮を妨げる。それとまったく同様に、教育、道徳、社会問題における行為の基礎として独断的規則を受容することは、理知的な計画を形成するさいに含まれる諸条件を見つけ出そうとする起動力を弱める。

　ここ数世紀の自然科学の進歩が引き起こした危機について語ることは、多かれ少なかれ陳腐化している。その危機は私たちが生きている世界についての自然科学の結論と、自然科学の支えが得られない高次の価値の領域、理想的、精神的性質の領域が両立しないことによるのだ、と主張される。新しい科学は世界を美しいものにし、人間にとって住みやすいものにする性質を奪い去った、と言われる。目的に向けたあらゆる熱望、善を達成しようとするあらゆる選好を自然から奪い去り、数学的および力学的法則にしたがって作用する、無差別的な物理的粒子の場としての自然を私たちに呈示した、と言われる。

　周知のように、近代科学のこの結果が、近代哲学に対して主要な問題を設定した。どうしたら科学を受け入れても、価値の領域が保持されるのだろうか。この問いは世間一般にある、科学と宗教の対立の哲学版を形成する。天国とかキリストの昇天についての昔ながらの宗教的信仰と天文学が不整合であることに、あるいは地質学の記録と創世記における天地創造の説明が違うことに思い

第2章　不変なものへの哲学の探求　　33

悩む代わりに、哲学者は自然界の根本原理と、人類が自らの人生を規制すべき
価値の実在性に存在する、種類の大きな違いに思い悩んだ。

したがって哲学者は媒介の仕事に、外見上の軋轢の背後に何がしかの調和を
見出す仕事に着手した。誰もが知っているように、近代哲学の趨勢は知識の本
性に関する理論を使って、宇宙の本性に関する理論に到達することであった
──それは知識についての結論の基礎を、知識が生起する場である宇宙の本性
についての知識に置く、一見すると、いっそう賢明な古代人の方法を逆転させ
る手続きである。今語ったばかりの「危機」が、その逆転の意味を説明する。

科学が悩みの種を作ったのだから、その治療法は知識の本性や科学の可能性
の制約を検討するなかで見出されなければならない。もし知識の可能性の制約
が理想的、合理的な性格のものだと証明できれば、物理学における理想主義的
宇宙論が失われたことに、苦もなく耐えられると思われた。物理的世界は物質
と機械に明け渡してもよい。というのも物質と機械の基礎は非物質的な心にあ
ることが保証されるからである。そうしたことがカントの時代以来の近代唯心
論哲学を特徴づける過程であったし、それどころか科学の結論を伝統的な宗教
的、道徳的信念と調停することに含まれる問題の深刻さを、最初に感知したデ
カルトの時代以来、そうだったのである。

なぜ自然科学の発見と価値の妥当性を調停することに、こうも熱心なのかと
尋ねるならば、感度が鈍いしるしとしてではなくても、素朴極まりないしるし
と見なされるであろう。なぜ知識が増えることが、私たちが尊び、称賛し、是
認するものに対する脅威であるように思われるべきなのか。なぜ科学で獲得し
たものを、価値判断を改善するために使うとか、価値をいっそう確かなものに
し、またいっそう広く共有されるように行為を規制するために使うことを、進
んで行ってはいけないのか。

私たちが長々と論じてきた影響を明らかにするために、素朴だと非難される
危険を進んで冒してみよう。もし人びとが価値についての観念を、経験に先行
する〈存在〉の認識と結びつけるのではなく、実践的活動と結びつけていたと
したら、科学の発見によって悩まされることはなかっただろう。人びとは科学
の発見を歓迎したことだろう。なぜなら現実に存在する諸条件の構造について
確証されたことであれば、尊ばれ、努力されるべきものについての判断をいっ

そう適切にするさいに、確かな手助けになるだろうし、それらを実現するさいに使われる手段に関して、教示してくれるだろうからである。しかしヨーロッパの宗教的、哲学的伝統にしたがえば、すべての最高の価値、つまり真、善、美の正当な身分は、究極的で至高の〈存在〉つまり神の属性であることと密接に結びついていた。自然科学として通っていたものが、この考え方に害を及ぼさない限り、万事順調であった。科学的知識の対象が、そうした属性を何ら所有するものではないと判明したときに、悩みが始まった。そのとき、神の属性を実証するために、ある遠回りの方法が工夫されなければならなかったのである。

したがって愚鈍なように見える問いを立てた眼目は、価値の問題が理知的行為の問題と結びついていることが分かったときに起こる、根本的変化を明らかにすることである。もし価値についての信念と判断の妥当性が、価値のために企てられた行為の結果に依存するならば、もし活動から切り離されて論証できる知識と価値にあると想定されていた結びつきが放棄されるのならば、科学は価値に対して本質的関係をもつかという問題は、まったく人為的である。それは次のような実践的問題群によって置き換えられる。すなわち価値についての信念の形成を方向づけるために、私たちが知っていることをどのように使ったらよいのか、またこれらの信念を検証し、よりよい信念を可能にするように、私たちの実践的行動をどのように方向づけたらよいのか。その問いは経験的には、つねに次のような問いだったと見なされる。すなわち価値ある対象をいっそう確実に存在させるために、私たちは何を行うのがよいか。そして私たちは、その問題の回答に取り掛かるのだが、その場合、この行いが前進しなければならない諸条件と諸関係の知識が増えることによって得られる利点をもっている。

しかし二千年以上の間、最も影響力と権威のある正統的な思想の伝統では、正反対の方向に重心が傾いてきた。その伝統では、真、善、美という、経験に先立つ不変の実在を（ある場合には啓示によって、ある場合には直覚によって、ある場合には理性によって）純粋に認識的に証明するという問題に心血を注いできた。そのような学説に対して、自然科学の結論は深刻な問題の材料になる。〈知識裁判所（the Court of Knowledge）〉に訴追され、不利な評決が下された。二つの競合し合う体系が存在し、各々の主張は調停されなければならない。現

第2章　不変なものへの哲学の探求　　35

代文化の危機、現代文化における混乱と対立は、権威の分裂から生じる。一つの体系は、科学的探求が語るもののように思われる。それとまったく異なるもう一つの体系は、行為に対して権威をもつ、目的と理想についての伝統的信念が語るものである。たった一つの理由で調停の問題が生じ、消えずに残る。知識は実在の開示、認識に先立ちまた認識から独立した実在の開示であるとか、認識は経験される対象の性質を制御する目的から独立しているという考えが存続する限り、自然科学がその対象のうちに重要な価値を開示できないことに、衝撃を受けるだろう。価値の妥当性と権威に真摯に向き合う人びとは、問題を背負い込むであろう。価値は、人間の行為から独立した〈存在〉の属性である場合にだけ真正で妥当であるという考えが存続する限り、また価値が行為を規制する権利は、それが行為から独立していることに依存すると想定される限り、科学的発見があったとしても、価値は実在自体の真の、認識された性質であることを証明する図式が必要であろう。何故なら人間は行為を規制するすべての手引きを、容易には放棄しないだろうからである。もし人びとが経験過程のうちに基準を見出すことを禁じられるならば、他のどこかに基準を求めるだろうが、その場所は啓示のうちではないとしても、経験を超えた理性の評決のうちだろう。

　すると現代哲学の根本問題はこうである。すなわち知識は、経験に先行する存在ないし〈存在〉を開示する程度に応じて妥当だという学説は正当化されるであろうか。規制的な目的は、人間の行為から切り離されたもの——現実存在として、あるいは本質存在として——に本来ある属性であることが証明できるとき、初めて妥当だという学説は正当化されるであろうか。出発点を変えるよう提案する。欲望、情愛、選好、必要、興味は少なくとも人間の経験のうちに存在する。それらは人間の経験の特性である。自然についての知識もまた存在する。この知識は私たちの情緒的および意志的な生を導くことに関して、何を含意し、内含するのだろうか。情緒的および意志的な生は、知られたものを役立たせるために、それをどのように利用するのであろうか。

　今述べたこれらの問いは、多くの思想家にとって哲学の伝統的問題に備わっていた尊厳をもつようには思えない。それらは近似的な問いであって、究極的な問いではない。それらは〈存在〉と〈知識〉「自体」、〈存在〉と〈知識〉一

般にではなく、特定の時間と場所での存在の状態、具体的な情況下にある情愛、計画、目的の状態に関わる。それらは実在、知識、価値の一般理論を一度に作り出すことにではなく、存在についての現有の頼りになる信念が、実生活において喫緊の実践的問題との関連で、どのように実り豊かに、また効果的に働くことができるかを見つけ出すことに関わる。

限定された、専門的分野では、今やこうした線に沿って滞りなく進む。科学技術とか工学、医療技術では、他のやり方で仕事を進めることが考えられない。自然とその条件についての増大した知識は、健康の価値とかコミュニケーション一般の価値の妥当性についての問題を提起しない。ただしその知識は健康とかコミュニケーションの本性について、またこれらの善を実際に手に入れる最良の方法について、昔の人びとが抱いてきた考え方のいくつかを、かなり疑わしいものにするかもしれない。

限定された、専門的な事柄では、科学は私たちの欲求をよりよく判断できるような手段を手中に収めたし、欲求を充足すべき道具と操作を作る手助けをした。同様のことが道徳とか、際立って人道的な技術で起こらなかったことは明らかである。ここに哲学者を深く悩ませるような問題がある。

より広範で、より寛大で、より際立った人道的価値を扱う技術が、専門的技術には生じた解放と拡張に恵まれなかったのは何故だろうか。その理由は自然科学が、自然科学独自の世界を開示したからだ、などと真面目に主張することができるだろうか。容易に分かることだが、自然科学が開示したものは、広く受け入れられ、高く評価され、感情が深く染み込み、人間の情緒とか惰性と同様、権威ある制度が放棄したがらない価値についてのいくつかの信念と、敵対関係にある。しかし実際上、このことを認めざるを得ないからといって、そのことが、最高の忠誠心をもって行為するさいに、人びとが尊敬し、大切にするものについての新しい信念の形成を排除するものでは、まったくない。立ちはだかる困難は実践的困難、社会的困難であり、科学と価値にではなく、制度と教育の方法と目的に結びついている。そうした事情の下で、哲学にとって第一の問題は、価値が経験に先行する〈存在〉をもつかどうかであるという学説に、これ以上責任をもつのを止めることだと思われる。いっぽう哲学の次の役目は、伝統的な価値判断のなかで修正、再構成しなければならない点を明らかにする

第2章　不変なものへの哲学の探求　　　37

ことである。このことを成し遂げた後に、人間の行為を新たに統合する基礎で
あるような価値についての観念を投企する、より積極的な課題を企てる地点に
立つだろう。

　真の問題は、伝統とか制度と結びついたいくつかの価値が既に（現実存在で
あろうと本質存在であろうと）〈存在〉を有しているかどうかではなく、実践
的行動を規制する目的と手段について、どのような具体的判断を形成すべきか
である、という事実に立ち戻る。先の問いで強調しておいたのだが、価値は私
たちの行為から独立して既に実在するというドグマ、哲学に支援を請うという
無駄をしなかったドグマの創造は、科学の性格が変化したことに直面して、当
然ながら混乱と優柔不断と意志薄弱を生んだ。専門的技術の範囲内にある物質
について思考することを今や学んだように、より広い人道的価値について思考
するように教育されていたならば、現在の状況全体はひじょうに違っただろう。
人道的価値に関して純粋に理論的な確実性に到達することに向けられてきた注
意は、人道的価値が判断され、求められるさいの技術の完成に振り向けられた
ことだろう。

　しばらくの間、想像をめぐらせてみよう。価値の存在が偶然的で、偏狭で、
不安定でなくなるのは、手に入る最良の知識によって人間の活動が方向づけら
れるときだけだと信じるように、人びとが組織的に教育されていたと想定して
みよう。また重要なのは、これらの価値が経験に先立つ権威とか保証人との関
連で、「正しく」把握されることではなく、公共的、客観的で、共有された結
果に基づいて判断を形成し活動することだと信じるように、組織的に教育され
ていたと想定してみよう。このように想像し、それから現在の状況がどのよう
なものなのか想像しよう。

　この想定は思弁である。しかしその想定は、本章が力を入れている一つの論
点の意義を示すのに役立つ。科学の方法と結論が、最も大切なものについての、
多くの大事な信念を侵害したことは確かである。その結果生じた衝突は、真の
文化危機を構成する。しかしそれは文化における危機、社会的危機であって、
性格上歴史的、時間的である。それは実在の属性を相互に調整する問題ではな
い。それなのに近代の哲学はたいてい、科学の対象だと想定される実在が、ど
のようにして自然科学においてそれらに帰属される数学的、力学的属性をもつ

ことができるのか、またそれにもかかわらず、究極的実在の領域が、どのよう
にして理想的とか精神的と呼ばれる性質によって特徴づけられるのかという問
いとして、その問題を扱う選択をした。文化的問題とは的確な批判を行い、再
調整を成し遂げるという問題のことである。究極的実在を認識するという想定
上の課題を進んで放棄し、近似的な人間的課題に心血を注ぐ哲学は、こうした
課題を解決するのに大きな助けになるだろう。科学の結果が適切に解釈される
とき、その結果が表面上の意味とは異なる意味をもっていることを証明しよう
とする課題とか、知識の可能性と限界の検討によって、結局、科学の結果は価
値についての伝統的信念と一致する基礎に依拠することを証明する課題を、哲
学が際限なく追求できるかどうか、疑わしい。

　伝統的な哲学概念の根本は知識と行為、理論と実践の分離であるから、私た
ちが注目しなければならないのは、この分離の問題である。私たちは、実験的
探求によって形成されたひな型にしたがって解釈された知識の実際の手続きが、
公然たる行為と知識の分離を、どのようにして無効にするかを証明するであろ
う。これを試みる前に、次章では近代哲学がどの程度、二つの信念体系、つま
りいっぽうでは知識の対象に関係する体系と、他方では理想的価値の対象に関
係する体系を相互に調整するという努力によって支配されてきたかを示すであ
ろう。

第3章　権威の対立

　本章の主題は、近代哲学——この語句では、新しい自然科学の興隆によって影響を受けた哲学のことだと理解する——が、それ自体のうちに内部分裂を含んでいたということである。近代哲学は自然的世界に関する科学的探求の結論を受け入れつつ、それを組織的な実験的探求のようなものが存在する以前に起源をもつ、心と知識の本性についての学説の受け入れと結び合わせようとした。二つは本来、両立するのが困難である。したがって哲学が最善を尽くしても、問題の人為性と論争的対立によって、つねに挫折した。その結果、哲学が自らに課した多くの人為的問題すべてのうち、ここでは一つの問題、つまり前章では概括的に関わった、一つの問題だけに関わる。これは科学的知識の発見を価値に関する観念の妥当性と調停するとか、どうにかして調整することが必要だという想定である。

　知識の本性はただ一つ妥当な実在の理解あるいは洞見であるという哲学的概念は、ギリシャ思想に端を発するのだが、ギリシャ思想には、明白な理由で、この問題が存在しなかった。ギリシャ思想の自然学はその形而上学と完全に調和していたし、形而上学は目的論的で、質的であった。自然的対象自体は、その変化を通じて、最高の知識の最終的な対象である理想的目的に向かっている。自然変化の科学は、この事実があって初めて可能である。自然的世界は、その変化が不変であり、完結した、あるいは完全な形相や本質によって支配されている限りで、知ることが可能である。こうした経験に先行する、完全な形相を現実化しようとするさいに、自然現象は知られうる、つまり定義され分類されうるような性格を示す。さらにこうした理想的形相は、〈存在〉の十全で、完全な現実態である理性を形成する。理想的形相を知ることは、完全な〈存在〉との交わりを享受し、したがって至福を享受することである。合理的なのに自然的存在である人間もまた、その目的を実現しようとするのであり、この目的の実現は真の、不変な〈存在〉の了解と同一である。この了解において、人間

は自然的世界の可変性を超え出て、欠如も欠乏もあり得ない完全性を所有するようになる。純粋な合理性は、その純粋性の点で物理的自然を超えている。しかし人間は、その本質的なあり方、つまりその合理性の点で、自分自身、自然を超えている。したがって認識的確実性の探求を満足させる実在はまた、完全な善を無条件に所有させてくれる。

知識の結果と、最高善の了解と享受を調整する必要性が生じたのは、17世紀、新しい探求方法が自然的世界について抱くことができる概念を、まったく新しい方向に転換させたからである。

黎明期の近代科学は、ギリシャ科学の目的論は無益で有害な邪魔物であって、科学的探求の目的と方法の考え方がまったく間違っており、人の心を間違った方向に導くものだと主張した。近代科学は理想的形相の学説を拒絶し、理想的形相を「神秘的」だとして退けた。新しい科学的方法が進歩するにつれて次第に明らかになったことがある。ギリシャ科学では、確実な知識の対象の本質的属性は完全性だったのだが、科学を知識の範型と見なした場合、知識の素材は、完全性を知識の対象の本質的属性に帰属させることを正当化しなかった。同時に価値の正当な身分は知識によって決定されなければならないとする伝統を、俄かに止めてしまう意向もなかった。ここから、近代哲学が新しい科学の結論を受容しつつ、古代思想の三つの重要な要素をも保持する限り、扱わざるを得ない決定的問題が生じる。ここで三つの重要な要素とは、第一に確実性、安全性は確固不動で変化しないものにだけ見出されること、第二に、知識は本来的に安定し、確実なものに至るただ一つの道であること、第三に実践活動は劣等なものであり、ただ単に人間の動物的本性のためだけに必要であり、環境から生活の糧を稼ぐために必要だということである。

さらに一つの重要な点で、近代思想は、その出発にあたり、実在に本来備わっており、したがって行為に左右されない価値と、単に道具的であって、実践活動の対象である善との間に、大きな隔たりがあることを強調した。何故ならギリシャ思想は合理的で完全な領域と自然的世界を鋭く分離しなかったからである。実際には、自然的世界は劣等だったし、非存在とか欠如態に侵されていた。しかし自然的世界は高等で完全な実在に対して、二元的に截然と分かれてはいなかった。ギリシャ思想は自然的敬虔さでもって感官、身体、自然を受容

第3章 権威の対立　　41

したのであり、段階を踏んで神的なものに至る形相の階層的秩序を、自然のうちに見出した。理性が魂に内含される理想的形相の予告を超越的に実現したものであるように、魂は身体の現実態であった。感官はそれ自体のうちに形相を含んでいたのであり、その形相が高次の知識への真の跳躍台であるためには、感官と融合した質料が取り除かれさえすればよかった。

　近代哲学は自然的対象についてのギリシャ思想の結論を退けたけれども、知識の本性についてのギリシャ思想の枠組みを受け継いだ。しかし近代哲学はヘブライ的およびキリスト教的宗教という媒体を通して、ギリシャ思想の結論を受け継いだ。この伝統では自然的世界は堕落し、腐敗していた。ギリシャ人の場合、合理性の要素が最高であり、善は、理性が現実態へと発展することによって、人間が所有するものになった。その間の宗教的発展は合理的なものよりも倫理的なものを根本に置いた。最も重要な問題は知性よりも意志が、最高で完全な〈存在〉に対して、どう関係するかであった。こうして各々、真の知識の対象である属性と完全な善と至福の対象である属性が、完全な〈存在〉においてどう関係するかに関して、結果的に視座の逆転が生じた。キリスト教神学に採り入れられたヘブライ的要因によれば、正しさが第一であり、厳密に知的な属性は従属的であった。心の完全な存在への参与は、知性自体が道徳的に贖われ純化されて初めて、知性によって達成できた。純粋なギリシャ的伝統とキリスト教的伝統の違いは、ニューマン枢機卿（Cardinal Newman）[訳注1]の手短な言葉で明らかにされる。すなわち「教会が主張するには、一人の魂が一つの軽微な罪を犯すよりも、太陽と月が天から落ちるほうがよい、大地が没落するほうがよい、大地の上にある何百万もの人々がみな、断末魔の苦しみを味わいつつ餓死するほうがよい」。

　近代哲学がキリスト教思想という、間に挟まった媒体を通してギリシャ的伝統を受け継いだというからといって、神とか人間の堕落と関連したキリスト教的自然観のすべての特徴が引き継がれた、と言いたいのではない。反対に近代の目立った特徴は、自然と自然観察へのギリシャ人の興味と喜びが復興したこ

　［訳注1］　John Henry Newman（1801-1890）。イギリスのカトリック神学者、詩人、哲学者。デューイの引用文は、ニューマンの *Lectures on Certain Difficulties Felt by Anglicans in Submitting to the Catholic Church*, Burns and Lambert, 1850 による。

とだと見なされる。近代科学の影響を深く受けた思想家は、しばしば最高の権威としての神の啓示を信じなくなり、それに代わって自然的理性に固執した。しかし究極的実在の明確な特徴である善の至高の地位は、相変わらずユダヤ、カトリック、プロテスタントに共通する前提であった。たとえ善は啓示によって保証されなくとも、知性という「自然の光」[訳注2]によって保証された。宗教的伝統のこの局面は、ヨーロッパ文化にきわめて深く浸透したので、徹底した懐疑主義者を除くどの哲学者も、その影響を免れなかった。この意味で近代哲学は、究極的で永遠の価値と、自然的対象と自然的善の間に存在する裂け目を強調することで、その歩みを開始した。

　古典的伝統の枠内に留まった思想家は、究極的〈存在〉の固有な属性である道徳的完全性が、人間の行為の法則を指令すると主張した。道徳的完全性が、すべての重要であり、永続的な価値規範を構成する。〈理性〉は真理の基礎を与えるために必要であり、それがないと観察——あるいは経験一般——は科学を構成することができない。しかし道徳的行為の究極的で不変な目的と法則を了解する準備をするために、なおいっそう〈理性〉は必要である。自然が心とか理想的形相へと階層的に上昇することが、自然科学の主題はひたすら物理的であり機械論的であるという確信によって妨げられたとき、物質と精神、自然と究極的な目的や善の二元論的対立が生じたのである。

　新しい科学によって自然から追い出された性質、卓越性、目的は、自然を超えながらも自然の源泉であり基礎である精神の領域に、その排他的な住処と保証を見出した。善を決定し享受する場合の理性の機能は、もはや自然の完成を形成しなかった。理性には特有な、別個独立の役目があった。自然と精神は対立しているのに必然的に結びついている。そのことによって作り出された緊張関係が、近代哲学を特徴づけるすべての問題を引き起こした。近代哲学は、あからさまに自然主義的ではあり得ず、かといって自然科学の結論を無視するほどには完全に唯心論的でもなかった。人間はいっぽうでは自然の一部であり、他方では精神領域の一員であるから、すべての問題は、人間本性の二重性に収

――――――――――

　　[訳注2]　自然の光（natural light）とは、神認識の能力である「恩寵の光」に対して、自然認識の能力を指す。ギリシャ哲学では、イデアは世界を照らす光だと見なされた。ここから光を認識能力にたとえる考え方が出てきた。

第3章　権威の対立　　43

斂した。

　スピノザ［Baruch de Spinoza］の哲学は、この問題について腹蔵なく述べ
ている点で、またその語法を前提すれば、他に例を見ない、その問題の徹底し
た解決法として、特筆すべきものがある。スピノザが理解した意味での新しい
科学の無制限な自然主義と、究極的実在は完全性の尺度であり、人間の活動の
規範であるという宗教的伝統に由来する観念の、自然主義と同様の全面的な受
け入れが、論理の奇跡によって結びつけられたのである。こうして結果した合
一は、近代思想の問題に関するお手本になるほどである。近代思想家の誰より
も、スピノザにあっては、ヘブライ的伝統における本質的要素——すべての人
間の思想と行為の基準としての究極的で自足的な〈存在〉——への完全な忠誠
がはっきりと示され、それとともにギリシャの知識論と、経験に対する理性の
賛美が継続し、また新しい科学的自然観が熱烈に支持される。こうしてスピノ
ザは自然科学の核心そのものから、人間の魂が絶対の安寧と平和を初めて得る
ことができるような、〈存在〉の完全性についての決定的論証が得られると考
えた。科学的知識は、非合理的な宗教が与えると称してきた人生の安定と規制
を、合理的手段によって完全な実在のうちで与えるはずであった。

　未完の論考『知性改善論［The Improvement of the Understanding］』のな
かで、スピノザは彼を突き動かした動機について率直に述べている。スピノザ
は、日常経験の過程にあるものはすべて虚しくて無益だということを経験して
きたと言う。スピノザは絶望のうちに探求を開始した。すなわち彼は、自らを
伝達する善、他のすべてを捨てても心が忠誠を誓えるほど安全確実で完全な善、
発見され所有されるとき、変わることのない至福を与える善がないかどうかの
探究を開始した。何故ならスピノザは、生の不安と虚しさの原因が、儚いもの
に情愛と欲望が向けられることだと気づいていたからである。しかし「永遠で
無限なものに向けられる愛は、悲しみが少しも交じらない喜びで、心を完全に
満足させる……人間の真の善は、可能ならば他者とともに、心が〈自然〉全体
と一つであるという知識に到達することである」。スピノザは、こう結論する。
「私たちがそのような完全性に到達するために、この一つの目的に全科学を方
向づけたい」。

　心が自然全体と一つになることを通して到達される確実で、永続的で、混じ

りけのない善は、『エチカ [Ethics]』で詳細に展開された主題である。そこで
は、人間の最高善は不変の〈存在〉についての論証的な合理的知識であるとい
うギリシャ的観念、魂は恒常的で純粋な幸福が確実に得られる生活様式を送る
ことができるというヘブライ的、キリスト教的確信、それにスピノザが捉えた
新しい科学の前提と方法、を一つにした哲学が結果する。〈自然〉は知性によ
って完全に知ることができた。〈自然〉は心と一体であった。自然全体を了解
することは、欲求、欲望、情愛を制御するために、善の完全な確実性をも与え
る認識的確実性を達成することであった——認識的確実性が善の完全な確実性
もまた与えると特定することは、ギリシャ思想には含まれなかったものであり、
そうした主張はまったくの憶測だと、ギリシャ思想が考えただろうことは疑い
ない。人間の行為を正しく秩序づけること、最高の実在を知ること、最も完全
で変わることのない価値や善を享受することは、普遍的、必然的法則——スピ
ノザが自然科学の基礎だと気づいた観念——にしたがった万物の完全な相互依
存という観念を採用することによって、一つの包括的全体のうちに結び合わさ
れた。

　スピノザの試みは、絶対的な認識的確実性という堅固な土台に基づいている
ので確固不動であり最終的な善と、科学的方法を完全に統合しようとするもの
であるが、近代哲学のなかで、これほど大胆で正面切った試みはほとんどなか
った。スピノザのように、古い伝統の本体を救うために、その伝統の細部を進
んで犠牲にする思想家は、ほとんどいなかった。あらゆる方面からスピノザに
向けられた激しい非難は、彼の同時代人と後に続く者の考えでは、スピノザが
自然主義的な科学と自然法則に譲歩し過ぎたことを物語っていた。しかしこの
抗議によって、彼の仕事について考慮すべき二つの本質的な事柄が、私たちか
ら隠されてはならない。その一つは、知識の対象としての〈自然〉はつねに変
わらぬ善の源泉であり生の規則でありうるということであり、したがって〈自
然〉はユダヤ‐キリスト教的伝統が神に帰属させたすべての属性と機能をもっ
ているということである。したがってスピノザは〈自然〉を「自然即神
[*Natura sive Deus*]」と命名する資格があった。何故ならスピノザが考えた
〈自然〉は、神についての古い宗教観に見出される、すべての情緒的連想と、
すべての道徳的力や権威をもっていたからである。〈自然〉は行為に対して不

変の〈目的〉と〈法則〉を与えた。そして〈自然〉は、合理的に知られるとき、完全な平和と無条件の安全性の源泉であった。〈自然〉は自然に──つまり合理的に──知られるのであり、〈自然〉の知識は完全な善であるので、〈自然〉が人間の心を占有するとき、劣等であり、場合によっては妨げとなる情念と情愛の対象は、それらの適正な場所である従属的な、つまり完全に制御される場所に位置づくように、〈自然〉のうちに包含される。

　考慮すべき二点目は、スピノザが近代哲学の問題の本性を、他に例を見ないほど完全に例示していることである。その問題の本性とは、古典的伝統を放棄しなかったのに、近代科学の結論を取り込んだことである。スピノザを、この問題についての、ひじょうに見事な解説者にしているのは、彼が熱烈に、また大抵の近代思想家が示した条件をつけずに、主知主義と自然主義というギリシャの伝統における本質的要素、人間の情愛と努力の制御に関して究極的〈存在〉の属性が優先し首位に立つというヘブライ‐キリスト教的観念、そして新しい自然科学についての──スピノザが捉えた──方法と結論を採用したことである。

　しかし他の思想家は、彼らに共通した問題の解決法としてスピノザが提起したものにしたがう気にはなれなかった。それはスピノザが、より崇高でより永続性がある善──人間の行為の動機を倫理的‐宗教的に制御することと科学の統一──のために進んで放棄しようとしていた古い道徳的、宗教的伝統の部分を、他の思想家が救おうとしたことによる、というだけではない。科学自体の側から来る困難があった。科学の数学的特徴とは別に、科学の実験的傾向は、観念の論理的秩序と結合は存在の秩序と結合と同じだという、スピノザが疑ってもみなかった信条に反していた。何故なら新しい科学が発展するにつれて、センス・データと観察による実証の実験的必要性が、論理的、数学的概念の役割の順位を一番目から二番目に下げたからである。同じく合理論的方法の信奉者であったスピノザの先駆者デカルト［René Descartes］でさえ、観念を自然に適用するには、ある保証がなければならないと見なしていた。他の哲学者は次のように感じた。つまり、スピノザは目的論を否定すると公言するが、彼が知識の対象としての〈自然〉に気前よく与えた完全性は、論理よりも情動の所産であると。

これらの複雑な要因を突き詰める必要はない。それらが私たちの目的にとって重要なのは、それらが一つの根本問題の扱いにおいて、ひじょうに多くの異説を誘発したからである。一つの根本問題とは、二つの疑問の余地のない確信を相互に調整することである。二つの確信のうちのいっぽうは、科学的な知識のあり方が、経験に先行する実在の属性を開示するということであり、他方は人間の情愛、欲望、意図を規制すべき目的と法則は究極的〈存在〉によって所有される属性だけから導出できるということである。本章の残りの部分が、提起されてきた種々の調整方法を手短に概観することに充てられたとしても、その目的はすべての哲学研究者が熟知している問題について情報を伝えることではない。私は、真の知識の対象と道徳的権威の源泉に関する伝統的な前提を断固支持したことが、どのように近代思想の問題を設定したかを例示すること、またどのような種々の、相入れない「解決」が求められてきたのかを例示すること——こうしたことだけに努める。

　新しい自然科学が興隆する以前、領域の分離つまり「真理の二重本性［the two-fold nature of truth］」説によって、自然的理性と道徳的権威の権利要求を調整するための方法が発展した。行為に対して権威がある目的と価値の領域は〈神〉意が啓示される領域であった。それを理解する器官は信仰であった。〈自然〉は知識の対象であって、それに関しては理性の権利要求が最高である。二つの領域は切り離されているので、対立など起こり得ない。カント［Immanuel Kant］が行ったことは、領域を仕切ることによる調整方法を永続化させたことだと見なしてよい。カントはもちろん、啓示信仰を根拠にして道徳的権威の領域を境界設定したのではなかった。カントは実践理性に基づく信仰という観念に置き換えた。しかしカントは知性が強い影響力を与える領域と、意志の要求が最高である領域を、昔ながらに区別し続けた。カントは、重なり合う可能性がまったくなく、したがって干渉し合う可能性もまったくないほど完全な、二つの領域の分離という概念をもち続けた。科学の王国と正義の王国がどこでも接触しないならば、それらの間の争いなどあり得ない。実際カントは、干渉し合わないだけでなく、少なくとも善隣中立条約があるように、それらの関係または無関係を調停しようとした。

　カントの体系は内部に困難を抱えた問題点に満ちあふれている。これらの多

第3章　権威の対立　　47

くは論争の対象である。これらを私たちの問題と無関係だと見なすならば、カントの体系の主要な特性は認識的確実性の対象と、同じように完全な実践的、道徳的確実性の領域分離そのものだと、主張して差し支えないだろう。二冊の主著『純粋理性批判［*Critiques of Pure Reason*］』と『実践理性批判［*Critiques of Practical Reason*］』は、この解釈への記念碑である。第一批判は合理的で、アプリオリな根拠に基づいて自然的知識の基礎を確実なものにすることを目的とする。第二批判は道徳的、宗教的概念の基礎づけのために同様の任務を遂行する。科学は空間、時間的現象に限定されるが、それは高次の、可想的実在の世界が、理想と精神的価値によって専有されるようにするためである。各々には、それ自身の領域で完全な支配権と異議を唱える余地のない主権がある。

　実践的批判の主題は後からの思いつき、つまりカントの下男に代表される庶民の要求と畏れに対する譲歩であったというハイネ［Heinrich Heine］[訳注3]の見解は、機知に富む表現ではあるが、批判的吟味に耐えるものではなかろう。知識の基礎の確実性を正当化しようとするカントの論証は、知的に接近することはできない領域ではあるが、より高次の領域の必然性を暗示するように、随所でほのめかしている。カント自身の考え方では、二つの王国がお互いを排除しているのに、お互いを必要としているというあり方に、不自然なものは何もない。反対に、各々の要素が他の要素にぴったりはめ込まれるという、その見事な有様は、カントにとって体系全体の必然性を、説得力をもって証明していることであった。たとえぴったりはめ込まれていることが、カント自身の知的大工仕事の所産だったとしても、カントはぴったりはめ込まれているという事実に、何の疑いも抱いていなかった。

　反対に、カントは以前の哲学のなかで最も悩ましい問題の多くを一挙に片づけたと考えた。科学の面では、カントは懐疑論の手が届かないように、ニュートン科学の最終的な哲学的正当化を与えることに努めた。知覚の可能性の必然的形式としての時間、空間というカントの概念は、自然現象に数学を適用する

─────────────

　[訳注3]　ハイネ（1797-1856）はドイツロマン派の詩人であるが、同時にドイツ観念論のよき理解者でもあった。デューイの言及は、ハイネの *Zur Geschichte der Religion und Philosophie in Deutschland*, 1834 による。

ことを正当化したものである。知覚された対象を理解するために必要な思考の範疇——科学に必要な悟性——は、ニュートンの原子論と斉一的法則の理論によって要求される、永遠の実体および斉一的な継起——あるいは因果——関係の基礎を供与した。経験の限界を超えて無制約的で自足的な全体性つまり宇宙、魂、神の「〈イデー〉」に至ろうとする心の傾向が説明された。これらの〈イデー〉には認識的妥当性が否定されたのだが、〈イデー〉は探求と解釈に方向性を与える規制的理想として認められた。結果的に、こうした現象を超えたもの、経験的実在を超えたものについての思考は、義務の命法と自由選択の要請を伴う実践理性が占めることができる余地を残した。こうしてヘブライ-キリスト教的伝統による正義の至高性は、純粋に合理的手段による開示から独立に正当化された。最終的で疑いの余地のない義務の権威を求める道徳的要求は、経験を超え、認識的に実証できない対象の実在性に関する実践的確実性に権威を与え、またそれを必然的なものにした。確実性の探求が達成されたのである。すなわち認識的確実性は現象の領域で、実践的確実性は道徳的権威の領域で達成されたのである。

　こうしてカントの体系における目立った論点を概観してきたが、かなり注目を集めてきた論点は除外された。すなわち空間と時間、範疇についてのカントの見解が「主観的」であるとか、『実践理性批判』における神と不死への信仰の導入の仕方が、一見すると恣意的であるとか、同様に先天的なものと経験的なものの対照的関係がどうなのかといった論点は除外されたのである。しかし知的信念の確実性と道徳的信念の確実性を、完全に、また揺るぎなく調整するというカントの究極目的に関しては、これらの事柄は派生的である。万難を排して護られなければならない実践面での要点は、どのような具体的で経験的な素材も、究極的な道徳的実在に影響を及ぼすことは許されない——というのも、このことは道徳的実在に対する支配権を自然科学に与え、それを機械的因果性の支配下に置くからである——ということである。認識面で、実践面に対応して保証すべき点は、自然科学を厳密に現象界に限定することであった。何故ならそのとき、特定の科学的結論が究極的な、つまり倫理-宗教的な信念を侵害することはあり得ないからである。

　したがって本質的枠組みにおいて、カントの図式は歴史上の危機の時代の要

第3章　権威の対立　　　49

求と、驚くほど見事に一致した。カントの枠組みは科学と道徳の双方に、自由
──そして至福──を与えたのであり、しかもそれらが干渉し合うことはあり
得ないという保証がついていた。道徳的権威の保証は、価値が具体的な対象と
か制度のうちに具体化されるような経験から切り離された〈存在〉のうちにあ
る源泉に依存することが認められるならば、その伝統が活力をもち続ける限り、
カントの体系の主要な要素に傾倒する信奉者がいるだろうと、間違いなく予測
できる利点が、彼の枠組みにはある。

　カントの方法が調和を求める多くの哲学的試みの一つに過ぎないことは、当
然である。カントの方法には、認識する心自体の内部に絶対確実性の在り処を
見出そうとする、デカルトの試みを継続していると言える面があり、それは外
部の世界で絶対確実性を発見しようとした古代人の努力と、外部の啓示のうち
に絶対確実性を発見しようとした中世的世界の努力を、ともに放棄する。認識
活動の構造そのものに本来備わっている形式と範疇を探求するなかで、カント
は、彼の先駆者が確実性の在り処を見出そうとした生得観念［innate ideas］
という表層的水準のはるか下層に入り込んだ。それらのいくつかは、認識経験
のようなものが存在する可能性の制約であった。他のものは道徳経験のような
ものが存在する制約であった。観念論の立場に立つカントの継承者は、彼が拓
いた道を──たとえ自分が進んだよりも前に進まないようにドアに鍵をかけた
と、カントが主張したとしても──さらに前に進めた。

　間仕切りの方法による解決は、比較的控えめな方向転換をした人びとには推
奨されるが、包括性への野心がある人びとには、つねに不満が残る。さらにカ
ントの二領域の本質的特徴が、あまりにきちんと調和していることは、単一の、
根底にある統一原理を示唆した。しかもカント自身、様ざまな著作とくに『判
断力批判（*Critique of Judgment*）』で、二領域の鋭い分離を和らげる考察を示
唆していた。フィヒテ［Johan Gottlieb Fichte］とヘーゲル［Georg Wilhelm
Friedrich Hegel］はこれらのもののなかに、カントがただ混乱した企てをし、
実行する知的勇気と明敏さをもたなかった仕事を完成させるという知的挑戦を
見てとった。

　カント以後の観念論体系を支配する目的は、カントが分離によって試みた課
題を統合によって達成することであった。フィヒテとヘーゲルの方法上の対照

的関係は、少しばかり注目する価値がある。フィヒテは道徳の至高性というヘブライ的伝統の真ん中にいた。したがってフィヒテは道徳的自我、義務の命法の出所である自我から、認識と実践を統一しようとした。知識の「である」は道徳の「べきである」から導出されるべきである。その努力に見込みがあるようには思われない。それはフィヒテの知性の沈着さよりも、彼の人格の道徳的熱情を伝えるように思われる。しかしすべての行為に先立つ理想的価値が、〈存在〉において確実で至高だという前提があるなら、フィヒテの方法にはあながち非難できない論理がある。もし道徳的理想が究極の実在であるならば、現実の世界の構造と特性を、理想が課す必然性と、理想の要求から導出することは適切である。現実的なものから理想的なものに論を進めるのは、当てにできる企てではない。というのも現実的なものは、非常に多くの点で、まったく非理想的だからである。

　他方ヘーゲルは、単なる「べきである」という〈理想〉を倦むことなく軽蔑した。「合理的なものは現実的であり、現実的なものは合理的である」。フィヒテの厳格な〈ピューリタニズム〉は確実に緩和される。人間の道徳的課題は理想と調和した世界を創造することではなく、知的にまた人格の実体において、現実の世界のうちで既に体現化された意味と価値を自らのものにすることである。ヘーゲルの体系は実質的内容において、近代の世俗的、実証主義的精神の勝利と見なしてよい。ヘーゲルの体系は此処と今の称賛であり、現実の制度と技術に含まれる確かな意味と価値の指摘である。ヘーゲルの体系は、理想が現実存在のなかに見出せないので、ある迂遠な理想を探すとか切望するものではない。その代わり生と世界の此処と今に既に含まれているものを把握することに、人間主体が献身するようにと誘うものである。しかし形式上、古い伝統が手つかずのままに残されている。これらの意味と価値の妥当性、それらの「絶対」性は、必然的、決定的な論理的展開にしたがった、絶対精神の顕現であることが示されることによって証明される――ただしヘーゲルは、意味と存在の同一性を確立するために、新しい論理学を創造しなければならなかったのだが。

　ヘーゲルの体系は現在の好みからすると、いくぶん大げさである。彼の継承者たちでさえ、論理的方法に対する彼の主張を、抑制する必要があると気づいている。そのくせ、もし認識的に実証できる実在と、私たちの最高の称賛と是

第3章 権威の対立　　　51

認を受けるべき意味が、究極的〈存在〉において総合されるのであれば、ちょっとした過失に起因する完全な堕落を除いて、具体的現象は現実的－理想的なものの永遠の合一を明確に顕現するものとして、明示できなければならない。多分スピノザの称賛者ほど、ヘーゲルの体系に反感をもつ人はいない。けれどもヘーゲル自身は、スピノザが形式的、数学的な方法で企てたことを、特定の、具体的な方法で行っているだけだと感じていたし、それには少なからぬ理由があった。しかし私たちの目的にとって重要な点は、フィヒテとヘーゲルのいずれにも、すべての近代哲学の基本問題を扱うさいに、近代の観念論に生気を与えていた精神が表現されている、ということである。近代哲学は、認識機能の構造（主観的観念論の場合には心理学的構造、客観的観念論の場合には論理的構造、そして通常は両系統の合体）を検討することによって、特殊諸科学の詳細な結論がどんなものであろうとも、真、善、美という理想的権威は、経験と人間の行為から独立した、究極的〈存在〉を安全確実に所有していることを証明しようとしてきた。

　知識の結果と、古典的伝統を心に留めなかった倫理的－宗教的権威の要求を調整しようする試みが行われてきた。自然を価値の囲いのなかにもち込むのではなく、価値を自然の囲いのなかにもち込んだ。自然の体系は、行為に対して権威を付与する属性をもつすべての対象を支援し、担うものとして扱われた。古代が主題だったらルクレチウス［Lucretius］[訳注4]について一言述べるところだが、この文脈では近代人のなかでハーバート・スペンサー［Herbert Spencer］の体系について一言述べるのが適当である。万物の進化は自然的世界の最高原理であるという学説、すべての自然法則は統一されるという学説には、進化の目標は道徳的、宗教的な信念と努力の理想を示すという思想が付随している。どんな観念論的体系にも見出されるこの結論は、観念論的体系と同様に、確かに問題となっている二つの要素を調整しようとする試みである。この点について何か疑いをもつのなら、進化過程が進むにつれて悪が消えていくというスペンサーの主張が、疑いを晴らしてくれるだろう。すべての悪は進化

　［訳注4］　ルクレチウス（B. C. 94 頃-B. C. 55）。古代ローマのエピクロス派の哲学者。主著は『物の本性について（De rerum natura）』。唯物論的原子論の立場に立つ。

の運動における、過渡的な調整不良の結果である。個人的、集団的な、人間の環境への完全な適応が、進化の終極点であり、物理的、道徳的なすべての悪が取り除かれたことを意味する終極点である。正義の究極的勝利、自己の善と他者の善の合一は、物理的法則が作り上げた結果である。スペンサーの体系のあれこれの面に反対していると容易に忘れられるのだが、基本的に言ってスペンサーが取り組んだのは、必然的知識の保証が、実在における〈善〉の確実性を立証するために使われるような、通例の確実性の探求である。

　包括的体系は当面、廃れている。しかしながら、もし認識的確実性の見込みがあり、価値が、知識の対象である実在の属性のうちで正当化されることが認められるならば、ヘーゲル流のものだろうと、スペンサー流のものだろうと、包括性は哲学の正しい理想であるように思われよう。そして科学の結論が宇宙の全体を覆い尽くすと信じるならば、すべての道徳的、社会的、政治的な善が科学の結論に含まれることは確かである。その場合、スペンサーが立てた課題は正統なだけでなく、哲学がその課題を避ければ、不誠実だという非難を受けざるを得ない。

　もう一つの例が、私たちを待ち受けている。実在論的な現代哲学は、切り離しの方法による、認識的領域と価値領域の調整に逆戻りする傾向を示している。しかし詳細に見ると、実在論がしたがっている方法は、認識する心からではなく認識の対象から出発する点で、カントの方法とは異なる。認識の対象は現実存在と非 – 現実存在に根本的に分離している、と言われる。自然科学は現実存在を扱う。数学と論理学は非 – 現実存在を扱う。自然科学では、いくつかのもの、つまりセンス・データが不可謬な了解の対象である。それに対して非 – 現実存在であり非 – 物理的なものだという理由で本性上、非物質的ないくつかの本質や基体は、センス・データと同じく、理性によって保証された認識の主題である。不確実性は究極的で単純な対象の組み合わせ、反省的思考において形成された組み合わせだけに属している。感官の対象だろうと、純粋知性の対象だろうと、直証的な対象に固執する限り、不確実性や危険の可能性はまったくない。

　これらの実在論のいくつかでは、私たちが不可謬で無媒介的な知識をもつ対象である非物質的な本質存在のうちに、内在的価値が含まれている。したがっ

第3章 権威の対立　53

て認識的確実性の図式が徹底的に適用される。自然主義的な意味での科学は現実存在に対して妥当する。究極的な道徳と論理学は本質存在に対して妥当する。哲学はまさに領域の仕切りに、現実存在と本質存在の合一から生じる問題に関わらねばならない。

　しかし、さらに厳格な性格をもつ、なおもう一つの哲学概念が提起された。この見解によれば、価値は人間の情愛とか衝動と、どうしようもなく絡まり合っており、またあまりに移ろいやすいので、およそ確実な知識の対象などに——移ろいやすい意見と当て推量以外の何物にも——なり得ない。歴史上の哲学の大失敗は、完全な科学という神聖な囲いのなかに、何らかの価値の形態を認めたことである。哲学は、現実存在の点から現実的であろうとなかろうと、任意の可能的世界において真である命題だけに関与する。善悪についての命題は、現実存在の特殊な形態に、つまり独特の特性をもった人間に左右されるので、科学の枠組みのうちに居場所を見つけ出すことができない。純粋な普遍性という仕様書に応じる唯一の命題は論理学と数学の命題である。これらの命題は、定義上、現実存在を超越しており、考えられるあらゆる領域に適用される。数学が近頃発展したお陰で、現実存在の偶然性から解放された哲学が、今初めて可能なのである。

　こうした哲学観は、哲学の主題の恣意的な限定に基づいているという理由で、反対されてきた。しかしこの限定は、哲学の主題を認識的確実性という形をとりうるすべてと同一視する、歴史上の哲学の傾向を論理的に展開したものではないか、と問われるかもしれない。この哲学観は、主観的な価値観を含意するように思われるが、そうした見解に身を委ねなくとも、価値は人間の情愛、選択、努力と密接に結びついているので、歴史上の哲学の不誠実な弁明的特徴は、道徳的権威をもつ価値の理論を、究極的〈存在〉の理論と結びつけようとする試みと、関連していると主張するための根拠がある。そしてこれらの哲学をほどほどに知れば明らかになるのだが、それらの哲学は単なる永遠の価値そのものではなく、現在の宗教的信仰と道徳律から引き出される価値を正当化することに関心があった——それらの哲学は偏狭な、とは言わないまでも、少なくとも一時的な社会状況を代表する人びとを保護するために、普遍的、内在的な価値という概念を使ったのである。

哲学を論理的に可能なものについての命題に限定すると、すべての道徳的、芸術的、宗教的な事柄と同様に、すべての特殊な物理学的命題が除外される。その飾り気のない厳格さにおいて、この哲学は他のどんな哲学概念も果たせない認識的確実性の要求を適えるように思われる。この哲学を認めても退けても、それによって明確な問いの立て方が与えられる。それは哲学の任務の範囲を鋭く区切るので、哲学の任務として抱かれるべき観念の問題を明るみに出す。何故なら限定されると、おそらく人間にとって最大の意義をもつ問題が至るところに、また手つかずのままに残されるからである。任意の時点での存在についての知識、探求によって与えられる最も頼りになる知識は、行為を方向づけるべき目的と手段についての判断と信念に対して、どのように関係するのだろうか。欲望と情愛、計画と方針を、権威をもって導くことについて、知識は何を示唆するだろうか。もし知識が何がしかの規制を与えなければ、慣習、外部の圧力、そして衝動の気ままな戯れに拠りかかることが、たった一つの対案である。するとこの問題については、ある理論が必要である。哲学を形式論理学に限定する自己否定的な御触令によって、この理論を哲学と呼ぶことが禁じられたとしても、別名の理論が依然として必要である。

　純粋に理論的または知的な学科目としての哲学という概念には、致命的な曖昧さがある。その曖昧さの本質は、哲学という概念が探究者、思想家の態度と、扱われる主題の特性の両方を包含するように使われるという事実にある。エンジニア、医者、道徳家は実践的な主題、つまり行われることと、それを行う方法に関する主題を扱う。しかし個人の性向とか目的に関する限り、それらの探求は知的であり認識的である。これらの人びとはいくつかのことを発見しようとする。それらを発見するためには個人の欲望とか選好を浄化し、これらを探求される主題の導きに進んで従属させなければならない。観察を歪め、反省とは無関係な要因を導き入れる、人間としてありうる偏向とか、ある種の結論に対する偏愛に関する限り、心は浄化されなければならない。

　すると哲学の主題は経験に先行する〈存在〉の確固不動の属性だという前提に立つ場合を除くと、哲学が知的追求であるという事実は、それに携わる人びとが公正、不偏性という規範、内的整合性、外的証拠という規範を尊重すべきだという事実以上の意味をもたない。哲学が知的追求であるということには

第3章　権威の対立　　　55

——予め前提していたことに基づく場合を除けば——知的に誠実だという以外の意味がない。太った雄牛を追い立てる人は誰しも、自分が太っていなければならないという諺との対応関係でだけ、個人的な態度と手続きの論理的厳格さは、扱われる主題が人間に関心のあるすべてのものを削ぎ落として、筋肉質にならなければならないことが求められる、と主張できる。哲学の対象が真理だということは、あらゆる探求に適用される道徳的言明を行うことである。それは突き止められるべき真理の種類に関しては、何も含意しない。それは純粋に理論的本性のものかもしれないし、実践的な性格のものかもしれない、あるいはそれは二つの関係に関するものかもしれない。真理を自己目的として観想することが最高の理想だと主張することは、権威ある価値に関して判断を下すことである。この判断を、哲学の任務を決定する手段として使うことは、探求は主題の導きに従うべきだという規準に違反することである。

　すると公平に見て、次のように結論される。すなわち理論と実践の相互関係についての問い、理論と実践の双方に対する哲学の関係についての問いは、知的誠実さの別名である理論的関心と、主題の本性を特徴づける理論的関心の区別を守れないことによって、しばしばあやふやなものになった。この事実に加えて、哲学に関連して実践的なものを示唆することに耐えられないのは、「実践的なもの」を狭い個人的関心事と結びつける習慣による。したがって実践的なものという観念の重要性を削ぎ落とすには、私たちの欲望と目的に対して、したがって私たちの行為全体に対して権威をもつべき価値に対する知的考慮を止めないといけない。冷笑的な懐疑論者だけが、嫌がらずに、そうした立場を取るかのように思われるだろう。

　近代哲学の問題という主題から、議論がすっかり逸れてしまった。しかしその議論が、実践活動を程度の低いものと見る根本的理由を明らかにするのに役立つならば、私たちの中心主題に関係がある。実践的なものの軽視は、二つの前提に基づいて正当化される。第一は、知識の対象が究極的〈存在〉の一形態であり、それは反省的探求に先行して存在し、またそれから独立だということである。第二は、この先行する〈存在〉の特性のなかに、私たちの価値判断の形成に対してただ一つ権威がある属性——つまり知的、社会的、道徳的、宗教的、美的といった——すべての分野における行為を制御すべき目的の形成に対

して権威をもつ属性がある、ということである。これらの前提を仮定すれば
——そしてそれらが受け入れられる場合に限って——、哲学のただ一つの任務
は、この〈存在〉とその本質的属性を認識することだという結論が出てくる。

　政治、道徳、芸術の現在の扱いに馴染んだ人びとの間に、私の論調には耐え
難いという感情が湧き上がるのも理解できる。次のように問われるであろう。
政治、道徳、芸術の現在の扱いが、究極的実在と見なされるものの、予め固定
した性質を考慮することによって制御されるという証拠は、一体どこにあるの
かと。そうした問題についての批判的議論の大多数は、まったく異なる根拠に
基づき、究極的根拠について任意の哲学から出てくる基準を一瞥もせずに行わ
れていることは否定できないし、否定することには関心がない。このことを認
めると、二つの重要な考慮すべき問題が、はっきりしてくる。伝統的宗教は、
究極的に権威のあるすべての規範を最高の実在、つまり神の本性に帰属させる。
そしてこの宗教を受け入れると公言する人びとの側で、この帰属を道徳、政治、
芸術といった特殊領域における具体的な批判と判断にまでもち越せないという
ことは、近代思想が巻き込まれた混乱の証拠に過ぎない。この事実こそが、カ
トリック信仰で鍛えられた人びとのような古い信仰を墨守する人びとに、「自
由主義者」に勝る知的利点を与える。何故なら自由主義者は、その企図と傾倒
に相応しい哲学をもち合わせないからである。

　この考察は二番目の論点につながる。具体的領域における信念と判断の形成
において、真の〈存在〉に由来する基準を使えないことは、哲学が同時代の生
活から孤立していることを証明する。古典的伝統では基本的だった二つの原理
に哲学が固執することによって、その孤立を余儀なくされたのである。中世に
は、そのような孤立がなかった。哲学と生活の営みは、お互いに密接に結びつ
いていた。真の対応関係があった。孤立の結果は哲学にとって幸運ではない。
それは哲学の主題が次第に、哲学自体の過去の歴史の問題と結論から導き出さ
れること、その主題が、哲学者が生きている文化の問題から遠く離れているこ
とを意味する。

　しかしその状況には、なおいっそう不幸な面がある。何故ならそれは、生き
る上で最も大切な事柄について判断を形成し、結論に達するさいに使われる規
準と原理に関する、知的混乱と実践的混沌を意味するからである。それは知的

権威の不在を意味する。批判の規制、計画と政策、実効性のある理想と目的の形成に関する限り、古い信念は消滅した。しかもそれにとって代わるものが何もない。

私が「権威」と言うとき、生じた問題を機械的に処理するような、一纏まりの確固不動の学説を意味してはいない。そのような権威は独断的であって、知的ではない。私が言おうとしているのは、科学的探求で使われるものと一致する方法であり、その結論を採用することである。つまり批判を方向づけるさいに、また行為の基礎にある目的と目標を形成するさいに、使われるべき方法である。ここ数世紀、私たちが生きる世界に関して、とても多くの信頼できる信念を、絶えず加速をつけながら獲得してきた。生と人間について、新しい、印象的な多くのことを突き止めてきた。他方人びとは、実行される最も重要な行為に影響を与える欲望と情愛、希望と恐怖、目的と意図をもっている。これらは知的方向づけを必要とする。どうして近代哲学は、世界について知っていることと、私たちの行いの知的方向づけを統合することに、ほとんど貢献しなかったのだろうか。本章の意図は、その原因が、私たちが今生きている条件とは知的、実践的に非常に違う条件の下で定式化された、二つの観念を放棄したがらなかったことにある、という証明を与えることである。繰り返しになるが、これら二つの観念とは、知識は経験に先立つ現実存在と本質存在の特性を開示することに関わるという観念、そしてそこで見出された価値の属性は生活の営みにとって権威ある基準を与えるという観念である。

これらの特性はいずれも、実践的活動——つまり存在を現実的、具体的に変化させる活動——を排除する認識的手段による、確実性の探求に帰されるものである。これら二つの伝統的特徴が長く続いたので、実践的活動は二重に信用を傷つけられている。それは知識の外部にある随行者であって、知識の決定には何の役割ももたない。知識は、それ自体の発展過程で、それ自体の基準と目的を進化させる代わりに、経験に先行する事物の構造のうちで固定しているものに一致すると思われている。私たちは近代の哲学思想を特徴づけるといわれる内部分裂の源泉が、ここにあることを突き止める。近代の哲学思想は科学的探求の結論を受け入れるが、これらの結論に至るさいの方法に含まれる心、知識、知識の対象の性格の概念を作り直さないのである。

本章は序論的な三つの章の締め括り部分である。三つの章では、問題と、それが問題である理由を明らかにしようと努めてきた。それとなく述べたように、何世紀も前に形作られたいくつかの概念に固執し続けたことから問題が起こり、それから西洋の伝統全体で具体化されたとすれば、その問題が科学と生活の実情の反省から生じるのでない限り、その問題は人為的である。したがって次の課題は、物理学の探求に典型的に示されるような、認識の現実の手続きと結果に含まれている伝統の再構成をはっきり示すことである。物理学の探求は知的探求の全部門のなかで、最も完成されたものであるから、それは認識の範型、ひな型と見なされる。長い間、物理学の探求は伝統的な知識観の遺物とか、経験に先行する存在の属性に対して知識がもつと想定される関係によって影響を受けたのだが、現代における物理学の探求は自らを最終的に解放し、それ自体の方法に含まれる原理の意識に到達したことが、分かるであろう。知識が何を意味するかを知識そのもののことばで、つまり現在進行中の事柄としての認識のことばで発見してしまえば、心と知識についての古い概念に大きな変革が求められていることを理解する用意ができるだろう。とりわけ認識と行いの分離が、どれほど完全に解体したかが分かるだろう。本章の結論は、妥当性の基準と検証は公然とした活動に先立ち、また公然とした活動から独立に固定されているものにではなく、その活動の結果に見出される、ということだろう。この結論は最終の論点、つまり行為に対して権威をもつ価値の概念に求められる変革に通じるであろう。

第4章　受容の技術と制御の技術

　「技術」と「科学」が実質的に同義語であるときがあった。「技術・科学学部［faculty of arts and sciences］」という表現が使われる大学の組織には、往時の名残がある。「機械的」技術［"mechanical" arts］と「自由」学芸［"liberal" arts］が区別された。この区別は、部分的には、産業の技術と社会の技術、事物に関わる技術と直接、人物に関わる技術の区別であった。例えば、ことば、文学の解釈、説得の技術を扱う文法と修辞のほうが、鍛冶仕事とか大工仕事よりも高級であった。機械的技術は単なる手段である事物を扱った。自由学芸は目的である事柄、最終的で内在的な価値をもつ事物を扱った。その区別は社会的原因によって、さらにはっきりしたものとなった。機械工は機械的技術に関わった。機械工は社会階級が低かった。彼らが技術を学ぶ学校は実業学校であった。そこでは既に技巧とか極意に熟達した人びとに対する年季奉公が行われた。奉公人は文字通り「行うことによって学んだ」のであり、「行うこと」は、個人の技能が習得されるまで、型にはまったことの繰り返しであり、他人の行為の真似であった。自由学芸は権威ある地位に就き、社会を実際に支配するはずの人びとによって学ばれた。そのような人びとは余暇を過ごすための物質的手段をもち合わせ、特別の名誉と威信をもつ職業に就くはずであった。さらに彼らの学びは、物質とか道具を巧妙に扱えるようにする機械的反復と身体的練習によるものではなく、身体ではなく心を含む学び方を通した「知的な」ものであった。

　単なる歴史上の意義しかないかのように、その状況を回想しているのではない。それはかなりの程度、今日存在する事態を述べている。「学識のある専門職」と店屋や工場に勤めることは区別されるし、その区別には社会的地位、学歴、主として物質的なものに関わるのか、それとも人物とか社会関係に関わるのかといった違いが対応している。そうした区別はとてもよく知られているので、過去の歴史に頼る必要がない。現在の状況の主だった違いは、「紳士」と

か大規模な土地所有者といった相続した身分を犠牲にして、科学技術産業や貨幣経済が興隆したことに起因する。したがって私たちが言及したことは、歴史的に適切なのではなく、理論と実践、心と身体、目的と手段の区別を作り出し、維持することに影響を及ぼしている、未だに存在する現状に対して適切なのである。

　高等な技術と下等な技術の、こうした区別に加えて、すべての技術と、真正の究極的意味での「科学」の区別が、背後につねに見え隠れしていた。自由学芸は機械的技術よりも、はるかに多くの知識と理論的研究、「心」の働きを含んでいた。しかし究極的な意味で自由学芸は、より高く評価される実践のあり方と結びついてはいたが、なお技術、行いと結びついていた。自由学芸は、程度が低い技術には見られない種類の価値をもつ経験の範囲内にあったが、依然として経験の範囲内にあった。例えばアリストテレスによって定式化されたような哲学的伝統は、純粋な知的探求よりも、何の役にも立たず社会的、道徳的にさえ役立たない知識よりも、社会的技術を低い地位に置いた。歴史的には、この観点は少数の知識人階級の側で、自分自身の職業を自画自賛するだけに留まったかもしれない、と考えることは可能である。しかし既に注目したように、教会がヨーロッパの支配権力として拡大するさいに、宗教がこの哲学的概念を取り入れた。神学は独特、特有な意味で「科学」と見なされた。何故なら神学だけが最高の、究極的な〈存在〉についての知識だったからである。そして教会は、孤立した知識階級が決して勝ち取ることができない、人間の心と行為、信念と判断に直接、影響した。永遠の運命、魂の永遠の幸福や災いを決定する真理と秘蹟の守護者、分配者として、彼らは哲学に起源をもつ観念をキリスト教世界の文化のうちに具体化した。

　結局、現実の社会生活を特徴づける差異と区別が、少数の哲学思想家の合理的定式化という認可を受けただけでなく、人びとの生活に最高の権威と影響力をもつ権力の認可を受けた。こうした理由で、理論と実践、心と身体、理性と（つねに感官と身体の点から考えられた）経験の二元論について古典的哲学が述べたことを概観したのは、片々たる哲学的情報以上のものである。何故なら世俗的関心と自然科学が途方もなく拡大し、実践的な技術と職業が拡大し、現在の生活が明確な物質的関心によって、また社会組織が根本的に経済的な力に

第 4 章　受容の技術と制御の技術　　　61

よって、狂気の沙汰と言ってよいほど支配されているにもかかわらず、キリスト教信仰によって吸収され、修正を加えられた伝統的な古典的哲学にとって代わる、人びとに共有される生活の哲学が存在しないからである。

　したがって伝統的哲学には三重の利点がある。伝統的哲学の背後には、何世紀もの間、支配的な制度のうちに具体化された伝統の周りに集まっている、想像的で情緒的な連想と魅力が多数存在する。それらは伝統が知的に依拠する信条に、もはや知的に同意しない人びとの心に、無意識のうちに影響を与え続けている。第二に伝統的哲学には、理論と実践の二元論が最初に定式化されるようになった社会的条件──奴隷的で機械的なものからリベラルなもの、自由で社会的に尊重されるものに至る、お馴染みの活動の格付け──が続いているという支えがある。それに加えて、最も尊ばれる意味と善が、現実の世界では危機に瀕し、達成できないことを認めざるを得ず、これらの価値が永遠に安全であるような高次の領域の物語に、人びとが耳を傾けやすいということがある。

　第三に、そして最後に、こうした積極的事実に対応する消極的事実がある。現実に近代世界を支配する条件と力は、首尾一貫した知的自己表現に至らなかった。度々評されるように、私たちの忠誠心は二つに引き裂かれている。外面の活動とか現在の享楽では俗事にうつつをぬかしており、知的に認めてもらうために定式化されるとしたら、程度が低いとか価値がないとして、拒絶されるほどである。私たちは、もはや生活では積極的に働いていない原理と信条に、情緒的、理論的に同意する。私たちは古い伝統をたっぷり保持してきたので、私たちが総体として、また全体として最も関わっていることを定式化する哲学は、性格上、我慢できないほど唯物論的であると認めるほどである。他方、実際に私たちの生活を支配している利害関心と活動を、本当に自由で人間味のある意義をもつ水準にまで、それらを高めるような哲学を作り上げる準備が、知的にも道徳的にもできていない。私たちが名目上、あの世に場所を確保する理想、価値、意味が具体的な形で、またある程度の保証付きで、私たちが生活する世界、現実の経験的世界を特徴づけられることが証明されていない。

　このために、後者の選択肢の可能性にこだわる真摯な経験的哲学は、記述的であるよりも予言的でなければならない。その哲学が提供できるのは、適切に存在している事実の報告であるよりも、仮説である。その哲学は、明らかに観

察が容易な範囲内にある事柄に訴えるよりも、論証によって、これらの仮説を支持しなければならない。その哲学は「未来」を扱うという点で思弁的である。公平無私であろうとすれば、これらの考察は率直に行われなければならない。しかしその問題には、また別の側面がある。観察可能な事実から切り離されて生み出された、したがって空想的な仮説と、既存の事実の可能性を投影したものであり、報告が可能な仮説には違いがある。論理的一貫性以外の法則を認めない空理空論と、出来事の観察可能な運動に基づき、これらの出来事を、それら自身の運動の力によって限界にまで推し進めて予見する思弁には違いがある。恣意的に仮定された前提からの論証による支えと、既にきわめて重要となっている事実に基づいて、命題のうちに含まれた意味を展開する論証には違いがある。

　仮説を提起するにあたって、特別に検討し記述するために選ばれた事実の土台は、現在の科学的探求の手続きであり、そのなかでも十二分に知的に制御されているもの——つまり自然科学である。自然科学的探求の現状は観察可能な事実であり、思弁でもなければ臆見とか論証上の事柄でもない。ある他の領域よりもこの事実領域を、未来の可能的経験に関する仮説を投企すべきものとして選択することには、理論的正当化とともに実践的正当化がある。その経験では、今は超越的世界に求められている価値、意味、基準を経験自体が与える。専門的哲学の観点からは、知識の本性はつねに、認識を行いと製作から切り離し、結果的に知識の対象を、情愛とか実践的行為を介して得られる対象の経験以上に、真の実在の尺度として高い地位に置く哲学の基礎であり出発点であった。したがって最も信頼でき、頼りになる知識が獲得される場合の実際の手続きが、認識と行為の分離を完全に放棄したことが示せるならば、つまり科学的と呼ばれる知識を獲得するためには公然と実施される相互作用の操作が必要であることが示せるならば、古典的な哲学的伝統の主な要塞は粉々に砕け散る。このように砕け散るとともに、それ自体、確固不動であり、人間の経験の過程とその結果の外部にあり、またそれを超えた対象が、私たちが生きている時間的で具体的な世界に対置されてきた理由もまた消える。

　自然科学の方法のような専門的問題を選ぶ実践的理由は、発明とか科学技術という媒体を通じた自然科学の応用が、近代の生活を最終的に支配し、特徴づ

第4章　受容の技術と制御の技術　　63

けている事実だということである。西洋文明が次第に産業文明という性格をも
つようになったとは、よく言われることである。この産業化が、実験的な認識
方法が発展した直接の結果であることもまた、同じようによく知られた事実で
ある。この産業化が政治、社会組織、コミュニケーション、社会交流に及ぼす
影響、仕事と遊びに及ぼす影響、影響力、権力、威信の中心を決定することに
及ぼす影響は、現在の経験を具体的に特徴づける目印である。古い信念の強い
影響力が弱まりつつあることは、それとなく言ってきたのだが、その究極の源
泉が産業化の影響である。この産業化の影響は、現在の状況の成り行きを顧み
ないで、あたかもその主だった特徴が最終的なものであるかのように、ただ単
に反省するとか報告する哲学が、嫌悪感を覚えるほど唯物論的な理由を与える。
私たちの実生活が自然科学の結果によって次第に決定されるようになったとい
う積極的事実、そしてこれらの結果が、現在の経験と調和した哲学を作り上げ
る大きな障害であるという――人びとを古い伝統の要素に固執させるのに、大
きく影響する――消極的事実の二つが、私たちの主な検討主題として自然科学
の手続きを選択する理由である。

　自然科学的知識の結論と方法の結果、出現した産業社会の潜在的意義という
問題を、その直接的な実践的あり方で論じるための、時間も機会もほとんどな
いだろう。しかし次のことは指摘してよいであろう。つまり原理的にその意義
は、知性の結果が実践から遠く離れ、隔離されているのではなく、現実に行わ
れている活動と経験のうちに、影響力をもって具体化されていることを意味す
るに過ぎない。好きなことを言って「応用科学」を軽蔑してみよう。原理上、
その軽蔑されている内容が「応用科学」の意味である。私の想像だと、具体的
な生活経験のうちに知識と知性が具体化していることを、意識的に善くないと
表明するような人は、ほとんどいない。知識の応用という原則を軽蔑すること
自体が、知識が実践に対して、理性が経験に対して本質的に優越するという古
い伝統の表現に過ぎない。

　科学の生活への応用と結びついた、正真正銘の、きわめて深刻な問題が存在
する。しかしそれは実践的問題であって、理論的問題ではない。つまりそれは
社会の経済的、法的組織に関わるものであって、そうした組織の結果、活動を
規制する知識が少数の者に独占され、一般の人びとの利用や共同利用のためで

はなく、私的な、また階級的な利害関心のために使われる。その問題は社会の現状を、その経済的、金銭的基礎に関して、どのように変革できるかに関わっている。しかし社会の貨幣経済的な面は産業化とか、科学技術が現在の生活にもたらす固有の結果とは、根本的に異なるものである。二つの事柄を同一視すると、混乱が生じるだけである。これは理論と実践の関係の問題とか、行いと製作における知識とその応用の関係の問題とは、それ自体無関係な問題だということにも、注目しなければならない。実践的、社会的問題とは行われる仕事、引き受けた活動、その結果得られる、いっそう自由で、いっそう豊かに共有される結果への参加との関連で、理解と知識の要素を、いっそう一般的で公正に配分するという問題である。

　知識の理論と心の理論を形作るための、科学の方法の意義を考察する前に、いくつかの一般的論点を取り上げよう。これらの論点すべては、根底では技術が主として機械的作業であり、単なる練習と実習によって獲得される技能であるときに作られた経験の観念と、技術が実験的になったときに適切な経験の観念との対照的関係、あるいは端的に言うと経験的な［empirical］経験［experience］と実験的な［experimental］経験との対照的関係と結びついている。「経験」はかつて、現在の状況を扱うさいに正味の蓄積された結果が実際に利用できることが分かったとき、理屈を見抜いて制御されたわけではなく、過去の様ざまな能動と受動の記憶のうちに蓄積された結果を意味した。元々の知覚も、現在の行いにおいて知覚の結果を使用し応用することも、ともに偶然的であった――つまりどちらも、含まれている因果関係とか手段、結果関係の理解によっては決定されなかった。その意味で、それらは非合理的、非科学的であった。典型的な例は、過去に行われたこと、起こったことだけに基づき、変形とかひずみや、一般的には現実に含まれている物理的関係の知識を参照しないで橋を架ける人である。あるいは過去に使われた偶然の医療処置に頼るだけで、何故ある医療処置が効き、他が効かないのかが分からない医療技術である。ある程度の熟練は得られる。しかしそれは型にはまった方法、試行錯誤の成果に過ぎない――要するに、それは「経験的」なのである。

　そうした条件の下で作られた、経験を見下す考え方は現状を正直に報告している。経験は本来、合理的学問よりも劣っていると述べる哲学者は正直だった。

第4章 受容の技術と制御の技術　　65

哲学者が付け加えたのは、もう一つのことだった。それは、経験の劣等性が身体、感官、物質、不変であるという理由で確実なものに対して、不確かに変化するものと本質的に結びついていると述べたことである。不幸なことに、経験の欠陥を説明する哲学者の理論は存在し続け、経験自体のあり方の一部が、条件とその結果の理解によって方向づけられているという意味で実験的になった後に、権威をもつようになった。伝統的な経験の理論と、経験の実験的性格への注目から生じる理論の間に、このように生じた裂け目に関しては、二つの点がとくに重要である。

　いまだに蔓延っている伝統的理論は、知識の手段としての知覚と観察には、それらが提供する素材に関して本質的な欠陥が存在すると断言する。知覚と観察が与える素材は、古い考え方では本質的に個別的、偶然的、可変的なので、考えられるどんな手段を使っても知識に寄与することはできない。それは単なる臆見、単なる信念を生むに過ぎない。しかし近代科学では、感官には実践的欠陥だけが存在する。例えば視覚には一定の限界があって、レンズの使用といった様々な工夫によって矯正したり、補正したりしなければならない。観察が不十分なことは、その欠陥を是正する、ある新しい道具を発明するように強く促す。そうでなければ観察が不十分なことは、感官の限界を回避する、数学的計算のような間接的手段を工夫するように刺激する。この変化に対応するのが、思考という概念と、それの認識に対する関係の変化である。以前には純粋な知識は、純粋な思考によって与えられなければならないと思われていた。思考が純粋なのは、経験から切り離されているからであり、その理由は経験が感官を含むからである。思考は自然存在の知識に不可欠なのだが、思考自体がその知識を与えられないことは、今では当然とされている。取り組むべき真の素材を与えるためにも、理論的考察によって到達した結論を検証し実証するためにも、観察は不可欠である。科学に欠かせないのは、真の科学の可能性を制約するすべての経験ではなく、特定の種類の経験である。

　この移行に対応する客観的な事柄がある。古い理論では、感覚と経験は自然の変化に巻き込まれるので、真の科学に対する障害であった。感覚と経験に相応しく、不可欠な主題は可変的で、変化しているものである。完全で正当な意味での知識は、不変のもの、確固不動のものについてだけ可能である。それだ

けが確実性の探求に応じる。変化するものが実践的に危険の原因であるように、それらに関しては推測と臆見だけが可能である。科学者が探求で行っていることから見ると、事物の変化や出来事に背を向ける自然科学という概念は、まったく理解できない。認識と理解において科学者に関心があるのは、まさしく進行中の変化である。変化が科学者に問題を課す、そして諸々の変化が相互に結びつけられるときに、問題が解決される。恒常的なもの、比較的変化しないものが現れるが、それらは諸々の変化間の関係であって、高次の〈存在〉領域の構成要素ではない。認識の対象がこのように変わると、「経験」の構造と内容が変わる。経験と高次のもの——合理的思考——の間に固定した違いがあるのではなく、二種類の経験の違いがある。すなわち制御されていない変化に関わる経験と、方向づけられ、規制された変化に関わる経験である。そしてこの相違は、根本的に重要ではあるが、確固不動の分裂を示すのではない。第一の型の経験のあり方は、関係の理解によって方向づけられた行為を手段として制御．されうるものである。

　古い枠組みでは、学問としての知識は、ただひたすら、変化から変化しないものに向きを変えることを意味した。新しい実験科学では、知識は正反対のやり方で獲得される。つまり明確に定められた変化過程を熟慮のうえで設定することを通して獲得される。自然科学的探求固有の方法は、ある変化を導入して、どのような他の変化が続いて起こるかを見ようとすることである。これらの変化の相関関係は、一連の操作によって測定されるとき、的確な、望んでいた知識の対象を構成する。変化の制御には二つの程度があるが、それらは実践的には異なっていても、原理上は同じことである。例えば天文学の場合、遠く離れた天体に変化を加えることはできない。しかし天体の観察条件を熟慮のうえで変更することができる。それは論理的手続きの原理では同じことである。特別な器具によって、レンズとかプリズムの使用によって、望遠鏡、分光器、干渉計等々によって、観察データが修正される。空間上のひじょうに異なった地点から、時々刻々に観察が行われる。そうした手段によって相互に関連した変化が観察される。物理学とか化学の問題は、いっそう手近であり、より直接に操作できるので、加えられた変化は探求されているものに影響を与える。研究されているものに変化を生み出すための器具とか試薬が使用される。探求の進歩

第4章　受容の技術と制御の技術　　　67

は、変化を生み出し、記録し、測定するための物理的手段の発明と構築の進歩と同じである。

　さらに科学の方法と科学技術の方法には、論理的原理において何の違いもない。その違いは実践的である。つまり行われる操作の規模の違い、影響を及ぼす条件の切り離しによって制御の程度が低くなるという違い、そしてとくに自然存在と自然エネルギーの修正の、規制された制御が企てられる場合の目的の違いである。とくに変化過程を大規模に規制する支配的な動機は、物質的快適さや金儲けだからである。しかし商業、通信、輸送、光とか熱とか電気を使ったすべての器具において、近代産業の技術は近代科学を応用した成果である。そして、いわゆる「応用」とは、実験室で起こる変化の意図的な導入や管理と同じ種類のことが、工場、鉄道、発電所で起こっていることを意味する。

　中心的で顕著な事実は、16、17世紀に始まる科学革命による認識方法の変化には、自然的出来事とそれらの相互作用に対する人間の態度の革命が伴っていた、ということである。先ほど、それとなく述べたように、この変化は伝統的な知識と行為の関係性が、完全に逆転したことを意味する。実践を方向づけるための道具を採用し、方向づけられた行いをすることによって科学は進歩し、こうして獲得された知識は、これまで以上に自然を人間の目的と評価に、現実的にも潜在的にも役立たせる技術を発展させる手段になる。文明において生み出されたこの変化に直面して、まったく違う状況の報告として古代に発展した心とその認識器官の概念が、実践は知性より劣等だという概念とともに、まだ消えずに残っているというのは、驚くべきことである。

　古い考え方が思想家の心を捉えて離さないこと、哲学的思考の習慣に惰性が強い影響を及ぼしていることは、認識論についての著作とか、哲学関連の雑誌で発表される知識論関連の問題についての論議に目を向ければ、即座に判断できる。論理的方法についての論文でも現実の認識手続き、つまり科学的探求の実践の手続きを反映したものが見られるだろう。しかしそのとき、論理学は通常、知識論とはほとんど関わりのない（多分、何の関わりもないと言うほうが真実に近いだろう）「単なる」方法論として扱われる。知識論は心とその器官についての考え方によって論じられる。これらの考え方は、人びとが上首尾な探求に取り組むとき、行われていることの観察と切り離して適切に形成できる

と思われている。最近、そうした論議における主要な問題は、認識を説明するような「意識の理論」を作り上げることである。そこでは意識の意味は自明であるか、科学的研究の客観的、公共的な手続きよりも内容の点で曖昧でなく、いっそう観察しやすいかのようである。このような論議のあり方は今も続いている。現在の考え方では、それが知識論そのもの、つまり知識の基本問題を論じるための自然で、必然的な方法なのである。伝統的観念が消えずに残っていることに関しては、これ以上言うことはできない。そんなわけで、現実の実験的方法が伝統的観念に対してもつ対照的結果としての意義を念頭に置かなければ、実験的方法についての初歩的議論の意味さえ、ほとんど分からない。

　実験的探求の特性は馴染み深いが、それらを使って知識論とか、自然との関連で心の理論を定式化することは、あまり行われてこなかったので、周知の事実について、いくぶん明確に述べても許されよう。周知の事実は三つの顕著な特性を示す。第一は、すべての実験は公然とした行いを含む、環境や環境に対する私たちの関係に一定の変化を含むという明白な特性である。第二は、実験は成り行き任せの活動ではなく、能動的探求を誘発する問題によって要求される条件があり、それを満たさなければならない観念によって方向づけられている、ということである。第三の、最後の特徴は、他の二つの特徴の意味が十分に実現されるようなものであり、方向づけられた活動の結果、新しい経験的状況が構築され、そこでは様ざまな対象が以前とは異なる関係を結んでいて、方向づけられた操作の結果が、知られているという属性をもつ対象を形成するようなものである。

　知るために実験を行う初歩的な原型は、日常の手続きのなかに見受けられる。私たちは当惑する、馴染みのない対象を理解しようとするとき、理解の手助けになる性質に光を当てるといった、その対象に新しい関係を確立するための、様ざまな行為を実行する。私たちはその対象をひっくり返す、もっと光を当てる、ガチャガチャいわせる、振ってみる、叩く、押す、握りしめる等々。このように変化させてみる以前に経験される対象は、私たちを困惑させる。これらの行為の意図は、以前に気づかなかったいくつかの性質を顕在化させるような変化を引き起こすことであり、知覚条件を変えることによって、そのままでは正しい判断を妨げたり誤った方向に導く属性を解放することである。

第4章　受容の技術と制御の技術　　69

　そのような実験は、何が起こるか見るためだけに事物をいじるという実験の一種と並んで、身の周りにある事物についての日常的な、沢山の非科学的情報の主要な源泉であり、多くの「常識的」知識を形成するが、手続きのあり方に限界があることは説明の必要もないほど明らかである。近代の認識の歴史において重要なのは、これらの能動的な行いが、別な方法では明らかにできない関係を開示するために考案された道具、器具、装置によって強化されたことである。公然とした行為に関する限り、その強化には、はるかに広範な変化——つまり研究中の事物に対応する一連の変化を生み出すような、諸条件の組織的変更——を導入するための周到な技術の発展が伴っていた。これらの操作に、観察されたものを記録し続ける操作とか、変化が相互に関係づけられる場合の厳密な測定手段が含まれることは、当然のことである。

　これらはお馴染みのことなので、それらが認識の理論に対してもつ十分な意味は、容易に注意を免れる。ここから自然存在についてのこの種の知識を、実験的方法が興隆する以前に通用していた知識と比べる必要が出てくる。もちろん、著しい違いは実験的方法が、行いに、つまり身体を使った、公然とした種類の行いに依存していることである。古代科学、つまり科学として通用していたものは、行いを、認識器官としての理性に対する一種の背信行為だと考えていたことだろう。行いは、理性を物質に対する身体活動に従属させ、身体活動は、これもまた物質的である道具の助けを借りて行われたのである。それは合理的精神に対する物質の優越性を認めること、その観点からは知識の可能性に矛盾することを認めることだと思われたであろう。

　この根本的変化には、もう一つの変化、直接的な感覚知覚の素材に対する態度の変化が伴っていた。古代科学と近代科学の違いは、前者が知覚をまったく尊重せず、思弁だけに頼ったことだという、せっせと培われた考えほど事実から程遠い概念は、あり得ないだろう。実際には、ギリシャ人は自然的対象に鋭敏だったし鋭敏な観察者だった。問題なのは初めから知覚の素材を理論に置き換えたことにあるのではなく、ギリシャ人が知覚の素材を「鵜呑みに」したことにある。彼らは知覚の素材について考えたり理論を展開したりする前に、それに変更を加えようとはしなかった。観察素材に周到な変更を加えるための、人為的な装置とか手段の手助けがない観察に関する限り、ギリシャ人は進んで

いた。

　ギリシャ人は感官によって観察される素材を軽蔑したが、軽蔑したのは、その素材の形式だけに関わるものだった。何故なら感官によって観察される素材は、合理的思考によって与えられる論理形式の支配下に置かれなければならなかったからである。その素材が全面的に論理的ではなかった、あるいは合理的形式の要求を満足するようなものではなかったという事実が、そこから得られる知識を、永遠の〈存在〉に取り組む純粋数学、論理学、形而上学の知識よりも、一段低い科学にした。しかし科学が拡大する限り、それは鋭敏かつ機敏な観察者に直接与えられるような感覚知覚の素材を扱った。結果的に、ギリシャの自然科学の素材は現代科学の結果よりも、「常識の」素材にはるかに近い。例えばユークリッド幾何学の知識以上の専門的準備をしなくとも、残存しているギリシャの自然科学の言明を読むことができる。それに対して高度に専門的な準備教育をしないと、大抵の近代物理学の研究報告を理解し、ついていくことができない。古代に提起された原子論があまり進歩しなかった理由の一つは、それが日常の観察結果と一致しなかったことである。何故なら目の前にあるこの対象は、豊かな性質を身に纏い、単なる量的、空間的な差異によってよりも、質的な差異によって特徴づけられる種類や種に属しているからである。古代においては、原子論こそが純粋に思弁的であり、「演繹的」な性格をもっていたのである。

　もしこれらの言明が、古代科学では感覚が知識を与えたが、近代科学は感覚の素材を排除したという主張を含意すると見なされるならば、誤解を受けるだろう。そのような観念は事実に反する。しかし古代科学は感覚素材の質料を額面通りに受け取り、それから論理的定義、種への分類、三段論法による包摂という操作によって、自然のままの、元々あった通りの質料を組織化する。人びとは日常の観察対象に変更を加えるとか、それらを要素に分解し、それらに新しい形態と配列を与えるための道具も器具ももたなかったか、そうでなければ彼らがもっている道具と器具を使うことができなかった。したがって内容または題材において、ギリシャ科学（17世紀の科学革命まで存在し続けた）の結論は、現在の科学的思考の対象よりも、日常的経験の対象にはるかに近かった。ギリシャ人は近代科学以上に、感官を通した知覚の機能を尊重していたと言い

たいのではなく、現在の実践から判断して、ギリシャ人は直接的な、分析され
ていない感覚知覚の素材に全幅の信頼を置いていたと言いたいのである。

　彼らは知識の観点から、そうした素材の欠陥に気づいていた。しかし彼らは
これらの欠陥を訂正し、それらの欠陥を純粋に論理的な、あるいは「合理的
な」手段によって補うことができると考えた。彼らの考えでは、思考は日常的
知覚によって与えられる素材を受け取り、多様な、したがって偶然的な性質を
除去し、こうして最終的に個々の事物にそれ固有の性格をもたせる確固不動で、
不変の形相に到達することができる。そしてこの形相を当該の個々の事物の本
質または真の実在と規定し、それから一団の知覚された対象を集めて、永遠の
種とする。そうなると種の個々の具体例は消えてなくなる。したがって日常的
知覚から科学的知識に移行するには、現実の、公然とした、観察される変化を
感覚知覚の素材に導入する必要がない。近代科学は器具の使用によって、直接
に知覚される題材を変化させ、それとともに観察される素材自体からではなく、
元々また「自然に」観察される事物の質的性格から逃れる。

　こうして自然現象についてのギリシャ人の記述と説明の「カテゴリー」は、
美的な性格のものだったと主張して構わないだろう。何故なら美的な種類の知
覚は、事物の直接的な質的特性に興味があるからである。観察される素材に科
学的な外観を与えるために、事物の直接的な質特性が依拠する論理的特徴は、
調和、比例または比率、対称性である。これらが、合理的談話において現象を
報告可能にする「ロゴス」を形成する。これらの属性は、現象の上に重ね合わ
されるのだが、現象から導かれると考えられ、それら属性のお陰で自然的対象
を知ることが可能である。こうしてギリシャ人は、所与の観察対象を変える手
段として思考を使って、観察対象が生起する条件と結果に到達するようにする
のではなく、可変的に生起している観察対象には見られない、一定の静態的属
性を、その対象に押しつけるようにする。観察対象に付与される静態的属性の
本質は、形相とひな型の調和であった。職人、建築家、彫刻家、体育家、詩人
は原材料を受け取り、それを対称性と調和によって特徴づけられる完成した形
式に変えた。彼らは近代の工場での製作を特徴づける、予め分解し還元するこ
とをせずに、この仕事を成し遂げた。ギリシャの思想家は自然全体に対して、
同様の仕事を行った。しかし彼らは物質的な手工道具を使う代わりに、思考だ

けに頼った。彼らはギリシャ芸術が供与した形式を借りたのだが、その形式はギリシャ芸術の物質的な手工道具から抽象したものだった。彼らは観察された自然から、凝視する心の目のために芸術的全体を構築しようとした。こうして科学にとって、自然は秩序が整然とした宇宙であった。自然は構成されたものではあったが、諸要素を合成したものではなかった。つまり自然は質的全体、演劇や影像や寺院がそうであるような全体であり、広く浸透する、支配的な質的統一のお陰で全体であった。自然は異なる様式で外部から組織化された同質的単位の集合体ではなかった。設計図は、確固不動の種に属する事物を本質的に特徴づける形式とかひな型であって、最初に設計する心に形成され、次いで外部から事物に押しつけられるものではなかった。

　ベルクソン［Henri Bergson］は『創造的進化［Creative Revolution］』のなかで、ギリシャ精神にとって、最も真である知識の対象である実在は、変化の過程がその絶頂点に到達する、ある特別の瞬間に見出される、と評する。ベルクソンが言うように、プラトンの〈イデア〉とかアリストテレスの〈形相〉は、個々の事物と関連づけると、馬の何気ない動きとの関連で見られた、パルテノン神殿の壁を装飾する馬に例えられるかもしれない。馬の性格を与え規定する本質的運動は、静止した位置と形態の永遠の瞬間に集約される。最高点に到達した、決定的形態を見て把握すること、そして把握することによって、その形態を所有し享受することが知ることである。

　ベルクソンの、この洞察はギリシャ科学にとって知識の対象が所有する本質的に芸術的な性格の概念を、分かりやすく説明する。その洞察はギリシャ科学の細目によって支持される。ギリシャ科学を理解するのに、アリストテレスの量の扱い以上に重要なものを寡聞にして知らない。アリストテレスは量を偶有性として、つまり事物の本性に影響を与えずに、その事物の限界（固有の本質と基準、ロゴスによって設定される）内で変化し得るものとして扱う。デカルトが量を物質の本質として定義したことを考えるとき、知の革命が起こったことが分かる。つまり観点の根本的変化、単に情報量の多さとか情報の正確さではなく、対象の美的性格の放棄を含む変化が起こったのである。アリストテレスが関係の本性を例示しているもの——つまり多いと少ない、大きいと小さい等々の区別——と、近代科学において関係が占める位置を対照させてみよう。

何故ならアリストテレスの扱いの要点は、量のような関係は対象の本質や本性には無関係であり、したがって関係は科学的知識を最終的に説明するものではない、ということである。この考え方は美的観点にはぴったり当てはまる。そこでは内的に完全で自足するものが考慮すべき最も重要な事柄なのである。

ピタゴラス－プラトン主義の、数と幾何学への傾倒ぶりは、これまで述べてきたことと矛盾するように思われるかもしれない。しかしそれは、例外があるということは規則がある証拠という諺の一例である。何故ならこの枠組みにおける幾何学と数は、直接に観察される自然現象を秩序づける手段だったからである。それらは本質的に美的な規準を充足する基準、対称性、分配の原理であった。数学が方程式とか他の関数を通して、分析の道具になるとか、再構成のために諸要素に解析する道具になるために、科学はほぼ二千年、待たなければならなかったのである。

アリストテレス学派の科学において、種類ないし種が中心的地位を占めたことによって与えられる、ギリシャ科学の質的性格の証拠は素通りする。その例はあまりにも明白である。さらに示唆に富むのは、運動の純粋に質的な取り扱いである。とくにこれはガリレオによって引き起こされた革命への手掛かりを与える問題だからである。温かいものが冷たくなる、胎児から大人の形態になる等々のように、運動はすべての種類の質的変化を網羅する語句だった。それは単なる運動、つまり同質的空間における位置変化として考えられることなどなかった。音楽の拍子［movement］や政治運動［movement］について語るとき、古代科学における運動という観念に付与された意味に近づく。つまり運動とは質的全体を完成させ、目的を達成する方向に向かう一連の変化なのである。

運動は、際限なく自らを消耗し続けるのではなく、本質的に、それ自身の停止に、静止状態に向かった。問題なのは、どのような外部の力が弓矢を相対的な静止状態にするかではなく、どのような外部の力、空気の流れ等々が弓矢を運動させ続け、弓矢が自らの自然な目標である静止状態の、いっそう速やかな達成を妨げるかであった。運動停止は消耗、一種の疲弊であるか、そうでなければ内在的な固有の存在あるいは本質の極致を示す。天体は、まさに天上にあり、したがって準－神的なので、疲れることがなく、退屈することなく、休む

ことなく円形を保ち続ける。何故なら静止状態が達成を意味したとき、静止状態は生気のない休止ではなく、完全な、したがって変化のない運動だからである。思考だけがこの完全な自己活動を完璧に所有している。しかし天体の恒常的な円形は、自己完結的な、変化のない思考活動に最も近い物質的顕れである。その活動は何も発見せず、何も学ばず、何も成し遂げず、永遠に自己回転する。

　場所——あるいは、むしろ様々な場所——の取り扱いが、こうした運動の質的多様性に対応している。事物の軽さに応じて、また事物が上方の空間に属することに応じて、地上からの上昇運動がある。事物が粗悪であるために、粗悪で相対的に冷たい地上でだけ目的地に至り、故郷にたどり着く、地上への下降運動がある。中間領域には上昇運動にも下降運動にも適さない、風とか惑星の（見かけ上の）運動を特徴づける、前後運動とか振動運動がある。冷たく重いものは下降運動し、軽いもの、燃えているもの、最も素晴らしい素材は上昇運動する。神に最も近く、不規則で単に潜在的なものから最も清められたものである星は、自然のなかで思考の永遠の自己活動に最も近い、一貫した円の進路をたどる。思考の永遠の自己活動は、ただちに自然を超えているし、自然の頂点または「目的因」である。

　こうした細々としたことに言及したのは、古代科学の完全に質的な性格を明らかにするためである。価値についての観念との対立は、まったくなかった。何故なら科学の対象に属している性質が、価値だからである。科学の対象は私たちが享受し、尊ぶものである。質的全体としての自然を通じて、価値の低いものから価値の高いものに至る形相の階層がある。ガリレオが効果的に開始した科学革命の本質は、まさに科学的対象そのものの特性としての性質を排除したことにあった。この排除から、実在の科学的属性と道徳に権威を付与する属性の対立と調停の必要が、まさに生じたのである。したがって新しい天文学と物理学が人間の信念に対して何を行ったのかを理解するためには、それを古い自然科学と対照させてみなければならない。古い自然科学では、科学的知識の対象が所有する性質は芸術作品が所有する性質とまったく同一であり、美と同一、称賛すべきものすべてと同一であった。

　ガリレオが行ったことは発展ではなく、革命であった。それは質的なものから量的あるいは計量的なものへの、異質なものから同質的なものへの、内在的

第 4 章　受容の技術と制御の技術　　　75

形相から関係への、美的調和から数学的定則への、観想的享受から能動的操作
と制御への、静止状態から変化への、永遠の対象から時間的連続への変化を示
した。二領域枠組みという観念が、道徳的、宗教的目的のために消えずに残っ
た。その観念は自然科学の目的にとっては消えた。真の科学の対象だった高次
の領域は、人間との関係で、人間の運命の規範と目的を与える価値と結びつい
た対象の、独占的な住処になった。臆見と実践の主題であった程度の低い領域
は、専ら自然科学の対象になった。臆見が支配する領域は、客観的存在のうち
の程度の低い一部分ではあったけれども、もはや真正の領域ではなかった。そ
の領域は無知と誤謬のお陰で、まさに人間が作り出したものだった。新しい科
学のために、古い形而上学にとって代わったのが、そのような哲学であった。
しかし——この「しかし」が根本的に重要なのだが——革命が起こったにもか
かわらず、経験に先行する実在に関わるものとしての知識という概念と、この
実在の属性から導かれる道徳的規制という古い概念が、消えずに残った。

　実験的探求が始まった後でさえ、科学の変化も哲学の変化もただちに到来し
なかった。事実、後ほど見るように、哲学は妥協と調停によって保守的に前進
し、新しい科学のうちに哲学を読み取った。したがって私たち自身の世代まで、
科学は古い自然概念のある基礎的要因から解放されなかった。しかし科学革命
の多くは、ガリレオが彼の最も有名な実験から引き出した結論に含蓄されてい
た。ピサの斜塔で物体を落下させる実験は、重力と軽さが本質的に質的に異な
るという古い区別を破壊し、こうして科学の質的な説明原理に、とてつもない
衝撃を与えた。こうしてその実験は、異質な性質による自然現象の記述と説明
を台無しにする方向に向かった。何故ならその実験が証明したのは、物体の内
在的運動はある共通の同質的属性、つまり物体が運動していることに対する抵
抗とか、いったん作動するときに物体を静止させたり向きを変えさせたりする
ことに対する抵抗によって測定される属性と結びついていることだったからで
ある。慣性と呼ばれるこの属性は、ニュートンによって最終的に質量と同定さ
れ、したがって質量あるいは慣性は物質の科学的定義や安定した係数になり、
乾－湿、冷－熱という質的な区別とは何の関係もなくなり、それ以後、乾－湿、
冷－熱は質量と運動によって説明されるものではあっても、根本的な説明原理
ではなくなった。

単独で見ると、この結果は単なる衝撃か、せいぜい刺激だっただろうと、考えることもできる。しかしそれが滑らかな斜面を転がり落ちるボールの実験（振り子の実験はそれの変種である）、自由落下物体の観察のためにガリレオが最も接近できる実験と結びつけられると、そうではない。ガリレオの目的は、測定される落下時間と、測定される通過した空間の関係を決定することであった。観察結果は、ガリレオが以前に立てた仮説、つまり通過した空間は経過した時間の二乗に比例するという仮説を確証した。この結論はアリストテレス学派の科学に対抗して投企されたのだが、その背景を忘れるならば、それは加速度の数学的決定であり、また質量という概念と結びつくと新しく厳密な力の定義を与えるものとして立ち現れる。この結果はきわめて重要である。しかし自然についての信念の古典的背景と切り離されると、それは現代物理学の重要な発見と同型のものだっただろう。アリストテレス学派の科学の基本観念とは反対に、それは科学革命を先導した。ガリレオの結論は、すべての運動している物体は、それらに固有の本性を達成しようとする、それら自体の内在的傾向のために、本性上静止するようになるという伝統的概念の息の根を完全に止めた。ガリレオの独創的精神は、その結果を使って次のことを証明した。すなわち一様な重力という独立の力を受けない、平面上で動いている物体が、斜面上の物体に置き換えられるならば、その物体はいったん運動し始めると際限なく運動し続ける——ニュートンの運動の第一法則で後に定式化された観念——であろう。

　その革命は同質的な空間、時間、質量、運動に基づいて自然現象を記述し説明することに道を開いた。本章の議論は歴史的発展の説明ではないので、詳細は省く。しかし後に続く一般的結果のいくつかには、概略でも触れなければならない。ガリレオの結論は、当初、静止した物体は静止したままである、という伝統には影響しなかった。しかし彼の論理と彼の方法の継続的使用は、大きな物体が静止するとき、物体自体の粒子とその運動を阻む物体の粒子に、運動が伝えられることを明らかにした。こうして熱が力学的に扱われるようになり、結果的に、力学的運動、熱、光、電気がエネルギーの損失なしに転換し合うことが立証された。それからコペルニクス［Nicolas Copernicus］、ホイヘンス［Christiaan Huygens］の後に続くニュートンによって、天体の運動は、地上

第4章　受容の技術と制御の技術　　　　　77

の物体と同じ質量と加速度に関する力学的法則にしたがうことが明らかにされた。天体とその運動は地球上の現象に見られるのと同じ法則の下に置かれた。異なった空間の部分の現象は種類が異なるという観念が廃棄された。科学と見なされるすべてのものは数学的語句で定式化される力学的属性になった——数学的定式化の意義は、様ざまな現象をお互いの語句に翻訳しても完全に同義である、あるいは同質である可能性を示すことである。知識の目的は実在の把握であるとか、認識の対象と実在する対象は同義語だという学説の観点からは、ただ一つの結論しかあり得ない。最近の著述家のことばだと、それは次のようになる。「ニュートンの天文学は、天体全体を暗黒の、限界のない空虚として開示した。その天体では死んだ物体が感覚力を欠いた力の衝動の下で運動し、こうして永年の詩的夢を最終的に破壊した」[原注2]。

　しかしその前提に固執するという条件の下でだけ、その結論は成り立つ。もし質的な世界が認識以外の経験の対象ではなく知識の対象と見なされるならば、またそうである限り、そして認識が経験の基準あるいは経験のただ一つの妥当な様式と見なされる限り、ギリシャ科学（質的に享受される直接的経験の世界の合理的組織化）をニュートン科学に置き換えることは、世界を、喜び、感嘆、価値にあふれた世界にする属性を取り除いてしまったことを意味した。しかしもう一つの解釈が可能である。私たちは認識とは関わりなく、事物をあるがままに経験するのであり、知識は非 – 認識的経験の目的のために対象の制御を容易にする経験の一様式である、と主張する哲学は別の結論に至るだろう。

　しかしこの箇所でこの問題に踏み込むことは、後の論議を先取りしてしまうだろう。結局ここでは、一つの問いに限って論評する。すなわち新しい実験的方法は日常的経験の質的対象に対して、まさに何を行ったのだろうか。ギリシャ哲学の結論を忘れよう。知識についての理論と実在についての理論を頭から振り払おう。単純な直接的事実を取り上げよう。ここに色がついた、音が鳴り響く、よい香りがする、愛らしい、魅力的な、美しい自然の事物がある。私たちはそれらを享受するし、それらが嫌らしく、醜く、厭わしいときには、私た

――――――――――

　[原注2]　Barry, *The Scientific Habit of Thought*, New York, 1927, p. 249. 私はこの箇所の引用より、はるかに多くのものを本書に負うている。

ちは我慢する。自然科学がそれらに及ぼした影響とは、正確には何だろうか。

しばらくの間、哲学的、形而上学的前提を心から締め出し、できる限り、最も単純かつ素朴にその問題を受け取るならば、私たちの答えは、専門用語で述べると、それは対象をデータに置き換えることだ、となると思う（この結果が実験的方法の結果すべてだという意味ではない。実験的方法は予め見ておいたように複雑である。しかし性質を取り除いたことに関する限り、最初の効果はこうした本性をもつ）。ギリシャ科学が日常経験の星、岩、木、雨、暑い日と寒い日という意味での対象を扱うことは、明白である。実験の最初の結果が、これらのものを対象の身分からデータの身分に還元することだったという意味は、それほど明らかではないかもしれない[原注3]。データの意味は、さらに解釈するための題材、考慮されるべきもの、ということである。対象は最終的なものである。それらは完全であり、完了している。それらは定義、分類、論理的組織、三段論法における包摂等々の点でだけ思考を要求する。しかしデータが意味するのは「役に立つ素材」である。それらは示唆、証拠、兆候であり、さらに達せられるべきものへの手掛かりである。それらは究極的ではなく中間的であり、最終的なものではなく手段である。

それほど専門的でないやり方で、その問題は次のように述べられる。知識の要求を満たすものとして、解決を形成すべき素材として見なされてきた題材が、問題を設定するものになったのである。暑いと寒い、湿っていると乾いている、軽いと重いは、現象を説明できる自明の素材ではなく、研究されるべきものになった。それらは因果的原理ではなく、「結果」になった。それらは解答を与えるのではなく、疑問符を設定する。大地と天空と天体のエーテルは物事を区別し分類するために使われうる究極的原理を供与するのではなく、説明され、同一の原理の下に置かれるべきものであった。ギリシャと中世の科学は楽しみと苦しみの対象である事物を受容する技術を形成した。近代の実験科学は制御

──────────

[原注3] 対象からデータへの移行に関しては、『創造的知性 [Creative Intelligence]』という題名の本に収められた G. H. ミード [George Herbert Mead][訳注5]の論文を見よ。

[訳注5] ミードの論文は、"Scientific Method and Individual Thinker", in *Creative Intelligence: Essays in the Pragmatic Mode,* ed. by John Dewey et al., Henry Holt & Co., 1917. である。

第4章　受容の技術と制御の技術　　79

の技術なのである。

　日常的に知覚され、使用され、享受される対象を終局的なものとして、自然
過程の頂点として受容する態度と、それらの対象を反省と研究のための出発点
と見なす態度の著しい違いは、科学の専門性をはるかに超えた違いである。そ
れは人生全体における精神の革命、現実に存在するものすべてに対する態度全
体の革命を示す。身の周りに存在するもの、触ったり、見たり、聞いたり、味
わったりするものが、答えを求められている（しかもそれらのものが違ったも
のに形を変えるまで、周到に変化させてみることによって求められなければな
らない）疑問と見なされるとき、既存の自然は、ある通りに受容し、甘受し、
忍耐し、享受しなければならないものではなくなる。それは今や、修正され、
意図的に制御されなければならないものである。既存の自然は、私たちの要求
にもっとよく応える新しい対象に変形されるように働きかけられるべき素材で
ある。任意の一時点に存在する自然は、完成されたものであるよりも挑戦であ
る。それは最終目的よりも、むしろ出発点とか好機になりうるものを与える。

　要するに聖なる芸術作品と見なされる、自然の属性の享受としての知から、
世俗的な制御手段——つまり出来事過程の方向を変えるような変化を意図的に
導入する方法——としての知への変化がある。特定のときに存在するような自
然は、既に完成された芸術作品であるよりも、それを作り変えるために使われ
るべき技術の素材である。したがって、言及した変化に対する態度の変化は、
科学が専門的探求として提供したものよりも、はるかに広い意味をもつ。変化
の相関関係が知識の目標とされるとき、これらの相関関係を発見して知識の目
標を達成することは、制御の道具を手中に収めることと同等である。ある変化
が与えられ、その変化と他の変化の結びつきを、正確に測定したうえで知ると
き、その他の出来事を作り出したり、回避したりする潜在的手段が手に入る。
美的態度は必然的に既にそこにあるものに、完成し完結したものに向けられる。
制御の態度は未来を、生産を見る。

　同じ論点は他のやり方で述べられる。すなわち与えられた対象を、なお企て
られるべき認識または研究のためのデータに還元することは、人間を過去への
従属から解放する。科学的態度は他から切り離され、完結した確固不動のもの
への関心ではなく、変化への関心としてあるのだが、それは必然的に問題を注

意深く見張っている。あらゆる新しい探求は実験的探求をさらに進めるための——より方向づけられた変化をもたらすための好機なのである。これ以上問題はないという状態に到達すること以上に、科学者が後悔することはない。その状態は科学的営みの完成ではなく、科学の死であろう。この性向を道徳と政治に広くいきわたっているものと対照しさえすれば、その発展が未だにどれほど限定的であるのか、また同様にその影響が既にどれほどのものなのかが分かる。何故なら高度に実践的な問題では、私たちは未だに、変化を恐れ、問題を恐れて生きているからである。自然現象に関する古代人のように、私たちは——たまたま、その場にあるような——存在するもの、その場を占めているものを受容するほうを、堪え忍ぶか享受するほうを、せいぜいそれを概念の下に配置し、こうしてそれに合理性の形式を与えるほうを好む。

　実験的方法が興隆する以前、変化は避けられない悪に過ぎなかった。現象的存在の世界、つまり変化の世界は変化しない世界と比べて劣等な領域ではあるが、それにもかかわらず現実に存在し、実際上は、たまたま起こった通りに受容されなければならなかった。強運の持ち主である賢人がいたとすれば、そうした人はできるだけ、変化するものには関わりをもたず、それらに背を向け合理的な領域に向かうであろう。自然によって決定される質的な形式と完全な目的は、人間の制御にはしたがわない。それらは、たまたま享受されるときには感謝に堪えないが、人間の目的にとって自然は運を意味し、運は技術の反対である。たまたま得られる善はありがたい。しかし変化過程の規制を通してだけ、つまり変化過程の関係の知識に依存する規制を通してだけ、善は確実に存在することができる。明確な目的に向かう確固不動の傾向を撤廃することは、あたかも自然の脱精神化を含むかのように、多くの人びとによって嘆き悲しまれてきたが、それは実際には、新しい目的を投企し、意図的活動を通して、それらの目的を実現する可能性の前提条件である。自然の確固不動の目標ではなく、本来的な明確な形式をもたない対象は、新しい性質を受容する候補、新しい目的の役に立つ手段になる。自然的対象が、自然自体の内在的作用の適正な結果と見なされる、確定された目的を剥奪されるまで、自然は人間の欲望と目的の可塑的な素材になることができなかった。

　こうした考慮は、実験的分析によって対象をデータに還元するという態度変

第 4 章　受容の技術と制御の技術　　　81

化のうちに、暗に含まれている。科学の目的は変化の可能性がない不変の対象を規定する代わりに、変化間の相関関係を発見することになる。科学は目的因ではなく、発生の機構に関心を抱く。究極的なものではなく近似的なものを扱うことで、知識は知性を通じて高次の領域に逃れようとするのではなく、私たちが生きている世界、経験的世界を扱う。実験的知識は行いの一様態であり、すべての行いのように、明確な問題と結びついた、特定の時間、一定の場所、特定可能な条件の下で生じる。

　科学の発見は究極的実在に固有な属性、存在一般の開示であるという概念は、古い形而上学の遺物である。不適切な哲学が科学の結論の解釈に注入されたので、科学の結論は自然から性質と価値を排除すると見なされる。こうして近代哲学お決まりの問題──科学と、私たちが尊び愛するもの、行為を方向づけるさいに権威をもつものとの関係という問題──が作り出される。数学的‐力学的科学の結果を、それ自体に固有の本性をもつ自然的実在の規定として扱うさいして、同様の不適切な哲学の注入が、自然主義に対して示される敵意と、哲学の務めは超自然的な領域、すべての自然的対象を特徴づける条件の下にはない領域の存在を論証することだという感情を説明してくれる。確固不動で、経験に先立つ実在の属性を開示し規定するときに、初めて真正の知識であるという考えを捨てよう。科学的探求の現実の手続きで起こることによって、知の目的と検証を解釈しよう。そうすると想定されている要求と問題が消える。

　何故なら科学的探求はつねに、日常生活で経験される身の回りにある事物から、私たちが見る、手に取る、使用する、楽しむ、苦しむ事物とともに出発する。これは日常の質的世界である。しかし実験的探求は、この世界の性質と価値──目的と形式──を、知識の対象を与えるものとして受容するのではなく、一定の論理的組織に従属させて、思考に対する挑戦を与えるものとして扱う。それらは解決の素材ではなく、問題の素材である。それらは知識の対象であるよりも、むしろ知られるべきである。認識における第一段階は解決を必要とする問題を設定することである。この段階は明白で、与えられた性質を変化させることによって遂行される。これらは結果である。これらは理解されるべき事物であり、これらは発生によって理解される。目的因ではなく動力因の探求、内在的形相ではなく外在的関係が科学の目的を構成する。しかしその探求は非

実在的、現象的なものの経験と対照的な、実在の探求を意味しない。その探求は、実在する性質と価値の発生が依存する、また私たちがそれらの発生を制御できる関係の探求を意味する。直接的、質的に経験されるような存在を「現象」と呼ぶことは、それらに形而上学的身分を割り当てることではない。それが示唆するのは、それらの現象は、それらの発生が依存する、相互作用関係を突き止める問題を設定するということである。

　知識が、具体的性質において直接に経験されるような存在に関わることは不必要である。直接経験自体がその面倒を見る。科学が関わるのは、これら経験された事物の出来事である。したがって科学の目的にとって、経験された事物は出来事、事件である。科学の目的は、そうした出来事の条件と結果を発見することである。そして関係が明白になるような仕方で、所与の性質を修正することによって初めて、この発見が生じる。後ほど見るように、これらの関係は科学自体の適正な対象を構成する。ここで強調しておきたいのは、経験された存在の性質を除去するのは、関係の発見のために必要な中間段階に過ぎず、関係が発見されてしまえば、科学的対象は、いっそう豊かで、いっそう安全な価値と性質を備えた、経験される事物の発生を制御する手段になる、ということである。

　古い知識論と形而上学が保持されているときにだけ、科学は私たちに、真に実在する自然は音も色もない、あるいは享受され使用される性質をもたない、運動している質量の相互作用だと教えてくれると考えられる。科学が実際に行うのは、私たちが喜ぶ自然的対象というものが、その発生を左右する関係によって、あるいは出来事として扱われうるのを示すことである。またそのように自然的対象を扱うことによって、直接的経験の対象が示す無媒介的性質を、いわば脇に置いて、それらの発生を規制し、それらを発生させるために、私たちが制御できない条件を待つ必要がないようにできるのを示すことである。経験された対象を、質的特性に関して中立的な諸関係の形式に還元することは、望んだ性質をもつ対象が最終的に発生するように、変化の過程を規制できるための前提条件である。

　例えば水が、まさに直接に経験するようなものだと見なされる限り、飲むとか洗う等々といった、若干の用途に用いることができる。それを熱する以上に、

第4章　受容の技術と制御の技術　　　83

水の属性を意図的に変えるためにできることは、ほとんどなかった。しかし水が目と耳と味覚を喜ばす多様な性質をもった、きらきら光り、さざ波が立つものとしてではなく、H_2O によって記号化されるもの、これらの性質が完全に欠落しているものとして扱われるとき、水は他のあらゆる種類の制御のやり方を受け入れ、他の使用のために調整されるようなものになる。同じように蒸気と氷が直接経験において、もはやお互いに質的に異なっているものとして扱われるのではなく、特定の距離を通じて測定された速度で運動している同質的分子として扱われるならば、性質の違いが終極的だと見なされる限り、効果的な規制に対する障害であった異なる性質は取り除かれる。性質の違いにかかわらず、それらに関する一つの働きかけ方が示唆される。この働きかけ方は他の物体に、原理上は、同様の数学的定式化が与えられるならば、固体、液体、気体といった質的差異に関わりなく、どんな物体にも拡張できる。こうしてどんなふうにも拡張と収縮、冷凍と蒸発、爆発的力の産出と規制を行うことが可能になる。実践的観点から、物体はどんな使い方もできるエネルギーの集合体になるのであり、そこにはあらゆる種類の置換、変換、化合、分離が含まれる。しかし直接に経験される、または知覚可能な経験の対象は、相変わらず同一の質的対象であって、つねにそうであったように、享受でき、使用できる。科学の対象としての、他のすべての科学的命題と結びついた H_2O としての水は、私たちが見たり使ったりする水と、実在の地位をめぐって競合してはいない。科学的命題としての水は、実験的操作のために、日常的に経験される実物の多様な制御と使用の道具的性格が加わったものである。

　近代哲学の大問題をこのように扱うことは、多くの人びとによって、大問題を無頓着に決着させ過ぎだと見なされることは、分かっている。その解決は単純で安易過ぎるので、満足できない（しかも多くの思想家はどのような解決も、現実には欠陥があると多分感じるだろう）。しかし提案した解決策の受け入れを邪魔している伝統的信念を、その説明で誰かが考え直すようになるならば、それでよしとしよう。これらの先入見というのは、知識は他の経験のあり方と比較して、実在への接近法として、他にはない特権的地位を占めており、また知識はそれ自体、実践活動よりも優れているという想定である。これらの観念はいずれも、認識が心という合理的能力によってだけ実施されるものだと見な

された時期に、定式化された。一から十まで実験に依拠する科学的探求の発展は、認識が心という合理的能力によってだけ実施されるものだという立場に重大な誤りがあることを示した。今や誤りであることが証明された信念に基づく哲学的概念を、訂正すべきときではないだろうか。現在の論議の要点と大意は次の通りである。もし実験モデルに基づいて知識概念を形作るならば、それは日常経験の諸事物が直接に示す性質によってではなく、諸事物の相互作用によって、それらについての観念を形作ることができるように、日常経験の諸事物に働きかけ、またそれらとともに働く方法だということ、またそれによって日常経験の諸事物の制御、それらを変化させ、望み通りにその変化を方向づける能力が際限なく高まるということに気づく。認識はそれ自体が実践的行為の一様態であり、他の自然的相互作用が方向性を与えられる場合の、相互作用の唯一の様式なのである。

　本章の議論を始めるにあたって述べたように、科学的認識の検討はそれ自体のためというよりも、比較的専門的ではなく、また比較的広範に、また自由に応用されるものについての仮説を投企するための素材を与える目的で企てられる。今後の問題は、具体的な中身と動きをもった現実の経験が、理想と意味と価値を与えることが可能かどうかである。大半の人びとが現実に生活している経験に、それらが欠如しているとか不確かであることが、経験を超えた、ある実在を頼みとする動機づけの力を与えた。それらの欠如と不確かさが、近代生活の基調と調和しない伝統的な哲学的、宗教的概念が、人びとの心を捉え続けていることを説明するのである。科学的認識によって与えられる範型は、少なくとも科学的認識という一つの領域において、経験が実験的になることで、それ自らを規制する観念と基準を展開することが可能である。これだけでなく、加えて自然についての知識の進歩が、この変革のために初めて、確実で着実になった。その結論は、さらに大きな、人間的で、自由な分野で、同じような変革を達成する可能性にとって、よい兆しである。そこでは経験の哲学は、現実の経験に不誠実ではなく、また人間が心から大切にしている価値について言葉巧みに釈明したりせずに、経験的であるだろう。

第5章 作業する観念

　すべての哲学的問題のなかで、観念の本性と価値に関する問題は、多分、教養ある人物の心を即座に動かす。理想主義という語には、何となく賛美するような雰囲気が纏わりついているが、それは人間が思考とその力に払っている尊重の証しである。唯物論のもつ不快な性質は、それが思考の価値を低下させることによる。思考は錯覚か、せいぜい偶然の副産物として扱われるのである。唯物論は、観念が創造的あるいは規制的な効果をもつ余地を、まったく残さない。ある意味で観念、思考の原因は、人間自身に特有な尊厳の原因だと感じられる。真摯な人びとは、経験が観念と意味を生み出し、次いでこれらの観念が行為を規制するような世界を、つねに望んできた。観念と観念から生じるものを取り去ってみよう。すると人間は野原の獣よりマシだとは思われない。

　しかし観念とその力の本性に関して、哲学者たちが対立する学派に分かれてきたというのは、よく聞く話である。極右にいるのは、理想主義の旗印の下、思考は宇宙の創造者であり、合理的観念はその構造を構成すると主張してきた人びとである。しかしこの構成的な作業は、超越論的な原初の作業を行う思考によって一挙になされるものである。日々生活が営まれる経験的世界は、性格上、粗雑で、冷酷で、手に負えないほど理想性に欠けている。何故なら経験的世界は、思考が創造者であるような実在の現象に過ぎないからである。したがって、このようなやり方で哲学が観念に尊敬の念を払うのは、現実に即しているというよりも代償行為である。それは私たちの経験の自然および社会環境を、いっそう理想的な住まい、思考の成果である意味によって特徴づけられる住まいにすることとは、何の関わりもない。個々の行為を続けることによって、今ここで私たちが経験する世界をさらに首尾一貫し、啓発的な意味に満ちたものにしようとする思考を、一挙に実在を構成する思考に進んで取り替えようとする人びとがいる。

　他方の極には感覚主義的経験論の学派があり、ある働き方をしている思考に

独創力があるという学説は幻想だと主張する。それはすべての知識の源泉として、事物との直接的でじかの接触が必要だと表明する。観念は鮮烈な印象の弱々しい残影である。観念は感覚だけで生じる実在との直接的交渉のイメージ、淡い反映、消えかけている木霊である。

　両極で対立しているにもかかわらず、二つの学派は共通の前提に依存する。二つの哲学体系によれば、反省的思考、推論と判断を含んでいる思考は独創的ではない。反省的思考は、ある非反省的な直接的知識において開示されるような、経験に先行する実在において検証される。反省的思考の妥当性は、そのような先行する直接的知識との同一化によって、その結論を調べることに依存する。学派間の論争は先行する直接的知識の器官と本性に関するものに過ぎない。いずれの学派にとっても、反省、推論を含んだ知識は再生である。推論を含んだ知識の結果の「証明」は、何の推論も行われずに知られたものと比べることで見出される。伝統的経験論では、その検証は感覚印象のうちに見出される。客観的観念論にとって、反省的探求は、構成的思考によって以前に成し遂げられた作業を再生する場合にだけ、妥当である。人間の思考の目標は絶対理性によって既に定立された実在に接近することである。基本前提は実在論者にも共有されている。実在論的立場の本質は、反省的探求が、既に存在するものを最終的に了解するときに妥当だということである。思考が経験に先行する実在を少しでも変更するとき、それは誤謬に陥る。実際、誤謬の定義は、心が生産的に創造することなのである。

　この問題は前章で始めた実験的認識の分析と結びついている。何故ならほとんどの面で対立している、これら哲学諸学派に共通する前提は、ギリシャ思想に端を発し、伝統のなかに深く染み込んだ、経験から独立して実在するものと関連づけて、知識についての観念を採用したことに立ち返るからである。実験的思考の特性を纏めたさいに、その思考の第二の特性は観念によって実験を方向づけることだと言った。それは実験が行き当たりばったりだとか、漫然とした行為ではなく、暗中模索であるとか比較的盲目的な行いとともに、どちらの操作を試すべきかを決める、熟慮のうえの予見と意図の要素をつねに含んでいる、という事実である。したがって本章では観念の理論にとって、実験的方法からどんな意味合いが生じるのか考察しよう。さしあたって、観念について知

第5章　作業する観念　　　　　　　87

りうるすべてが、反省的な科学的探求で、観念がどのような現れ方をするか、ということから導出されると想定しよう。そのとき観念の本性と役目について、どんな考え方が形成されることになるであろうか。

　いきなりではあるが、自然科学における最近の結論に基づいて形作られた、概念の本性について述べることから始めよう。それからこの観念についての考え方を、ニュートンの自然と科学の哲学のうちに具体化されたものと比較し、ニュートンの自然と科学の哲学を放棄せざるを得ない理由を取り上げよう。最後に、到達した結果と伝統的哲学——現在では信用を失ったニュートンの自然哲学に見出されるものと同じ哲学——のうちに具体化された学説との比較に立ち返ろう。

　この問題についての現在の科学の立場は、次のように述べられた。「ある対象の長さが分かるためには、いくつかの物理的操作を実施しなければならない。したがって長さという概念は、長さを測定するさいの操作が定まるときに定められる。つまり長さという概念は、長さを決定するさいの一揃いの操作以上のものを含まない。一般的に、概念ということによって意味するものは、一揃いの操作以上のものではない。つまり概念は、それに対応する一揃いの操作と同義なのである」[原注4、訳注6]。エディントン［Arthur Stanley Eddington］[訳注7]はギフォード講義で、同じ観念を繰り返している。彼の言明は次の通りである。「物理学者の語彙は長さ、角度、速度、力、電位、電流等々の多くのことばを含んでおり、私たちはそれらを『物理量』と呼ぶ。現在では認められているのだが、物理量は、それらに対して予想したかもしれない形而上学的意義にしたがってではなく、実際にそれらに直面したときに認識する方法にしたがって定義されるべきである。昔の教科書では、質量は『物質の量』と定義された。しかし質量を実際に決定するようになったとき、この定義には何の関係もない実

──────────

　［原注4］　Bridgman, *The Logic of Modern Physics*, New York, 1927, p. 5. 傍点は原文[訳注7]。
　［訳注6］　ブリッジマン（1882-1961）はアメリカの物理学者。1946 年にノーベル物理学賞。
　　　　　操作主義の代表的理論家でもある。
　［訳注7］　エディントン（1882-1994）はイギリスの天文学者・物理学者。エディントンの
　　　　　引用文は、*The Nature of the Physical World*, Macmillan, 1929 による。

験的方法が処方された」[原注5]。思考の意味と内容に関して、また自然的出来
事を理解する場合の観念の妥当性や正しさに関してこの観点を採用することは、
思想史を通じて欠けていたもの、真の実験的経験論を可能にする。「実験的経
験論」という語法は冗長なように聞こえる。実際に、そうでなければならない。
というのも「実験的」という形容詞と「経験論」という名詞は同じ意味をもつ
べきであり、二つの語句を使っても得るものが何もないからである。しかし歴
史的には、事情が異なる。何故なら歴史的には、経験論哲学は感覚やセンス・
データによって形作られてきたからである。感覚やセンス・データは、観念が
形作られるための素材であり、観念が検証されるための素材だと言われてきた。
感覚的性質は、観念が妥当である、あるいは「証明され」るべきだとすれば、
観念が一致しなければならない、経験に先行する原型である[原注6]。これらの

[原注5]　*The Nature of Physical World,* London and New York, 1928, pp. 254-255. 引用文に
　　　　含まれる意味は、概念は、それが決定されるさいの実験的操作によって認識される
　　　　ということである。つまり操作が、私たちが自然的出来事を述べる意味の妥当性を
　　　　定義し、検証するのである。これが含む意味は、もう少し後に出てくる文で、エデ
　　　　ィントンがアインシュタインについて語りながら、次のように言うときに明らかに
　　　　される。つまり彼の理論が主張するのは、「各々の物理量は、測定と計算の一定の
　　　　操作の結果として定義されるべきだ」ということである。その原理は、遠く 1878
　　　　年にまで遡る年に発表されたパースの論文「観念明晰化の方法（"How to Make
　　　　Our Ideas Clear"）」——現在は、モリス R. コーエン [Morris R. Cohen] によって
　　　　編集され、『偶然・愛・論理（*Chance, Love, and Logic*）』, New York, 1923 と題され
　　　　た論文集に再録されている——で予言されている。パースはこう述べる。ある対象
　　　　についての観念の唯一の意味は、ある対象に特定のやり方で働きかけたときに、生
　　　　じる結果からなると。その原理はジェイムズのプラグマティズムの一要素である。
　　　　その観念は概念「道具」説にも近い。その説によれば概念は現実存在との関連で私
　　　　たちの活動を方向づけるための知的道具である。事物の定義の仕方としての「延長
　　　　的抽象化」[訳注8]の原理は、同じような趣旨である。プラグマティズムという概念
　　　　の曖昧さのために——もっともその論理的趣旨は同じである——、「操作的思考」
　　　　について語るさいにはブリッジマンにしたがいたい。

[原注6]　ミル [John Stuart Mill] の経験主義論理学の全体は、公然と、またそれ自身と
　　　　首尾一貫している限り、反省と観念を含むすべての命題が、直接に感覚に与えられ
　　　　る素材だけから構成される命題への還元によって、真だと証明ないし論証されなけ
　　　　ればならない、ということを示そうとする努力である。

[訳注8]　「延長的抽象化（extensive abstraction）」はホワイトヘッド [Alfred North
　　　　Whitehead 1861-1947] の用語である。ホワイトヘッドは実体（もの）を基盤とす
　　　　る世界観に対して出来事（こと）を基盤とする世界観への移行を主張する。「こと」
　　　　の本質は延長であり、その延長からの抽象によって、派生的に「もの」が出てくる。

第5章　作業する観念　　　　　　89

学説は、つねに夥しい批判を呼び起こしてきた。しかしそうした批判は、知識や道徳における根本的に重要な観念の源泉とか検証を与える「経験」の能力を軽んじるという形をとってきた。その批判は感覚主義的経験論の弱点を使って、観念はどのような経験からも完全に切り離された理性によって形作られるという概念を強化し、哲学体系を表すことばでは先天的合理論として知られるものを支持した。

　観念の操作的定義と検証という観点から、観念は経験的な起源と身分をもつ。しかし経験的起源と身分は、行為という語句の字義通りの、存在的意味での行為、行われる行為の起源と身分であって、外部から私たちに強制される感覚の受容ではない。感覚的性質は重要である。しかしそれは意図的に遂行される行為の結果としてだけ、知的に重要である。

　例えばあるスペクトル帯の個々の位置で見られた色は、化学と天体物理学において計り知れない知的重要性をもっている。しかし単に見られたものとしての、単なる感覚的性質としての色は、愚か者と科学者にとって同じものである。どちらの場合にも、色は直接的な感覚興奮から生み出されたものである。それは、たまたま目に映ったもう一つの色そのものに過ぎない。色の認識的価値は、色そのものと同じ本性をもつ他の感覚的性質と色を結びつけることによって手に入れられたり、与えられたりすると想定することは、目のなかに大量の砂を入れることによって、一粒の砂が引き起こした目の炎症を取り除くことができると想定するようなものである。他方で感覚的性質に、知識における、知識にとっての意味を与えるためには、独立した思考の総合的活動に訴えなければならないと想定することは、頭のなかの思考によって、積み重ねられた煉瓦を建物に変えることができると想定するようなものである。頭のなかで行われる思考は、建物の計画を作るさいに、ある程度、進捗させることができる。しかし思考の成果としての計画が、別々の煉瓦から建物を建てるのに役立つ手引きを与えたり、単独の感覚的性質を、自然の知識に対する重要な手掛かりに変えたりするには、現実の操作が必要である。

　視覚を通して経験される感覚的性質が認識的身分をもつのは、（感覚主義的経験論が主張するような）それ単独においてでも、単に強制的に注意させられたものとしてでもなく、それらが明確で、意図的に実施された操作の結果だか

らである。これらの操作の意図あるいは観念と結びついて初めて、感覚的性質は何らかの事実を開示したり、何らかの理論を検証したり証明したりするものになる。感覚的性質は観念によって結びつけられて初めて知識にとって重要になると主張する限りにおいて、合理論の学派は正しかった。しかし経験から切り離された知力のうちに、結合する観念を位置づける点で、彼らは間違っていた。結びつきは、観念の定義内容である操作を通して設定されるのであり、操作は感覚的性質と同様に、経験的なものである。

　したがって、感覚主義と先天的合理論によって背負わされてきた重荷から解放された、経験的な観念の理論が初めて可能になるといっても過言ではない。敢えて言わせてもらえば、この達成は思想史にいくつかある顕著な偉業のうちの一つである。何故ならそれは観念の価値を検証するために、既に与えられたもの、過去の直接的または無媒介的知識なるものによって所有されているものに、つねに立ち戻る必要があると想定することから、私たちを解放するからである。遂行されるべき操作によって観念の本性を定義すること、これらの操作の結果によって観念の妥当性を検証することが、具体的経験内部の結びつきを確立する。それと同時に、先行して存在するものだけを引き合いに出して結論を検証する必要性から思考を解放することによって、それは思考が独創力をもつ可能性を明らかにする。

　ジョン・ロックはつねに経験論学派の中心人物であった。彼は他に例を見ない徹底さでもって経験論的論理学を基礎づけたのであるが、その論理学は自然的存在についてのあらゆる信念の妥当性を、初めに感官を通して受容された単純観念に、信念の内容を分解する可能性によって検証する。「固性［solidity］」や他の任意の観念を知りたければ、ロック自身のことばだと、私たちは「感官に送られる」。自然的知識（何故なら彼は数学的観念と道徳的観念を除外したからである）の起源と検証についてのこうした理論を展開するにあたって、ロックは高名な同時代人であるアイザック・ニュートン卿が敷いた基礎の上に立っていることを自覚していた。ニュートンは、しばらくの間、科学界で彼と覇権を争う好敵手だったデカルトを代表者とする合理論的な科学哲学が、正しくないと確信していた。しかしニュートン自身が数学を使用したことによって、また（他のいくつかの物理学的観念とともに）重力という概念によって、スコ

第5章　作業する観念　　　91

ラ主義の「超自然的本質」を復活させているという攻撃に晒された。したがっ
てニュートンは、前提、方法、結論において、自らが徹底的に経験的であると
いう点を、つまり彼は感官に進み、感官で発見したものを自然についての主要
な科学的観念の起源および正当化と見なすということで経験的であるという点
を強く主張した。やがて明らかになるだろうが、実際にはニュートンのいくつ
かの仮定は、経験という語が実験を意味する限りで経験的であることからはほ
ど遠い。しかし、それらの仮定は彼によって自然科学の哲学的基礎にもち込ま
れ、それ以降、哲学的な科学理論全体に取り入れられて、現代になって初めて
問題にされるのである。

　ニュートンの警句のなかの、「我、仮説を創らず」というものほど、広く知
られているものはない。これは感覚によって保証された題材に完全に依拠して
いることを消極的に主張したものに過ぎない——直前に述べたように、それは
次いで、すべての科学的観念は、その起源と保証のために、以前に与えられた
感覚知覚に立ち戻ることを意味する。ニュートンの手続きが自然科学の基礎と
思われているものに及ぼした影響を最初に考察し、次いで科学的概念の分離独
立的、感覚的定義ではなく、操作的——および関係的——定義の認識が、どの
ように自然科学の基礎と思しきものを破壊したかを考察しよう。

　ニュートンはデカルトに等しい大胆さでもって、またデカルトをはるかに凌
ぐ発見力でもって数学的概念を使用したのだが、彼は次のように主張すること
によって、自分自身の方法をデカルトの方法から区別した。すなわちニュート
ンの数学的計算が適用される対象は思考が生み出したものではなく、彼の科学
に出てくる属性に関する限り、感官に与えられるというのである。つまりニュ
ートンは、自分の体系の基礎である究極的な粒子や原子を感覚的に観察できる
と主張したのではなく、粒子や原子の存在を仮定するための感覚的根拠をもっ
ていると主張したのであり、とりわけ彼の科学理論がこれらの粒子に付与する
すべての属性は直接的な感覚知覚に由来し、また直接的な感覚知覚で実証可能
だと主張したのである。ニュートン自身のことばは次の通りである。「現象に
由来しないすべてのものは仮説と呼ばれるべきであって、仮説は……実験的哲
学には存在する余地がない」。この消極的言明に対応する積極的言明は次の通
りである。「程度の強弱を許容せず、実験が及ぶ範囲内にあるすべての物体に

属していることが見出される物体の性質は、およそすべての物体の普遍的性質だと想定されるべきである」。

ニュートンは、直接的知覚に開示される経験的対象の性質を、自然科学に固有な究極的対象に拡張しているに過ぎないと想定していたのであり、そのことは次のような一節によって明らかにされる。「私たちは感覚による以外のどんな方法によっても、物体の延長を知ることができないし、またこれらがすべての物体の延長に及ぶことも知ることができない。しかし私たちは感覚可能なすべての物体で延長を知覚するので、延長を他のすべての物体にも例外なく帰属させる。多数の物体が硬いことを、私たちは経験から学ぶ。そして全体の硬さは部分の硬さから生じるので、私たちが感じる物体だけでなく他のすべての物体を構成する分割されていない粒子の硬さを、私たちは正当に推論する。すべての物体が不可入的であることを、私たちは理性からではなく感覚から推断する……すべての物体が可動的であること、運動し続けたり静止し続けたりする一定の（慣性と呼ばれる）力を付与されていることを、私たちが見てきた物体で観察した同様の属性だけから推論する」。あるいはニュートンが自らの「原理」について次のように総括する通りである。「私は自らの原理を神秘的な〈性質〉と考えるのではなく、一般的な〈自然法則〉と考える……それらの〈真理〉は〈現象〉によって私たちに現れる」。当該の原理とは、質量、重力、硬さ、不可入性、延長、運動、慣性などであった。

ニュートンの論証の本質的な点は次の通りである。すなわち感覚できない物体つまり数学的推論が適用される究極的粒子には、経験によって見出されるもの以外のどんな属性も付与されていないのであり、その属性は私たちが感覚的に経験するすべての物体に属している。究極的な物理的実在の静態的な性質（空間、延長、体積）と動態的な属性（抵抗、運動の持続）は、感覚知覚可能な事物の共通の性質と同質である。色、音、熱、においなどは消える。というのもそれらは欠けていても、程度の強弱があっても差し支えないから——あるいは遍在していないからである。体積、質量、慣性、運動、可動性は遍在し続ける性質である。究極的粒子は観察されないのだから、それらの存在は仮説だという反論が提起されるならば、どうなるだろうか。たとえ粒子に帰属される属性がすべて感覚的に実証されるとしても、これらの属性の担い手が観察され

第5章　作業する観念　　　93

ないのであれば、ニュートンの経験論はどうなるのだろうか。ニュートンがこの問いをはっきりと論じたとは、とても言うことができない。感覚可能な物体はニュートンの「原理」を形成する属性を失わずに分割できるのだから、それ以上分割できない、同じ種類のいくつかの究極の粒子の存在を想定する権利があることは、ニュートンにとっては実際上、自明だと思われた。しかも論理的一貫性という点では、ニュートンはその論証をほとんど認めることができなかったであろうが、この想定に基づいて実際の出来事を「説明」できることにニュートンが気づいたという事実は、粒子が存在することを十分に確証するように思われた。おそらく次の一節で、ニュートンはこの論点をほぼ明確に論じていると言ってよい。すべての粒子、すべての物体が砕かれるのであれば、それらは消滅すると言った後、ニュートンは続けて、その場合「事物の本性は、粒子や物体に左右されて変化するだろう」と言い、「だから自然は永久不変でありうるのであり、物体の変化はこれら永久不変の粒子の多様な分離、新しい結合と運動のうちにだけ位置づけられるべきである」と付け加える。「だから自然は永久不変でありうるのである」。ニュートンの学説を支配している動機について、これ以上率直に述べたものを見つけることは、難しいだろう。「自然」が粉々になるとか、消散したり混沌状態に戻ったりしないような、ある保証が必要であった。すべての変化の背後にあって永続し、不変のものがなければ、何かの統一など、どのようにして保証されうるだろうか。そのような確固不動の不可分割的な統一がなければ、最終的な確実性など不可能であった。あらゆるものは消滅の危機に晒された。実験的証拠などというよりも、こうした形而上学的恐れが原子に関するニュートンの根本的仮定の本性を決定した。それが、ニュートンが科学的なもの、科学の可能性の基礎そのものと見なした前提を提供した。「すべての変化は永久不変の粒子の分離と新しい結合のうちにだけ位置づけられるべきである」。この言明には、絶対的確実性の保証と、対象として確固不動のものを求める昔ながらの人間の欲求を、科学の見かけを纏って言い換えたものが含まれている。この確固不動のものがないと、知識は不可能であった。それ自体は永遠に同一である事物の間で起こる、無差別的な空間的接近と後退として扱われることによって、変化は知られる。したがって存在と知識の確実性を確立するために、「〈初めに神は〉、固性があり、質量があり、硬

く、不可入な〈粒子〉である〈物質〉を作った」のである。

　論理的に必然的なことだが、科学が実験的道筋を進むにつれて、すべての概念、すべての知的な記述が、実際上あるいは想像上の可能的操作によって定式化されなければならないことが、遅かれ早かれ明らかになる。それ自体は変化せずに相互作用する、究極的な不変の実体が存在するという結論に、実験的操作によって到達できるような方法は、考えられる限り存在しない。したがって究極的な不変の実体はどんな経験的身分も、どんな実験的身分ももたない。それらは純粋な論理的発明である。それらはニュートンの数学的方法を適用するのに必要でさえなかった。物理的粒子が放棄され、幾何学的点に置き換えられたとしても、『プリンキピア［Principles］』におけるニュートンの分析的作業の大半は、変わらないままだったであろう。ニュートンが実験的方法を捨て、その代わりに明らかに論理的な概念を採用した——というのも自然の永久不変性が別個独立の多くの不変の実体に依存するという考えは、明らかに論理的だからである——ことは、どんな理由によるのだろうか。その理由として、その枠組みは働いた、あるいは働くように思われたということは、部分的に疑いない。このような正当化のやり方の結果を発展させたり、承認したりしないと、理論に基づく反論は、物理学的探求の驚くべき結論を指し示すことによって、つねに弁明されるだろう。

　しかしさらに根本的な理由は、物理学の探求者を含む人びとの心が、古い考え、つまり実在が堅牢、堅固であるためには、哲学が実体と呼ぶ固定した不変の事物から成り立たなければならないという考えに、まだ囚われていたことだった。変化は、原初的な不変の事物の再結合に、なんとかして還元できて初めて、知ることができた。何故なら原初的な不変の事物だけが確実性の対象でありうるのであり——変化自体は不確実なものである——、確実で厳密なものだけが知識だからである。こうしてギリシャ人によって合理的に定式化され、西洋世界の知的伝統に受け継がれた通俗的な形而上学が、実験的認識の手続きと結論に対して提起された解釈を、最初に支配したのである。

　ニュートン哲学における非実験的要因の起源に関するこの仮説は、実体と本質的属性という観念の形而上学を、彼自身が使っていることによって確証される。ニュートンがアリストテレスの実体概念よりもデモクリトスのそれを採用

第5章　作業する観念　　95

したという事実は、もちろん科学的には、とてつもなく重要である。しかし哲学的に言うと、その事実は、すべての存在の基礎には本来、変わることのない、いくつかの事物が存在しなければならないとか、そのような不変の存在は確固不動の確実性を保証するので、真の知識の対象であるという概念を、疑問に思わないで受け入れるさいに、ニュートンが経験された題材の導きよりも、必然的だと思われる論理的推論にしたがったという事実に比べると、それほど重要ではない。

　ニュートンは古い実体の学説を受け入れるが、それと並んで本質の学説も受け入れる。確固不動な不変の事物が存在するならば、それらはいくつかの固有で不変の属性をもたなければならない。変化は偶然的であり、外在的である。変化は実体と実体の間で起きるのであり、実体の内的本性には影響しない。もし影響するとしたら、実体は実体ではないだろう。実体は変化し朽ち果てるだろう。したがってニュートン科学は、実験的、数学的な道筋を出発するにもかかわらず、原子は永遠の属性や性質によって、つまり本質によって特徴づけられるという観念を保持した。実体は「固性があり、硬く、質量があり、不可入であり、可動的な粒子である」。実体の本質はまさに、固性、質量、運動、慣性という、実体の不変的で、確固不動の性質なのである。

　こうしてニュートンは、ギリシャ科学の対象が数学と実験には無縁であるにもかかわらず、その科学の対象がもつ質的装備の一部を保持したように思われる。哲学的注釈と論議（主にニュートンの結果のロック版に基づく）をくまなく探索するならば、色、音、におい、味といった、いわゆる第二次性質が「実在」から除外されているという事実について、多くの議論があったことが分かる。しかし科学の対象を規定するさいに、第一次性質という名の下に、他の感覚可能な性質が保持されたという事実については、私が気づく限り、一言も触れられていない。しかもこの保持は、困難の源泉［fons et origo malorum］である。実情は次の通りであった。つまり科学はその操作的概念によって、どのような対象の直接的性質とも異なる次元の事物を、思考の対象として設定していたのである。それは、いくつかの直接的な感覚性質を除外するという問題ではなく、ありとあらゆる性質とは無関係な取り扱いという問題であった。ニュートンはこの事実を理解できなかった。何故なら彼は、硬く、確固不動である

不変の実体の存在が科学の基礎だと主張したからである。そうした実体を仮定すれば、それはいくつかの性質を、固有の属性としてもたなければならなかったのである。

したがってニュートンは、感覚的経験自体から直接に受け取ったと、自ら主張する属性を、実体に気前よく付与したのである。後の思想に残した結果を考えよう。自然的事物になくてはならないと見なされたいくつかの性質を除去し、他の性質を保持することは、科学の実際の仕事を少しも前進させなかった。他方でそのことは、日常的に知覚され、使用、享受されるものと、伝統にしたがえば、ただ一つの究極的な「実在する」対象である科学の対象との間に、固定した溝と対立を必然的に作り出す働きをした。この対立が、近代哲学の根本にある問題となった歴史については、改めて述べるまでもない。そして探求が知識を獲得するさいの方法についての論理学的問題とは別の、主観と客観の関係という一般的な語句での「認識論的な」知識問題が、どのようにして生み出されたかを、ここで考察する必要はない。何故なら科学的対象から追い出された性質は「心のなか」に避難場所を与えられたからである。それらの性質は本性上、心的、心理的になった。そして科学の対象——学問的定義上、自然的実在——とは何の共通性もない要素から構成される心が、どのようにしてそうした要素と正反対なものに手を伸ばし、それを知ることがあり得るのか、という問題が生じた。もう一つの関連では、その結果は——「第二次性質」は心的だと公認されている以上、また第一次性質は第二次性質から分離できない以上、第一次性質もまた心的でなければならないというバークリーの主張に端を発し、その「問題」を扱う紆余曲折した近代思想を通じて——最も重要な論題を与えるであろう。しかしこれらの論点の第一のもの、つまり自然存在における位置をめぐる科学的対象と経験的対象の競合関係は、既に扱ったし、後者の問題は直接には関係がない。

ここで私たちに関心があるのはニュートンの次のような想定である。それによると感覚知覚で直接に経験される性質のいくつかは、物的対象の概念と定義に繰り込まれなければならず、そのような感覚経験に、直接に経験された性質が現前していることが、観念としての感覚知覚の妥当性の根拠または「証明」である。質量があり、固性があり、不可入的で不可分割的な、したがって変わ

第5章 作業する観念

ることがない究極の粒子は、直接には経験されなかった——というのも実際上、粒子の永遠性は、それと等しく永遠な、ある心によって経験される場合を除くと、およそ経験できるものではなかったからである。したがって、これらの性質は思念されなければならない、それらは推論されなければならない。それらの粒子自体は、単独で存在する。しかし私たちにとって、それらは思念の対象としてだけ存在する。したがって観念として、それらの粒子は保証と正当化を必要とするが、直接に知覚される第一次性質は保証と正当化を必要としない。というのは、直接知覚される第一次性質は——その学説によると——直証的だからである。

　合理論対（感覚主義的）経験論という古い伝統の結論が、今では深く染み込んでいるので、次のような問いがまだ立てられるであろう。すなわち感覚知覚のすべての対象に広く見られる属性を推論によって拡張する場合を除くと、科学的な物的対象の属性に対して、他のどんな証明を与えることができたのか、あるいは今、与えることができるのか。物的対象自体に十分な権威をもたせると想定される先天的な合理的概念に依拠する用意がないとすれば、どんな選択肢があるのだろうか。

　この点で、科学的対象を考える場合の概念は、感覚にも先天的な概念にも由来しないと、最近になって認識されたことが、論理的、哲学的な力をもつ。前章で示したように、感覚的性質は知られるべきものである。それらは認識への刺激であり、探求のための問題を設定する。科学的知識は感覚的性質についての知識であり、それらが提示した問題の解決である。探求は反省によって、思考によって前進する。しかし、古い伝統で考えられたような思考、「心」の内部に閉じ込められた何かとしての思考によって進行することなど断じてない。何故なら実験的な探求や思考は方向づけられた活動であり、対象が観察され、直接経験される場合の条件を変える何か、諸対象の新しい配置を設定することによる何かを行うことだからである。知覚されたものは、それらに対する（最初は喚起したり、刺激したりするだけだが）一定の反応様式、一定の扱い方を示唆する。これらの操作は世界中にいる人間の歴史のなかで絶え間なく洗練され、彫琢されてきた。ただしここ数世紀の間に初めて、制御された思考と、それが生み出す真の知識の全体が、操作の選択とか決定と密接に結びついている

ことが分かってきた。

　こうして中心的な問題が生じる。すなわち何が遂行されるべき操作の選択を決定するのか。答えはただ一つ——扱われる問題の本性——である。その答えは今論じている実験の局面を、前章で考察した局面と結びつけるものである。前述のように、実験的分析の最初の結果は、直接に経験された対象をデータに還元することである。この分析が要求されるのは、最初に経験されたような対象は混乱しており、曖昧で、断片的だからである。ある意味で、その対象は要求に応えていない。問題の本性を突き止めるデータがあれば、実行に移されるなら、探求を引き起こした難題や疑念が解決されるような状況を生じさせるかもしれない操作に、考えが及ぶ。科学史をはるか昔まで遡れば、厄介な状況を処理する行為が、獲得された若干の習慣と結びついた、有機体の生体構造の反応のようなものである時代にたどり着くだろう。実験室で行われる、現在の探求のなかで最も精巧な技術は、こうした単純な、原初の操作を拡張し、洗練させたものである。その技術の発展は、大抵は物理的道具の利用に依存したのだが、その道具は探求がある地点まで発展したとき、意図的に発明されたのである。科学の分野において適当な操作を構築する歴史は、原理上、産業における操作の進化の歴史と異なるところがない。目的を達成するには何かを行う必要があった。そのために、様ざまな操作の工夫と方法が試みられた。成功と失敗の経験が、使われる手段を徐々に改良した。いっそう経済的で効果的な行為の仕方——つまり、いっそう容易に、いっそう不適切ではなく、いっそう曖昧でなく、いっそう安全に、望んだような結果を与える操作——が発見された。各々の前進の段階には、いっそうよい道具の製作が伴っていた。しばしば道具の発明は、発明のときには念頭になかった操作を示唆し、こうして操作の完成をなおいっそう推し進めた。したがって観念を規定する操作を決定するための、アプリオリな検証も規則も存在しない。操作自体が現実の探求過程で実験的に発展する。操作は人間が自然に行うことに起源をもち、行う過程で検証され、改良されるのである。

　質問に対する解答が形式的に与えられる限り、以上の通りである。行為の必要を生じさせる条件によって立てられた問題をうまく解決する結果が、元来「自然に」行われていた行為が、科学的な実験技術の操作になる場合の基礎を

第5章　作業する観念　　　　　　　　99

与えるのである。内容の点では、はるかに詳細な解答を与えることができる。
この解答のために、科学の歴史的発展に目を向けてみよう。そこには、曖昧で
厄介な経験的状況を明晰で解決された状況に変えるために、どんな種類の操作
がきちんと見つけ出されてきたかが、記録されている。この問題に立ち入るこ
とは、反省や探求のなかで最も発展した部門で実際に使われている概念の性格
を詳論することであろう。

　そのような議論は私たちの目的から離れるが、すべての科学的操作には共通
する一つの性格があって、それに注目しておく必要がある。科学的操作は関係
性を開示するようなものである。単純な事例は、長さが定められる場合の操作
である。それは一方の対象の末端を他方の対象の末端に、何回も置くというこ
とによって行われる。このタイプの操作は、特定の操作によって定められる条
件の下で繰り返されるのだが、それは長さと呼ばれる、二つの事物の相互関係
を確定するだけでなく、長さという一般概念を規定する。この概念は、質量と
か時間を定める操作のような他の操作と結びついて、物体間の多くの関係が確
立されるさいの道具になる。したがって空間、時間および運動の測定単位を定
める概念は、質的にはお互いにまったく似ていない、あらゆる種類の事物が比
較でき、同じ組織に取り込めるようにする場合の知的道具になる。最初の大ま
かな事物の経験に、練り上げられた技術の所産である、もう一つのタイプの経
験が付け加わり、その経験では性質よりも関係のほうが重要な題材である。こ
れらの結びつきは、最初の自然的経験の質的に多様で還元できない対象と同じ
ように経験される。

　性質は、その通りに目の前に存在し、静止状態でお互いに区分けされる。さ
らに性質をそのままにしておくと、それらの性質がどんな相互作用や関係に依
存して生じるかを示唆するように変化することはめったにない。水という属性
をもつ事物がどのようにできるのか、閃光がどのように発生するのかを、これ
まで観察した人は誰もいない。感覚知覚だと、性質は静止状態であったり、い
きなり分離したりするので、性質が存在するようになるさいに含まれる特定の
結びつきを示すことができない。意図的に条件を変更すると、これらの結びつ
きが分かる。結びつきについて考えることを通して、事物が理解されたり、真
に知られたりする。しかし科学的方法の十分な意味の理解は遅々として進まな

かった。長い間、定義は関係によってではなく、経験に先行して存在する事物の一定の属性を通して行われると思われていた。物理学の空間、時間、運動は抽象化された関係としてではなく、〈存在〉本来の属性として扱われた。実際、探求の二つの局面は相互に随伴し、相互に対応している。これらの局面の一つでは、質的対象にある一切のものが、生起したということを除いて無視され、当の個別的出来事の本性の記号としてだけ、性質に注意が払われる。つまり対象は出来事として扱われる。他の局面では、探求の目的は出来事を相関させることである。空間、時間、運動という科学的概念は、こうした出来事の相関関係の一般的組織を構成する。したがってそれらの科学的概念は、実験的技術の操作に二重に依存する。つまり質的対象を出来事として扱うという操作と、このようにして決定された出来事を相互に結びつけるという操作に依存するのである。

　しかし、こうした言明で、私たちは科学的思考の実際の動向を予想してきた。科学的思考自体の意味を認識するようになるには、長い時間が必要だった。現代まで、概念が妥当であるためには、扱われる対象に内在している、経験に先行して存在する本質的な属性に対応しなければならないという古い信念に照らして、科学的概念が解釈された。結びつき関係から独立しており、ニュートンによって実体に内在し、実体になくてはならないと見なされたいくつかの属性は、実際のところ、速やかに関係だと見なされた。この転換は、はじめに硬さと不可入性に関して起こった。それらは質量に還元できると見なされた。慣性力［vis inertiae］が質量の尺度であった。注意深い思想家によって、「力」は、ある事物が他の事物を変化させるような単独の事物に内在する属性としてではなく、加速度の尺度として、したがって関係を表す名前として扱われた。それにもかかわらず、アインシュタイン［Albert Einstein］の特殊相対性理論が公表されるまで、質量、時間、運動は、究極的な確固不動で独立な実体に内在する属性と見なされた。

　その変化に伴う事情については、考察するのを後ほどまで先延ばししておこう。ここで私たちに関心があるのは、次の事実である。すなわち、その変化が起こったとき、それはニュートンの自然哲学と科学哲学の基礎をひっくり返すような結果をもっていたにもかかわらず、論理的観点からは、科学的方法の発

第5章 作業する観念 101

展をつねに突き動かしている原理であったものを、はっきり承認したに過ぎなかったのである。こう言ったからといって、質量は速度とともに変化するという発見とか、光速についてのマイケルソン - モーリーの実験結果[訳注9]の発見の科学的重要性にケチをつけるものではない。そのような発見が、科学的概念の操作的あるいは関係的性格を認識させるために必要だったのは確かである。しかも論理的に、空間、時間、運動が、様ざまな機能をもちつつ数学的方程式に現れ、相互に等値な公式に翻訳される有様——性質そのものには、あり得ないこと——は、関係的な取り扱いが、つねに含まれていたことを示唆する。しかし人間の想像力は、大きな質量とか、比較的ゆっくりした速度という範型に基づいて形作られた観念に慣れてしまっていた。獲得された習慣から想像力を解放するためには、遠く離れた距離間の光の変化、限りなく小さい距離で起こる微細な変化と同様、高速での変化の観察が要求された。質量は速度とともに変化するという発見は、質量は別個独立の事物の明確な特徴だと想定——そのように別個独立であることが、質量が不変である、あるいは確固不動であると見なされる場合の唯一の条件である——し続ける可能性をなくした。

　科学理論の実際の内容に及ぼした影響がとてつもなく大きかったのは、無論のことである。しかしそれは、科学的知識の論理に及ぼした影響、また哲学に及ぼした影響ほどには大きくない。単独で確固不動の属性をもち、相互作用による影響を受けない不変の実体を放棄するに伴って、確固不動の性格をもつ、確固不動の対象に付属することによって確実性が達成されるという概念も放棄しなければならない。何故ならそのような対象の存在など見つかっていないだけでなく、実験的方法の本性そのもの、つまり相互作用である操作による定義が、そのようなものを知り得ないという意味を含んでいるからである。今後、確実性の探求は制御方法の探求に、つまり変化の諸条件を、それらの結果に関連させて規制する方法の探求になる。

[訳注9]　マイケルソン - モーリーの実験 (the Michelson-Morley experiment) とは、Albert Michelson と Edward Morley による実験を指す。19世紀当時、光の波動はエーテルを媒質とすると考えられた。光は宇宙の隅々まで照らすから、エーテルもまた、宇宙全体に普及しているはずである。しかしエーテルの存在を実験的に観察することは困難だった。彼らの実験は、エーテルの存在を確かめようとするものである。

理論的確実性は実践的確実性に、つまり道具的操作の安全性、信頼性に同化される。「実在する」ものは、随意に変化するか、随意に存続し続ける。これらは閃光と山脈の歴史の違いのように、特定の違いである。いずれにせよ、それらは知識にとって「出来事」であって実体ではない。知識の関心事はこれらの変化や出来事間の相関関係である——そのことは事実上、山脈と呼ばれる出来事が、そこに含まれる膨大な量の出来事からなる組織のなかに位置づけられなければならないことを意味する。これらの相関関係が発見されるとき、制御の可能性が手中にある。これらの相互関係についての言明である科学的対象は、制御の手段である。科学的対象は実在についての思考の対象であって、実在する実体に内在する属性の開示ではない。科学的対象は、とりわけ特定の観点からの実在についての思考である。つまり自然を相互に結びついた変化の組織と見る、最高度に一般化された自然観なのである。

　いくつかの重要な結論が生じる。観念の妥当性の検証が根本的に変わる。古典的伝統と同様、ニュートンの図式では、この検証は、相互に孤立した、したがって確固不動な、または変化しない究極的に実在する対象に属している属性で行われる。実験的探求にしたがえば、思考の対象の妥当性は思考の対象を規定する、操作の結果に左右される。例えば色は、いくつかの数によって考えられる。色の概念は、どの程度、これらの数によって未来の出来事が予測でき、色のついた物体の相互作用を生じる変化の記号として規制できるかに応じて妥当である。数は生じている変化の激しさと方向の記号や手掛かりである。数の妥当性の問題に関連するただ一つのことは、それらが頼りになる記号かどうかである。熱が運動の一つのあり方だということは、性質として経験される熱さと冷たさが「実在しない」ことを意味するのではなく、質的経験が位置と時間の単位を含む運動速度の単位によって測定される出来事として扱えること、したがってその経験が同じように定式化された他の出来事や変化と結びつけられることを意味する。測定や枚挙といった個々の知的概念の妥当性の検証は機能的である。つまり知的概念が役に立って、観察対象の実際の経験が制御されるような、相互作用の設定が可能になるのである。

　この事実とは対照的に、ニュートン哲学において測定が重要なのは、ある物体そのものの単独で固有の属性として、どれだけの属性がその物体に属してい

第5章　作業する観念　　　103

るかを、測定が開示すると思われたからである。哲学的に、この見解の結果は
対象の「実在性」を、まさにそのような数学的、力学的属性に還元することで
あった——そこから実在である物的対象と、性質と、楽しみ、使用という直接
的価値をもった経験の対象の関係という哲学的「問題」が生じた。エディント
ンは次のように述べた。「物理学的知識の全体は測定に基づいており」、また
「物体の属性を物理量によって述べるときにはつねに、様ざまな測量用の表示
器を、目の前にある物体に割り当てているのであり、しかもそれ以上のことは
何もしていない」[原注7]。

　一頭の象が下り坂を滑り降りるときに起こることを物理学的に定式化すると
いう、エディントンの精彩あふれる例が思い浮かぶ。象の質量は重量計の針の
示数である。丘の斜面は分度器の目盛りを背にした鉛直線の度数である。容量
は一対の測径器目盛りの連続的な示数である。色は光度計の示数であり、滑り
降りている様は時計の文字盤の連続的な示数である等々。

　二つの質的対象間の関係の測定の集まりからなる、したがってそれ自体は質
的ではない科学的対象が、日常的対象の「実在」と競合する、新種の「実在す
る」対象だと受け取られたり、間違って受け取られたりさえする可能性があり
得ないことは、あまりにも明らかなので、ほとんど言うまでもないように思わ
れる。しかし伝統的な概念を放棄するのは嫌なことだし、長らく注目してきた
非現実的な問いを、哲学者として放棄するのを望まないので、エディントン氏
でさえ、これらの科学的に測定された関係に、「心」が神秘的に導入したもの
である性質という衣装を、もう一度着せることが求められると感じたのである。
刑務所の囚人はしばしば番号をつけられ、割り当てられた番号によって「知ら
れる」。これらの数が実在する囚人であるとか、つねに二重の実在する対象が
ある、つまりいっぽうが数、他方が生身の人間であるような対象があるとか、
これら二種類の実在が調停されなければならないといったことは、未だかつて
誰にも思い浮かばなかった。実際には、測定によって科学的思考の対象を構成
する数は、囚人の数ほど恣意的に割り当てられるのではないが、哲学的原理の
点で違いはない。

───────────────

　[原注7]　*The Nature of the Physical World,* pp. 152 and 257.

ちなみに、エディントンは思考の対象の測定された属性について論じるさい
に、適当な装置によって測定された具体的事物の、およそありうるすべての反
応についての知識は「完全にその事物の環境に対する関係を決定するであろ
う」と述べる。ある事物が担う関係が、事物そのものの競争相手だということ
はありそうもない。積極的に言うならば、科学的に規定された物的対象は実在
する対象の複写ではなく、質的な対象が他の事物の——理想的には、どんな状
況下でも相互作用が起きうるすべての事物の——変化とともに担う変化の集ま
りについて、できるだけ数量的に規定した言明である。

　これらの相関関係は物理学的探求が知るものであるから、それらは物理学的
探求が知ることを意図する、あるいは目論むものだと結論するのは正しい。こ
れは、道理をわきまえた人ならば誰でも、自分が行うことから理にかなった予
想できる結果を意図しているという法律上の格率との類比である。近代哲学を
大いに悩ませてきた問題——科学の物的対象の実在を、日常経験の豊穣な質的
対象と調停する問題——は作為的な問題であると再三再四述べてきたが、それ
にもう一度戻る。活動的操作の一つのあり方である科学的知識が、現実に存在
する価値を下支えする行為のあり方の潜在的味方であることを理解するために
要求されるのは、ひとえに知識とは事物の内的本性の所有であり、事物が「あ
りのままに」経験されうるただ一つのあり方であるという、伝統的概念を放棄
することである。

　何故なら、ある変化が他の変化と明確に相関しているならば、その変化は他
の変化の指標として使用できるからである。あることが生起するのを見ると、
私たちは、それが何に依存するのか、またその存在がいっそう確かなものにさ
れるか、あるいは取り除かれるべきだとすれば、何が強められ、または何が弱
められる必要があるかについて、速やかに推論することができる。対象それ自
体は、硬い、重い、甘い、音を発する、快い、退屈な、等々として経験される
通りのものである。しかし「そこに」あるこれらの特性は原因ではなく結果で
ある。これらの特性それ自体は手段として使うことができず、目論見として立
てられるときには、それらをどのように確保したらよいのか、途方に暮れる。
何故なら単なる性質としては、それらの特性と他の諸事物との間に確認できる、
一定不変の、はっきり定まった関係など存在しないからである。もしそれらの

第5章 作業する観念　　105

特性を確固不動の属性と見なすのではなく、達成されるべきものと見なそうと
するならば、それらの特性を頼りになる出来事と見なすことができなければな
らない。どのようにしてそれらの特性が達成されうるかを判断できることを望
むならば、相互に結びついた一連の遷移的変化によって、私たち自身の行為に
よって始められるものにたどり着くまで、変化としての特性を他の諸変化と結
びつけなければならない。もし状況全体を理解した人が、質的な価値経験の制
御手段を工夫しようとするならば、実験科学が追求したのと同じ過程、つまり
実際の物理的知識の結果と同じ関係を、知識の結果が実施されるべき行為に対
してもつような過程を構想するだろう。

　明確な、または測定された変化の相関関係を通して、変化同士を記号や証拠
として結合できることは、制御の前提条件である。それができること自体は、
直接的制御を与えない。雨が降る確率の兆候として晴雨計の目盛を読んでも、
雨が降るのを止めることはできない。しかし目盛を読めば、私たちの降雨に対
する関係を変えることはできる。庭に植物を植えるとか、外出時に傘をもって
いくとか、船の航路を方向づける等々を可能にする。目盛を読めば、価値をさ
らに不確かなものにしない予備的行為に取り掛かることが可能になる。目盛を
読んだのに、今まさに起ころうとしていることが規制できないとしても、その
ことは、目的と結果の安定性に影響するように、今まさに起ころうとしている
ことの一局面を方向づけることができる。固有の意味での技術のような、他の
場合には、起ころうとしていることに対して有益な準備を行えるように、私た
ち自身の態度を変えることができるだけでなく、その出来事自体を修正するこ
とができる。ある変化や目立つ出来事を、他の変化や出来事の徴候として、私
たちの準備の手段として、このように使うことは、近代科学の発展を待っては
いなかった。それは人間自身と同じほど古いのであり、すべての知性の核心な
のである。しかし出来事過程を方向づけ、価値を確実に手に入れさせる力をも
つただ一つの手段である、そうした判断を正確に、また広範に行うことは、近
代物理学が手に入れた方法の使用に依存する。

　先ほど示唆したように、制御の程度は、相互に結びついた一連の変化を発見
する力量に左右される。そこでは各々の繋がり合った変化の対が、他の変化の
対に至り、私たち自身の行為によってなし遂げられる、最終的な変化の対の方

向に向かう。この後者の条件が、とくに科学的思考の対象によって成し遂げられるのである。自然科学は経験される対象が不均質であることを顧慮しないで、それらの対象を、一つの包括的な同質的図式の各部分にし、したがって一方から他方に翻訳したり転換したりできるようにする。音と色、熱と光、摩擦と電気のような、直接経験ではお互いに別個独立な広範な事物が、均質な題材であることが、近代の科学技術に見られる出来事の広範で自由な制御の源泉である。常識的知識は諸事物を記号として結びつけ、ここかしこで示唆された事物を、単独孤立の対として結びつけることができる。しかし常識的知識は事物のすべてを一纏めにして、任意のあるものから任意の他のものに移れるようにすることは、多分できない。空間、時間、運動の諸関係による定式化を通じた科学的対象の均質性は、まさにこの無際限に広範で柔軟な遷移を可能にする方策である。ある出来事がもつ意味は他の出来事がもつ意味に翻訳可能である。共通の尺度をもちつつ、諸変化がお互いにもっている関係によって定式化される対象の観念は、自然のある部分についての思考から、他の任意の部分の思考に移動可能にする、道幅が広く滑らかな高速道路を敷設する。少なくとも理想的には、自然の任意の場所で見出される任意の意味——または関係——から、他の任意の場所で期待される意味に移動することができる。

　こうした測定された相互作用による対象の思考と判断と、種と類の階層構造という古典的枠組みを比べてみさえすれば、どれほど多くのものが得られたのかが分かる。確固不動の種の本性自体は異なった目に属する種に関して排他的であるが、同様にその類に属している種に関しては包含的である。ある目から他の目へは通り抜けられる道ではなく、通行禁止の標識があった。古い習慣と慣習による制限から対象を解き放ち、対象を探求のための問題を形成するデータの集合に還元する実験によって開始された解放作業は、他の場所で進行中の変化と相互に関連した変化についての精確な計量的言明を結果として伴う操作を通して、対象を考察し規定する方法によって完成される。

　対象と全体としての自然を、計算で取り扱える量によって述べられる事実に分解して、赤はかくかくの多数の変化であり、緑はもう一つの変化であるというようにすることは、それが何を意味するのか理解できないときにだけ、奇妙で厄介なことのように思われる。現実には、それはこう表明しているのである。

第5章　作業する観念

つまりこれが効果的な物事の考え方である、また物事についての観念を形づくり、物事の意味を定式化する場合の効果的な方法である。その手続きは、ある商品が何ドル何セントの価値だと述べるさいの手続きと、原則的に変わらない。ある商品が何ドル何セントの価値だという言明は、その商品が文字通り、あるいはその究極的「実在」において何ドル何セントだということではない。ある商品が何ドル何セントの価値だということは、交換を目的にすると、それが商品を考え、判断するやり方だ、ということである。商品には他に多くの意味があり、通常、これら他の意味のほうが、本来は重要である。しかし商いに関しては、商品は価値があるもの、売れるものであり、その商品につけられた価格は、その商品が交換される他のものに対してもつ関係を表す。商品の価値を、その商品と交換されるトウモロコシやジャガイモや他のある特殊なものの量によってではなく、金銭のような抽象的な交換尺度によって述べる利点は、前者が限定的であり、後者が一般化されていることである。知覚可能な対象を測定する（またはそれらの対象についての観念を形成する）場合の単位体系の発展は、ある概念から他の概念に至る自由な運動が最大限可能であるような方法の発見とともに現れた。

　意図的な技術によって確立されるような、測定される量によって経験される対象の観念を形成することは、経験された対象は、このように考えられなければならないとか、それがただ一つの正しい対象の考え方だということではない。その定式化が述べているのは、ある観念から他の観念に至る一般化された、限りなく広範な翻訳の目的のためには、これが対象についての考え方だということである。その言明は道具についての説明に似ている。つまりしかじかのことが、数多くの至急の電報を同時に送る最良の方法だというような言明に似ている。それが現実に最良の道具である限り、その言明は正しい。それは他のどのような手段よりも、よく働くことによって証明されなければならない。それは絶えず修正され、改善されつつある。ある概念を他の概念に一般的かつ大規模に翻訳するという目的を除けば、「科学的」方法が最良の思考法だということにはならない。個別的な、ただ一つの経験の対象を得ることが結論である行為に近くなるほど、当の事物を専ら計量的な語句で考えることは少なくなる。診療中の医者は実験室の生理学者と同様に、一般的、抽象的な語句では考えない。

また実験室にいる物理学者と同様、特殊な応用から解放された現場にいるエンジニアも、一般的、抽象的な語句では考えない。事物の相互関係に関わる多くの思考法がある。概念としても、道具としてもその通りである。道具の価値は、それで何ができるかによって決まる。ある操作をうまく行うのに不可欠な高精度の顕微鏡は、他の必要な行いでは邪魔になる。時計のぜんまいは、マットレスに弾力を与えるのに役立たない。

　対象についての科学的思考法は事物の内的実在性を明らかにするとか、科学的思考法は他の思考法、知覚と享受のあり方に対して偽物の烙印を押すと、人々が推論するように仕向けられてきたことには、滑稽であるとともに困惑させるものがある。それが滑稽であるというのは、科学的概念は他の道具と同様に、一定の関心の実現——あらゆる思考の対象を、他のあらゆる思考の対象に、最大限、転換可能にすることの実現——を求めて、人間が自らの手で作るものだからである。それは素晴らしい理想である。興味を実現する手段を考案するさいに人間が示してきた発明の才は、さらに驚くべきことですらある。しかしこうした思考法は直接に知覚され、享受される対象のライバルでも代わりになるものでもない。それは古い手織りばたよりも衣服を編むのに効果的な道具である力織機が、衣服の代わりになるものでも、衣服のライバルでもないのと同じことである。力織機を実際に着ることができないという理由で絶望するとか悲しみにくれている人が滑稽なのは、自然的事物についての科学的概念の対象が、直接に経験される事物と同じように使えたり価値があったりしないという理由で、思い悩む人が滑稽なのと同じことである。

　その状況は困惑させるが、その局面の本質は、人類が、習慣化してしまった信念を、なかなかぬぐい去れないことにある。観念の、思考一般の検証は、その観念が導く行為の結果に、つまり存在するようになる事物の新しい配置のうちに見出される。そうしたことが、実験的認識における観念の位置と役割を観察することから引き出される、観念の価値に関する疑う余地のない証拠である。しかし伝統的には、観念の検証は、観念と、ある経験に先行する事態との一致だとされる。先にあるものから後に来るものへの、過去を振り返ることから未来を展望することへの、経験に先立つものから結果への、こうした見地と基準の変化は理解するのがきわめて難しい。したがって自然科学が対象と世界を、

第5章　作業する観念　　　109

しかじかのものとして記述するとき、その記述は実在自体についての記述だと見なされる。科学が私たちに示すような対象には、およそ価値特性が欠けているので、〈実在〉にはそうした特性がないと想定される。

　前章では、実験的方法は、対象をデータに還元するさいに経験される事物から性質を除去するが、この除去は、それが一部であるような全操作の観点から判断すれば、私たちがもって欲しいと思う他の性質を、経験の対象に付与可能にする制御の条件だということを見ておいた。同様に、思想、私たちの概念と観念は実行されるべき、または既に実行された操作の指示である。結果的に、思想、概念、観念の価値は、こうした操作の結果によって決定される。思想、概念、観念が方向づける操作が、要求される結果を私たちに与えるならば、それらは妥当である。思想の権威は、操作の実施を方向づけることを通して、思想が私たちを何に導くかに左右される。思想の本分は、対象が既に所有している性格に適合したり、それを再生したりすることではなく、示唆された操作を通じて、対象が何になる潜在可能性をもつかという点から、その対象を判断することである。この原則は最も単純な事例から最も複雑な事例まで成り立つ。この対象は甘いと判断すること、つまり実際に甘さを経験せずに、その対象に「甘い」という観念や意味を帰属させることは、それを味わうとき——つまり特殊な操作を受けるとき——、一定の結果が生じるだろうと予測することである。同じように、空間、時間、運動に関する数学的定則によって世界について考えることは、独立した、確固不動の本質を有する宇宙像をもつことではない。それは、いくつかの操作が遂行されるような素材として、経験可能な対象を記述することである。

　この結論が知識と行為の関係に対してもつ関わりは、自ずと明らかである。既に世界に存在するものを観念で複写するだけの知識は、写真の満足を与えるかもしれないが、それで終わりである。観念から独立して存在するものによって価値が判断されうるような観念を形成することは、（不可能だと思われるが、たとえ検証が適用されたとしても）自然の内部で進行する、あるいはそこで何がしかの影響を及ぼす機能ではない。実施されるべき操作の計画である観念は、世界の表面を変える行為で、不可欠の要因である。観念にきわめて大きな重要性と力を付与する点で、観念論哲学は間違っていなかった。しかし観念の機能

と検証を行為から切り離した点で、観念論哲学は、観念が構築的な役目を果たす地点と場所を理解し損なった。観念は存在するものや存在したものについての言明ではなく、実行されるべき行為についての言明であるという科学の教えを受け入れるや否や、真の観念論、科学と両立可能な観念論が出現するだろう。何故ならそのとき、知的には（つまり観念が与える美的な楽しみ以外。もちろん美的な楽しみは真の価値である）観念は、私たちが生きている世界を、小さかろうと大きかろうと、あるやり方で再組織するとか再構築する行為に合格する場合を除けば価値がないことを、人類は学ぶことになるからである。思想と観念が行うことから切り離して、それらを自己目的として（再び、美的な場合以外）賛美することは、最も頼りになる種類の知識——実験的知識——の教訓に学ぶのを拒絶することであり、責任を含んだ観念論を拒否することである。世の中には無分別な行為が多々あるという理由で、行為よりも思考を称賛するのは、偏狭で一過性の目的のために行為が生じるような世の中が存続する手助けをする。操作を行う手段として、実践的技術の一要因として観念を求め、それに固執することは、思考の活力がくっきりと見え、絶えることなく前進するような世界の創造に参加することである。一般的な論点に立ち戻る。科学的経験の例を、それ自身の領域で理解するとき、実験的であるときの経験は、規模が大きく、射程の大きい観念と目的が欠けていることを意味するのではないと分かる。実験的であるときの経験は、あらゆる点で観念と目的に依存する。しかし実験的であるときの経験は、それ自らの手続きのなかで観念と目的を生み出し、それ自らの操作によって、観念と目的を検証する。その限りで、観念と意味が称揚され、不断に生み出され、使用されるような、人間の経験の全面にわたる可能性の兆しが目に見えている。しかしその兆しは、経験を超えた実在という外部の出所から移入されるのではなく、経験自体の過程と一体なのである。

第6章　観念の自由な働き

　観念の本性、役目、検証の問題は、前章で論じた自然科学の概念の問題に尽きるのではない。数学的観念は自然科学の探求に欠かせない道具であり、数学的概念が自然存在に応用できることを説明しない、自然科学的探求方法の説明は完全ではない。数学的観念はつねに純粋概念の、経験に由来する素材で品質が落ちていない、思考本来の典型であるように思われてきた。連綿と続く哲学者たちにとって、自然科学の分析と定式化における数学の役割は、自然存在のうちには一定不変の合理的要素が存在し、そのために自然存在は自然以上だということを証明するように思われた。概念のこの役割は、経験的基礎に基づいて科学を説明しようとする、経験論者の躓きの石であった。

　哲学にとっての数学の意義は、自然的世界がこの超自然的と思われるような局面に、また自然的世界の知識における超経験的要因に限られない。純粋な思考の表現としての数学的概念は、自然的あるいは心的な存在から独立した本質の領域——最高の、つまり最も確実な知識の対象である、理想的で永遠の対象という自立した存在領域——に開かれた出入り口を与えるように思われた。前に注目したように、ユークリッド幾何学は確かに、形式的な合理的論理学が発展するための範型であった。それはまた、プラトンを超感覚的、超自然的な理想的対象の世界の説に導くさいの、めぼしい要因であった。さらに数学の手続きは、すべての反省的思考の論証的妥当性は、推論の要素など入り込まずに、無媒介的に知られる合理的真理に依存すると主張してきた人びとが、つねに主な拠り所としてきたものだった。何故なら数学は、本性上自明であり、理性の目に留まれば、そうだと認められる第一の真理や公理の基礎に依拠していると思われていたからである。数学的演繹において、論証不可能なもの、公理と定義の機能は、直覚的理性と推論的理性を区別するための根拠であった。それは演繹が、論理的に相互に結びついた純粋な本質——内的に結び合っている普遍——の領域が存在することを、説得的に証明するものと見なされたのと同様で

ある。

したがって概念とは操作の帰結を定めたものだという理論は、数学的観念それ自体のためにも、合理主義の論理学にとって、また本質と普遍あるいは不変なものの形而上学にとって基本的な哲学的問題に対する、数学的観念の関わりのためにも、数学的観念に関連させて展開する必要がある。私たちは物理学的な意味における数学的概念から始め、それから現実存在への応用から切り離されて発展した数学的概念を考察する。デカルトは自然的な現実存在を延長と定義したけれども、古典的伝統は心の器官のなかでは感官と想像力だけが物理的存在を指示するとしていたので、デカルトは、自然現象は実験に頼る必要がなく、純粋に数学的な推論によって科学的に述べられるという学説を正当化しなければならないと感じた。デカルトの神の存在証明は、物理学への数学的概念のこうした適用を正当化する目的に役立った。スピノザにとって、物理的存在と観念の対応関係を神によって立証する必要はなかった。何故ならその対応関係が神だったからである。思考自体のうちに現実存在を含むほど思考に優越性を与えるように修正されるとき、この対応関係はカント以後の観念論的体系を鼓舞する動機になった。

ニュートンは専門的哲学者というよりも科学者だったので、彼が考えたような仮定は、科学的手続きが要求し、その結論を保証するものだとした。よく知られているように、ヒューム［David Hume］の懐疑論（しかしニュートンの数学的空間、時間の形而上学に関する限り、バークリー［George Berkeley］によって予想された）は、カントが空間と時間を、すべての知覚的経験のアプリオリな形式と見なすようになるさいの主要な要因であった。カントは自分の学説が明々白々だと確信していたのだが、その根拠の一つは、それがニュートン物理学に支えられており、その物理学に確固とした基礎を与えるために必要だと、カントが考えていたことである。

しかし私たちに固有の目的にとって重要な考慮すべき問題は、ニュートンが（自然についての普遍的物理学で扱われるすべての事物概念に含まれる）空間、時間および運動の学説に関して、究極的な確固不動の実体の属性に関連して、彼が使っていると公言した経験的方法を、あからさまに放棄したという事実である。同時にニュートンは、物理的なものと数学的なものを、不変の「存在」

第6章　観念の自由な働き　　113

の二種類の固定した形相の相補的概念と見なした。質量、慣性および延長をも
つ原子に加えて、彼は空虚な非物質的空間、時間の存在を想定し、そのなかで
これらの実体が存続し、運動し、存在するとした。これら二種類の「存在」の
属性の結びつきが、経験的に観察される現象の属性と、合理的で数学的な属性
との結合を準備した——その結合はきわめて完全、きわめて密接なので、ニュ
ートンの体系を、その本質的枠組みにおいて、自然科学の決定版の候補にする
ように思われたのである。

　空間、時間および運動を「それらの感官に対する関係」から定義することは、
彼によれば「卑俗な偏見」である。現代のどんな物理学者とも同じように、彼
は知覚された形態での空間、時間および運動という現象は、観察者に対して相
対的な準拠枠において見出されることを知っていた。物体の空間、時間的運動
の観察可能な特性の相対性を逃れて、ニュートンは物体の位置が決められるよ
うな空虚な空間と、同じくそれ自体は空虚だが、変化がそのなかで起こるよう
な流動する時間という、固定した入れ物の存在を仮定した。この仮定から、原
子は観察者との一切の結びつきから独立して、それ自体で本質的に測定可能な
仕方で運動するという結果が出てくる。したがって絶対空間、時間および運動
は、個々の現象すべてが、そのうちで生起する不変の枠組みであった。

　こうした合理的絶対者の仮定は、質量、延長、慣性という、それ自体の固有
で不変な（あるいは本質的な）属性をもつ固定した実体という、ニュートンの
基本的な形而上学によっても要求された。硬くて質量のある究極的粒子が内部
の変化なしに存在し続けるとか、すべての変化が単に粒子の外部的な「分離と
連合」の問題だということを保証する唯一の根拠は、「分離と連合」がそのう
ちで生起するような空虚で固定したものが存在することであった。そのような
間に入る媒体がないと、粒子の相互作用は原子内部の変化に等しいであろう。
すると変化は原子相互の関係と直接の関わりがないので、変化の時間的順序は
原子自体と結びつけられない。原子が前と後とか同時性という固定した位置を
もつような均一に流動する外部的変化——現実にはまったく変化ではないのだ
が——がなければならない。観察される運動の速度と加速度は、絶対的な位置
と日付から分離されるので、もし観察された運動が観察者に対して相対的であ
るならば——物理学的枠組み全体の分離のために——運動もまた絶対的でなけ

ればならない。

　こうしてニュートンは、経験論を公言しながら、厳密な演繹的必然性という合理論的体系の恩恵を受けた。不変の時間、空間および運動は、数学的推論に付与されるような属性を、固有の属性を開示するものとして現象に与えた。物体の位置は幾何学的な点の集合として扱われ、物体の運動の時間的属性は、単なる瞬間であるかのように考えられた。観察されたすべてのものは、それを科学的に取り扱うにあたって、空間、時間の数学によって規定された設計書に、数学的に適合しなければならなかった。現代まで、出来事の同時性の決定という考え方が、アインシュタイン［Albert Einstein］によって異議申し立てを受けるまで、その体系は科学者から、少なくとも寛大な同意を受け続けた。

　二つの出来事が同一の観察領域内で起こるとき、同時性の決定については、もちろん問題がない。ニュートンは絶対時間を仮定していたので、同時性の測定は、同じ観察領域内で起こっていない出来事にとっても、精確な意味をもつと仮定した。アインシュタインの見たところ、この仮定が枠組み全体のアキレス腱だった。彼は同時性を決定する実験的方法——それがないと出来事がお互いに関連した日時を決められない——を要求した。彼は、純粋に一般的な原理に基づいてではなく、光の速度に関する特定の問題のために、その要求を行った。何故なら光の学説の現状は、公認の枠組みに基づいては解決できない食い違いを示していたからである。光の方向が観察され、光の速度が測定される場所に関連して観察される光の恒常性は、力学の根本原理、つまり斉一的な移行運動をもつ座標系のための準拠枠に関する力学の公準と一致しなかった。古い理論を維持し、マイケルソン－モーリーの実験の観察結果が妥当であることを否定する代わりに、アインシュタインは実験結果によって、どんな概念上の変化が要求されるかを問うた。彼が見たところ、同時性という概念を中心とする時間関係の測定が、決定的な要点であった。

　こうしてアインシュタインは次のように言った。「私たちは、特定の事例で物理学者が、二つの出来事が同時に起こったかどうかを、実験によって決定できるような方法を与えられる、同時性の定義を要求する」[原注8]。アインシュ

　　[原注8]　Einstein, *Relativity*, New York, 1920, p. 26. 傍点は原文にはない。

第6章　観念の自由な働き　　　115

タインは、それ自体では一つの観察範囲に含まれない二つの閃光が、二つの閃
光の光源のなかほどに置かれた鏡に反射されるような配置を提案した。そのと
き二つの閃光が同一の観察行為内に含まれるならば、それらは同時である。素
人にとって、その提案は何の変哲もないように思われるかもしれない。しかし
その文脈で理解すると、その提案の意味は、出来事の時間関係は、結果的に単
一の観察された現象の場を構成する操作の結果によって測定されるべきだとい
うことだった。その意味は、光速の不変性に関する事実と結びついて、閃光の
光源の地点に置かれた、厳密に同時刻を刻む二つの時計にしたがうと異なる時
間に生じた出来事が、同時かもしれないということだった。科学的な意味内容
の点で、これはニュートンの絶対者を退けることに等しかった。それが特殊相
対性理論の始まりだった。その意味は、局所的あるいは個別的な時間は物理学
の一般的な共通時間と同じではないということだった。要するに、その意味は、
物理学の時間は出来事の関係であって、対象本来の属性ではないということだ
ったのである。

　私たちの目的にとって重要なのは、自然科学に関する限り、そのことは、実
験的操作の観察結果から独立に、それらの対象に帰属される属性によって、対
象についての科学的概念を形作ることの終焉を示す、ということである。経験
に先行して存在する属性との一致が観念の価値や妥当性を決定するという趣旨
の、適切な概念形成方法についての以前の学説は、すべての哲学学派――パー
スのプラグマティズム学派を除けば――に共通の学説だったので、このように
して生み出された変革は、その結果生じた自然科学の意味内容の驚くべき発展
をも上回る射程をもつと言えよう。光についての発見が将来どのように展開し
ようと、あるいはアインシュタインの相対性理論の細部が、いつの日か信用を
失うことがあったとしても、真の革命が、後に戻ることがない革命が、科学的
観念の起源、本性、検証の理論に生み出されたといって過言ではない。

　数学的、物理学的概念の本性という特殊な主題に関して、妥当な結論は明白
である。何故ならアインシュタインの結論は、物理的存在としての絶対的な空
間、時間、運動を除去することで、物理学に現れるような空間、時間、運動に
ついての言明が固有の属性に関わるという学説を退けるからである。アインシ
ュタインの結論は、絶対的な空間、時間、運動を、出来事の関係を指示するも

のとしての空間、時間、運動という概念に置き換えさせる。そうした関係としての空間、時間、運動は、それらが一般的であるという点で、対象——それは結合と翻訳の一般体系における出来事と見なされる——を相互に関連づける可能性を生じさせる。関係としての空間、時間、運動は一人の観察者によってであれ、多くの観察者によってであれ、一方から他方への翻訳が行われるように、異なった時と場所で行われた観察を相互に関連づける手段である。要するに空間、時間、運動は、すべての思考とその対象が果たさなければならない仕事をする。空間、時間、運動は関連する操作を通じて、個別的な観察と経験の不連続性を相互の連続性に結びつける。空間、時間、運動の妥当性は、それらがこの機能を効率的に遂行するかどうか、という問題である。妥当性は先行して存在するものの属性との対応によってではなく、結果によって検証される。

　この結論を論理形式一般に拡張することが可能である。推論の妥当性に、いくつかの形式的制約があるという事実は、不変の「存在」領域を究極的に保証するものとして使われてきた。しかし数学的概念に関する結論との類比では、論理形式は、最も広範で最も確実な仕方で、多様な推論が相互に翻訳されたり、相互に利用可能にされたりすることが発見されるための手段についての言明である。根本的には、推論によって満足される要求は、特殊な諸事例が相互に孤立している限り、十分に適えられない。

　概念についての操作的概念と伝統的、正統的概念の違いは、実例を用いた類比によって示唆されうる[原注9]。ある国に訪れた人が、いくつかの品物が敷物、カゴ、槍などといった多様な目的のために使われているのに気づく。その人はそれらの品物のデザインの美しさ、気品、秩序によって心を打たれ、純粋に美的な態度をとって、それらは偶然に使われているだけだ、と結論するかもしれない。それらの品物を道具として使うのは、それらの本性を貶め、功利的な要求と便宜に譲歩することだ、と思うことさえあるかもしれない。「硬い心の

───────────

　[原注9]　「諸概念についての概念」という表現法は、その解釈が自らに適用されることを示唆するために使われる——つまり提起された概念は追求されるべき方法の指示でもある。馬を水飲み場に連れていけたとしても、馬に無理やり水を飲ませることはできない。もし示唆された操作ができないか、あるいはそうすることを断るならば、その意味を得ることは当然できないだろう。

第6章　観念の自由な働き　　　117

[tough-minded]」[訳注10]観察者は、それらを使うことが意図されていたし、その目的で作られたのだと確信するかもしれない。実際、その人は、そうした器具に転換するのに本来適した原材料があったに違いないと認めるであろう。しかしその人は、そうだからといって、そのものが作られた品物ではなく、元からあるものだとは信じないだろうし、ましてそれらの品物が元からある「実在」であって、加工されていない材料あるいは原材料が、それらの品物の模造品、あるいは不適当で珍奇な例示だとは考えないだろう。その人が、これらの道具の歴史を遡り、それらが当初、原材料に比較的近い形をしていて、節約とか効率のよさという点で徐々に完成されたのだと分かるにつれて、目的のために使われることに伴って完成されてきたのであり、先の操作と結果における欠陥を補正するために変化が採り入れられたのだと結論するだろう。他方、「軟らかい心[tender-minded]」をもつ、その人の仲間は次のように推論するかもしれない。つまり漸進的発展が示しているのは、徐々に、経験に接近しつつある、原初的、超越論的な範型、天に鎮座する原型があるということである。

　ある人は次のように論じるかもしれない。すなわち設計図は時間的過程を経て発展したのだが、それは独立して存在しており、歴史の運動が永遠の範型に少しずつ接近していくに過ぎない、秩序と調和と対称性の範型によって完全に決定されたのだと。その人は、個々の対象に例示されているものを除けば、そうした対象とは何の関わりもない、関係の形式的整合性の理論を精緻に仕上げるかもしれない。その人の仲間である硬い心の持ち主は、次のように言い返すかもしれない。すなわち、ある目的に役立つように作られた対象は、相互に結びついた諸部分の内部的な整合性を要求する、それ自身の明確な構造をもたなければならず、人工の機械が典型的な例である。また人工の機械は、先行して存在する条件と関係を利用する以外に作ることができないが、機械と道具は当の要求のために、いっそうよく働くように、先行して存在する事物を配列し直

[訳注10]　「硬い心」はジェイムズのことばで、「軟らかい心」と対概念をなす。「硬い心の人」とは、経験論的、感覚論的、唯物論的、悲観論的、非宗教的、宿命論的、多元論的、懐疑的な人を指す。反対に「軟らかい心の人」は、合理論的、主知主義的、観念論的、楽観論的、宗教的、自由意志論的、一元論的、独断的な人を指す。デューイの言及はジェイムズの次の著作による。*Pragmatism: A New Name for Some Old Ways of Thinking*, Longman, Green, and Co., 1907.

すのに応じて、その機能を十分に果たす。もしその人に思索的な傾向があるならば、内部の秩序と調和という私たちの理想そのものが、諸事物が結果に対する手段として役立つようにそれらを配列し直すという不断の必要の圧力を受けて形成されたのではなかろうかと、不思議に思うかもしれない。もしそれほど硬い心の持ち主でなければ、一定程度の内部の配列し直しと組織化が、効果的手段を求めるいっそう直接的な圧力の下で行われた後に、それ自らが内部的に調和している喜ばしい知覚が生じるだろうということ、また形式的関係を研究すると、それ以上特別に使用されることには何ら関連せずに、自己目的としての内部的設計図の改善を生じさせるような方法への糸口を与えるであろうことを、進んで認めるであろう。

　隠喩は別としても、美術作品の存在、美術作品を制作し、楽しむことへの関心の存在は、次のことを十分に証拠立てる。つまり完全に「実在」するのに人工物であるような対象が存在すること、美術作品を制作するには先行する条件を観察したり心に留めたりしなければならないのに、その対象は本来、前もって存在するものを再処理したものだということ、偶然に目の前に与えられた事物は、十分には実現されていない目的とか楽しみを示唆するということ、これらの示唆は、観念という形をとるとか、望んだ再配列が結果として得られるために遂行されるべき操作を示唆するという形をとるに応じて明確になること、である。ひとたび存在するようになったこれらの対象は、それ自身の性格と関係をもっており、元々の「自然的」対象に頼る必要性をあまりもたずに、芸術作品をさらに生み出すための基準と目的を示唆する。それらの対象は、いわばそれ自身の目的と規制原理をもった「領域」になる。同時に、芸術の内的発展が余りにも他のものから切り離されてしまうなら、この「領域」の対象は過度に形式的で、型にはまり、「伝統にとらわれた」ものになりがちである。したがって新しい重要な運動を開始するためには、元々の「自然的」対象に、繰り返し注意を払う必要がある。

　数学的対象は独立した本質領域を形成するか、ある経験に先行する——空間と時間と命名される——物理的構造に内属する関係であるか、それとも単なる心理学的な、「心的な」もののいずれかであって、それ以外の選択肢は存在しないという概念は、何ら事実に裏付けられたものではない。これらの選択肢で

尽きているという想定は、思考とか観念を単なる心的作用——つまり心の「内部の」作用——と同一視する、伝統的概念の生き残りである。意図的操作が生み出すものは、それらが構築される場合の意図に含まれる条件を満足するならば、客観的に実在し、妥当である。しかし人間の相互作用は、それらを生み出すことに貢献する一要因であり、それらは人間が使用することで価値をもつ。

　しかし、これまでの議論は「純粋」数学、数学的観念それ自体の問題には直接、触れていない。ニュートンの数学は、自称では非物質的だが物理的な存在、つまり現実に存在する絶対的な空間、時間、運動の数学であった。しかし数学者は、しばしば、彼らに特有の概念は、どんな意味でも現実存在ではないと見なした。後の発展（しかしそのなかでは n-次元「空間」説が典型的である）を詳述することは、私たちの目的にとって不必要であるが、その全体的傾向は純粋数学を純粋論理学と同一視することである。したがって哲学者のなかには、あらゆる現実存在から完全に独立した本質存在というプラトン的概念を復権させるように、純粋数学の存在を用いる者がいる。

　概念の本性は操作的であり、実験的という意味で経験的であるという学説は、「純粋な」数学的対象に適用されると失敗に終わるのであろうか。これに答える鍵は、公然と遂行される（あるいは遂行されると想像される）操作と、記号によって実行される操作の区別に見出される。公然と行為するときには、結果が生じる。その結果が好きでなかったとしても、やはりその結果は現実に存在する。私たちには、自らが行った結果が絡みついている。私たちは、その結果に耐えなければならない。あまりにも初歩的なので、馬鹿げていると思われるかもしれない問いを立ててみたい。どうしたら実際に存在する結末、結果をもたずに、念頭にある結果をもつことができるのだろうか。出来事を意図的に規制するという問題全体が、この問いへの答えと密接に結びついている。何故なら具体的事実である結果を経験しないで、念頭にある結果をもつことができなければ、行為の規制など不可能だからである。その問いは次のように述べられるかもしれない。どうしたら私たちは行為せずに、何かを行わずに行為することができるのだろうか。

　用語矛盾ではあるが、この問いの解決法を見出す前に、この問いを考えることが可能だったとしたら、その問いは解決できないとして、答えるのを諦めて

しまっていただろう。どうしたら活動の結果を予想して計画立案することができるのだろうか。しかもそれが結果を獲得したり回避したりする行為の実施に、方向性を与えるような仕方でできるのだろうか。その解決策は副産物として偶然に見つけられ、それから意図的に使われたに違いない。その解決策はコミュニケーションを通して、例えばかつては意図せずにうまく活動が方向づけられていたが、後になってはっきりと、その目的のために使われた人びとの叫び声を通して、社会の産物として生じたと想定するのが自然である。しかし起源が何であろうと、記号が存在するようになったときに、解決策が見出されたのである。身振りであれ、ことばであれ、もっと手の込んだ作りものであれ、私たちは記号を使って、行為せずに行為するのである。つまり私たちは、それ自体が記号に過ぎず、したがって私たちを現実の、あるいは現実に存在する結果に関与させない結果をもつ記号を使って実験を行う。もし一人の男が好敵手に発砲したり襲撃したりすれば、結果が生じる。つまり賽は投げられる。しかしその人が個人的に、記号でその行為を下稽古するならば、彼はその結果を予想し、察知することができる。そのとき彼は、予想されるもの、実際にはそこにないものに基づいて公然と行為したり、しなかったりすることができる。記号の発明や発見が、人間の歴史のなかで、これまで最大の出来事であったことは疑いない。記号がないと、知的進歩は不可能である。本来的に愚かである場合は話が違うけれども、記号があれば、知的発展に何の限界もない。

　長い年月、活動を単に場当たり的に規制するために、記号が使われたことは疑いない。記号は付随的に、またかなり直接的な目的のために使われた。さらに最初に使われた記号は、その働きに関して吟味されず、同意されてもいなかった。記号は便宜的に手近にあるものから、その時々に集められた。記号は、それ自身の特殊な仕事を効率よく行うのを妨げる、あらゆる種類の的外れな結びつきを伴っていた。記号は一つの機能を果たすように研ぎ澄まされてもいなかったし、多様な状況に対処するように行為を方向づける性格ももち合わせていなかった――記号は限定的ではなく、包括的でもなかったのである。適切な記号が創り出されないと、定義と一般化は無力である。世間一般の思考が曖昧で範囲が狭いという性格をもっているのは、元をたどれば、こうした事実にある。世間一般の思考の進歩は、日常言語の漠然とした、あやふやな本性によっ

第6章 観念の自由な働き　　121

て妨げられている。したがって第二の大きな一歩が踏み出されたのは、知的目的のためよりも社会的目的のために発展したことばがもっている、多くの的外れから解放された、特殊な記号が工夫されたときであった。それによって記号の意味は、その直接的な、偏狭な脈絡から助け出されたのである。このように偶然的に増えたものからの解放が、不細工で曖昧な思考の道具を鋭利で精密な道具に変えた。いっそう重要なのは、記号が偏狭で、すぐ目の前にある状況に適合する代わりに、直接的な公然の使用から一歩退いて、記号相互の関連で形作られるという事実であった。数学的記号を見さえすれば、その記号の指示する操作が、記号自体と同じ種類の他の記号、つまり記号であって現実のものではないことに気づかされる。専門的な記号の発明は、思考が常識的水準から科学的水準に上昇する可能性を示した。

　ギリシャ人による幾何学の形成は、おそらく、歴史的に、その推移を最もよく例証するものである。このエピソード以前、数を数えるとか計量することは「実践的な」目的のために、つまり身近な状況に直接含まれる使用目的のために使われた。それらは個々の目的に限定されていた。しかし的確な記号が発明され、その記号で表現されると、それらは、その限りで独立して吟味できる題材を形成した。それらの記号に対して新しい操作を実施することができた。そうした記号は、軽蔑的な意味ではなくて、遊べるものだった。そうした記号は直接に役立つ思考を節約する技術という観点からよりも、むしろ美術作品という観点から扱うことができた。美的関心の高いギリシャ人が、この取り計らいをした人びとだった。ギリシャ人が幾何学を創り出したことについては、「均斉のとれた形状についての美的鑑識眼に導かれた、設計技術によって刺激を受けたのだ」と言われてきた。つまり「そうした形状についての研究、タイルの形状、装飾的な縁取り、様式化された彫刻、塑像のようなものの実験的構築は、初期ギリシャ人に、きわめて多くの規則的な幾何学的形だけでなく、それらが様ざまに構築され、合成され、厳密に分割される場合の技術に精通させた。ギリシャ人は、彼らの先人とは違い、自分たちが企てたすべてを知的なものに転換したのである」。ギリシャ人は、試行錯誤して相互に関連した、形状の多くの属性を発見したので、そこから進んで、これらの属性を相互に、また新しい属性と相互に関連づけた。ギリシャ人はこの作業を次のように成し遂げた。す

なわち「形状についての思考から、すべての当て推量、現実の描き違いとか測り違いのような、すべての偶然的経験、絶対に欠くことができない観念を除くすべての観念を徐々に取り除いた。したがって形状についての科学は専ら観念の科学になった」[原注10]。

　具体的なものから抽象的なものへの知的移行が重要なことは、一般に認識されている。しかしそれは、しばしば誤解される。あたかもその移行が、既に感覚できるように現前していたり、記憶に現前したりする対象の全体から、ある一つの性質または関係を識別して注目することによって選択するという意味しかないかのように見なされることが、少なくない。実際には、その移行は次元の変化を示す。事物は、直接に使われる手段であるか、直接に専有され享受される目的である程度に応じて、具体的である。数学的観念は、穀物貯蔵庫を建てたり、土地を測量したり、品物を売ったり、操舵手が船を操縦するのを援助するためだけに使われたときには、「具体的」であった。数学的観念は個々の現実場面への応用と使用との結びつきから解放されたときに抽象的になった。このことが起こったのは、記号によって可能になった操作が、これもまた本性上、記号的な他の操作を容易にするとか方向づけることとの関連でだけ実施されたときであった。一区画の土地を測量するために三角形の領域を測量するのは具体的なことであり、記号的に指示される他の領域を測量する手段としてだけ、三角形の領域を測定するのは抽象的なことであって、両者は種類が違う。後者のタイプの操作は、概念として相互に関連づけられた概念体系を可能にする。こうしてその操作は形式論理学への進路を準備するのである。

　特殊的、直接的な状況における使用からの抽象と、観念の科学、意味の科学、つまり観念、意味の事物に対する関係ではなく、観念、意味相互の関係が思考の目標であるような科学の形成は、同時期に生じた。しかしそれは、誤って解釈される過程である。特定の応用から独立していることは、応用自体から独立していることに等しいと、たやすく思われる。それはまるで、道具の完成に取り組んでいて、道具の使用にはまったく関心をもたず、完成させる作業に関心をもち過ぎて、現在の使用の可能性を超えて、それらの道具が影響を及ぼす結

　[原注10]　Barry, *The Scientific Habit of Thought*, New York, 1927, pp. 212-213.

第6章　観念の自由な働き　　123

果に関心をもたない専門家が、それだから彼らは道具や設備とは何の結びつき
もない独立した領域を扱っているのだ、と論じているようなものである。とく
に、この間違った考えに陥りやすいのは、知的専門家の側である。この間違っ
た考えは、先天的合理論が生まれるのに一役買った。それは思想史において頻
繁に繰り返される、普遍を偶像崇拝する態度の起源である。まるで記号が事物
でもあるかのように——何故なら観念は思考の対象であるから——記号を通し
て観念を扱い、あらゆる種類の複雑で意外な関係のなかに、記号の相互関係を
見つける人びとは、まるでこれらの対象が事物や現実存在を少しも指示しない
かのように考える犠牲者になりやすい。

　実際には、その区別は現実に実施される操作と、単に可能的なものとしての、
可能的操作そのものの区別である。可能的操作が発展して、反省が相互の論理
的関係における可能的操作に移行すると、直接には決して示唆されないような
操作の好機が開けてくる。しかし操作の起源と、操作の結果うまれる意味は、
具体的状況を扱う行為のうちにある。公然たる操作の起源に関しては疑いの余
地がない。記録をつけるとか得点をつけるといった操作は、仕事にもゲームに
も見出される。仕事とゲームの複雑な発展は、そうした操作と、それに相応し
い記号がないと不可能である。これらの操作が数の源泉、あらゆる数の発展の
源泉である。記録をつけることを特徴づける、数えるという操作が、明確に測
量のために使われる、多くの操作がある。例えば大工とか石工の仕事は、どれ
ほど粗末であっても、寸法とか容量を見積もるためのある方策がないと、うま
くいかない。そのような事例で起こることを一般化するならば、手段としての、
資源としての事物を、目的としての他の事物に対して調整することが、是非と
も必要なことが分かる。

　計算と測量の起源は、そのような調整を無駄なく、効率よく行うことにある。
それらの結果は物理的手段によって、最初は刻み目をつける、ひっかき傷を作
る、結び目を作ることによって、後には数字とか図形によって表現された。目
的に対する手段の調整が実際に必要な、少なくとも三タイプの状況が容易に見
出される。材料を割り当てたり分配したりする場合、必要があると予想される
日に備えて在庫を備蓄する場合、不足しているものと余っているものを交換す
る場合である。同等、連続的順序、合計、単位部分、一致、代入といった根本

的な数学的概念は、すべてそのような状況を扱う操作に暗黙裡に含まれている。ただし記号相互に関して操作が行われるときに初めて、それらの概念が明確になり一般化される。

　経験論が数学的観念をうまく説明できないのは、数学的観念を、実行される操作とうまく結びつけられないからである。伝統的経験論は、その感覚主義的性格にしたがって、数学的観念の起源を感覚印象か、せいぜい、前もって物理的事物を特徴づけている属性から抽象されると思われるものに求めた。数学的真理の起源を説明するさいの、ヒュームとミルの困難は、実験的経験論には何もない。実験的経験論は、経験、実際の人間の経験とは行為する、操作を実行する、切る、区別する、分割する、拡張する、組み合わせる、結びつける、集める、混ぜる、貯め込む、分配する、一般的には事物を結果に到達するための手段として選択し、調整するという経験であることを認める。5分でも子どもを観察すれば、感覚は物事を行うさいに費やされる動的活動の刺激と記録としてだけ考慮されることが明らかになったはずなのに、ひたすら知識に没頭することによって催眠術にかかってしまった思想家だけが、経験を感覚の受容と同一視するようになった。

　学問としての数学の発展と、観念の論理学つまり操作相互の含意関係の論理学の成長に要求されるすべては、特定の使用目的に対する手段としてではなく、操作としての操作それ自体に興味がある、何人かの人びとが登場することであった。ギリシャ人の美的関心の影響下で起こったように、具体的応用から切り離された、操作のための記号が工夫されたとき、続いて他のことが自然に起こった。物理的手段、つまり直定規、コンパス、マーカーは相変わらず存在したし、物理的図形も相変わらず存在した。しかし物理的図形は単なる「表象」、プラトン的意味での似姿に過ぎなかった。物理的図形が象徴的に表す操作によって、知的な力を帯びたのであり、定規とかコンパスは記号によって表意される一連の操作を相互につなぎ合わせるための単なる手段であった。図形等々は個別的で可変的だったが、操作は、その知的な力という点で——つまりその操作の他の操作に対する関係という点で——一様であり一般的であった。

　現実の操作とは無関係な、可能的操作による思考への道筋がひとたび開かれたとき、人間の才能の限界以外には、発展を制限するものは何もなかった。一

第6章　観念の自由な働き　　125

般にその発展は二つの線に沿って進んだ。一方では、物理的探求の課題を実行
するために、特殊な知的手段が必要とされ、この必要が新しい操作と記号体系
の発明につながった。デカルトの解析幾何とかライプニッツ［Gottfried
Wilhelm Leibniz］とニュートンの微積分が、そうした事例である。そのよう
な発展は、歴史的に、例えば紡績機の一連の歴史と同じように経験的な、一纏
まりの題材を作り出した。そのような一纏りの素材は、それ自体で検討する要
求を引き起こす。その素材は、それ自身の内部に見出される関係に関して、注
意深く検分される。余計な操作が指示されても取り除かれる。曖昧なところが
見つけ出され、分析される。一纏まりの操作は、一定の構成要素に分解される。
裂け目と説明がつかない飛躍が、結合する操作の挿入によって補われる。要す
るに、操作の厳格な相関関係に関する一定の規準が発展し、それに応じて古い
素材が修正され、拡張される。

　しかもその作業は、単なる分析的修正というものではない。例えば平行線に
関するユークリッド幾何学の公準が論理的に曖昧だという発見は、以前には考
えられなかった操作を示唆し、新しい分野——超幾何［hyper-geometries］と
いう分野——が切り開かれた。さらに現実に存在する多様な幾何学の部門を、
いっそう包括的な操作の特殊事例として結びつける可能性（超幾何が切り開か
れたのと同じ事例で示される）が、いっそう高次の一般性をもつ数学の創造に
導いた。

　私は数学史をたどることには関心がない。指摘しておきたいのは、記号によ
って指示され、記号によってだけ実行される可能的操作という観念が、ひとた
び発見されると、明確性と包括性を絶えず増していく操作への道が開かれるこ
とである。記号操作の任意の集まりは、実行されうるいっそうの操作を示唆す
る。まさにこのことを目論んで、専門的な記号が形作られる。それらの記号に
は、偶然的な語句とか観念から区別される三つの特性がある。それらは一つの
相互作用のあり方、ただ一つのあり方を明白に指示することを念頭に置いて選
択される。それらはエネルギーを最大限節約して、一方から他方への移行が可
能であるような体系を形成する他の操作の記号と連結される。そしてその目的
は、これらの移行が、可能な限りどんな方向でも起こりうるということである。
1. 例えば「水」は、見る、味わう、飲む、洗うといったとりとめのない行為

を、一方が他方よりも好ましいとは特定せずに示唆する。それはまた、水を他の色のない液体から、ただ漠然と区別する。2. 同時に、「水」は限定されている。それは液体を個体とか気体というあり方と結びつけない。ましてそれは、水の構成元素である酸素と水素が入っている他の事物に、水の産出を結びつける操作を示唆しない。それは遷移的概念ではなく、孤立している。3. 水の化学的概念は H_2O と記号化されるが、それは「水」が満足することができない、1と2の要求を満足するだけでなく、次いで酸素と水素は化学元素の全体系と、また化学元素間の特定の化合物と体系的に結びつけられる。H_2O と定義される元素と関係から出発すると、複雑で多様な現象の全範囲と全領域を、いわばくまなく旅することができる。こうして科学的概念は思考と行為を、直接的な知覚と使用に見出されるような終局的性質から、これらの性質の産出様式に連れ出す。また科学的概念はこの産出様式を、最も経済的で効果的なやり方で、他の多くの「作用」因的条件に結びつける。

　現実の実行とは関わりのない操作記号による数学的概念は、抽象度をさらにいっそう推し進める。物理学で H にくっついている 2 を、純粋な数としての「2」と対照させてみるだけでよい。後者は、どんな特定の対象にも適用されないけれども、ありとあらゆるものに適用可能な操作的関係を指示する。そしてもちろん純粋な数としての「2」は、他のすべての数と明確に関係しており、しかも連続量との対応の体系によって、明確に関係している。数がすべての質的区別を無視するということは、お馴染みの事実である。この無視は、現実の実行から抽象された、可能的操作を扱う記号を構築した結果である。時間と知識が許せば、数が本質や現実存在の属性として扱われるのではなく、潜在的操作の指示記号と見なされるときに、数の論理に付きまとってきた困難とパラドクスが消滅することが、証明できるであろう。数学的空間はいわゆる物理的、経験的空間とは区別される空間の一種ではなくて、空間的性質をもつ事物に関して、理想的あるいは形式的に可能な操作に与えられた名前である。数学的空間は「存在」の一様態ではなくて、事物間の結びつきが経験的に固定されたものから解放され、事物相互の含意関係が可能になるような、事物についての考え方である。

　物理的概念と数学的概念は、「可能的」操作という語句の曖昧さに着目する

第6章　観念の自由な働き　　　127

ことによって、はっきり区別されるかもしれない。「可能的」の主な意味は現
実的、存在的に可能的だということである。どのような観念そのものも、現実
に存在するものではなくて、実行されうる操作を指示する。例えば砂糖の甘さ
という観念は、直接に経験される性質から区別される、味わうという可能的操
作の結果を示唆する。数学的観念は、もう一つの、二次的意味における可能的
操作の示唆であり、先に、記号相互の操作の可能性について語ったさいに表現
されたものである。この意味での可能性は、現実存在に関する実行の可能性で
はなく、諸操作相互の可能性である。その検証は非‐不両立性［non-incom-
patibility］である。この検証を整合性［consistency］と言表するのでは、そ
の意味をほとんど伝えていない。何故なら整合性は、ある意味と既に存在して
いる他の意味との調和を意味するものと解釈されやすく、その限りで限定的だ
からである。「非‐不両立性」は、展開が相互に対立しない限り、またはある
操作を言い換えると現実の対立を防げる限り、すべての展開が自由に行えるこ
とを示唆する。それは制限の規準ではなく、解放の規準である。それは自然選
択に比べられる。それは可能的展開を統制する原理ではなく、除去の原理なの
である。

　したがって数学と形式論理学は知的産業のなかで高度に特殊な部門を示して
おり、その作業原理は美術作品の原理によく似ている。それらの著しい特性は、
自由と厳格さの結合である——つまり新しい操作と観念の展開に関しては自由、
形式的両立性に関しては厳格である。偉大な芸術作品の特徴でもある、これら
の性質の結合は、一部の人びとにとって、その主題を大いに魅力あるものにす
る。しかしこれらの性質は現実存在とのすべての結びつきから数学的対象を引
き離すという信念は、科学的発見というよりは宗教的気分を表している[原注11]。

　重要な相違は、実質的と記号的という、操作可能性の二つの型の相違である。

――――――――――

[原注11]　「永らく続き、めったに中断しなかった絶対不変の存在についての研究は、人び
　　　との心に強力な催眠術的な影響を及ぼす……その研究が経験の他の部分から切り離
　　　し、存在の全体に加工する世界は、変わることのない、明白な永遠の秩序の世界で
　　　あり、冷静な知性が退ける必要のない唯一の〈絶対者〉である。こうして覚醒した
　　　思考の全体に、最終的な影響を与える確信が形成される。すなわち、この経験にお
　　　いて人間はついに、永遠で究極的な〈真理〉を発見したのである」。Barry, *Op. cit.*,
　　　pp. 182-183.

この区別が現実存在と本質存在という「存在」の二つの秩序のドグマにまで氷結してしまうと、形式的と実質的という二つの論理の型と二つの真理基準があって、そのうち形式的なもののほうが高次であり根本的であるという概念が生じる。実際には、形式の発展は実質的思考の特殊な派生態である。形式的発展は、究極的には実行される行為に由来し、記号相互の調和関係に基づいて、記号によって可能にされた、実行される行為の拡張を構成する。結局、形式論理学は専ら記号操作の分析を表す。それは外面的な意味ではなく、含蓄の深い意味で記号の操作である。数学的および（形式）論理学的観念についての、このような解釈は神秘的な観点に立つ場合を別とすれば、それらの観念を貶めるものではない。既述のように、記号は現実存在への埋没から逃れるただ一つの方法を与える。数学の自由な記号体系によって与えられる解放は、しばしば別の方法では達成できない範囲と洞察力をもった、現実存在に関して行われる操作に、将来的に立ち戻る手段である。物理的適用がまったく知られていない数学的観念が、時間が経過するうちに、新しい現実存在の関係を示唆するような事例は、科学史に満ちあふれている。

　本質（普遍的なもの、不変なもの）の本性について提示された理論は、記号操作が達成する条件を、伝統的に本質の本性に帰されてきた属性と比較することによって検証されうる。これらの属性とは、理想性、普遍性、不変性、形式性、演繹を可能にする含意関係の存在である。これらの性格と、相互に両立可能な操作によって規定される思考対象の性格には、一対一の対応関係がある。

　果たす機能のゆえに、その構造を示す機械の特性を指摘することによって、その対応関係に接近しよう。機械の構造は、明らかに感覚によってではなく、その全体が遂行する作業（機械が成し遂げる結果）との関連で、機械の諸部分が支え合う関係についての思考によって初めて理解できる。機械の真ん前にいると、感覚的には、騒音と形状に圧倒されるばかりである。操作と関連づけて形状が判断され、次いで行われる作業と関連づけて操作が判断されるとき、知覚される対象に明瞭性と秩序が出てくる。運動は孤立した状態で見られるかもしれないし、製品とか産物は孤立した状態で知覚されるかもしれない。運動と製品が相互に関連づけて考えられるときだけ、機械は知られる。この思考では、運動と部分は手段として判断される。それらは他のものに知的に関連づけられ

第6章　観念の自由な働き　　129

る。ある対象を手段として考えることは、それを関係において理解することである。それと相関的に、物理的結果［effect］は結果［consequence］——関係づけられたもの——として判断される。したがって手段 - 結果関係は、観念作用という意味で、正しく理想的と呼べるものである。

　つまり結びつきを作る相互作用としての操作自体は斉一的である。物理的、感覚的に、機械は摩擦や風雨に晒されるなどして変化するし、いっぽうで製品は変質する。過程は局部的であり、一時的であり、個別的である。しかし操作を規定する手段と結果の関係は、こうした変化にもかかわらず、同一であり続ける。それは普遍的である。ある機械はボールベアリングのような鋼球を次々に生産する。これらの鋼球はお互いによく似ている。何故ならそれらは同じ過程から作られたものだからである。しかし鋼球に絶対的精密さなどはない。各々の過程は個別的であって、他の過程と厳密に同じではない。しかし機械が設計される場合の機能は、こうした変化に伴って変わるものではない。操作は関係であって過程ではない。ある操作はお互いにまったく異なる、多くの過程と製品を決定する。しかし電話や裁断する道具であることは、その機能を示す多くの特殊な対象に関わりなく、自己同一的な普遍である。

　したがってその関係は不変である。その関係は永遠である。その意味は、その関係が時間を貫いて続く、あるいはアリストテレスの種やニュートンの実体のように永久不変ということではなく、思考において把握される関係としての操作が、公然と例示される諸例から独立しているということである。ただし操作の意味は、これら諸例が現実化する可能性のうちにだけ見出される。

　ある機械を特徴づける、手段としての事物と目的としての事物の関係は、もう一つの意味で理想的である。それは現実に存在する過程の価値を見積もる場合の基準である。具体的な機械の使い勝手が悪くなったり改良されたりすることや発明の価値は、ある機能の効率的な達成に関連づけることによって理解できる。機能的関係が抽象的に正しく理解されるほど、エンジニアは現に存在する機械の欠陥を明らかにし、その改良を企てることができる。したがって機能的関係についての思考は原型として働く。それは個々の機械に関して、原型のような性格をもつ。

　したがって理想的対象についての思考は、特性を表す内部構造、または形式

を決定する。現実に存在する事物は、この形式的構造に近似するだけである。効率100パーセントの蒸気機関について考えることができる。ただしそのような理想は、現実には、遠く離れていて近づけない。あるいはヘルムホルツ [Hermann Ludwig Ferdinand von Helmholtz][訳注11]のように、現実の人間の目がもつ欠陥が見出せないような、理想的な光学装置を考える人がいるかもしれない。目的に対する手段の理想的関係性は、たとえそれについて考えられず、まして実現されないとしても、その事例の本性によって決定される形式的可能性として存在する。それは可能性として存在する。そして可能性として、その理想的関係性は、形式的構造において必然的である。つまり効率100パーセントの機械という観念において充足され、達成されなければならない条件は、その事例の必然性によって措定される。そうした条件は、私たちがそれを理解できなくとも変わらない。したがって本質は、私たちがそれを考えることから独立した、また考えることに論理的に先行する「存在」だと見なしてよい。しかしこの事実には、しばしばそれと結びつけられる神秘も超越論的性格もない。それが意味するのはこうである。もし特定の結果を獲得すべきならば、この結果を確保する手段である条件にしたがわなければならない。もし最大限、効率よく結果を得るべきならば、その意図に必然的に関連する条件がある。

　こうした構造の必然性は、目的に対する手段として役立つ条件を満たす形式的関係と特徴づけられるが、それは演繹を可能にする含意関係の源泉である。工場のなかに入ると気づくのだが、例えば同じ基準の靴を大量に生産するという目的を達成する操作は、多くの工程に細分化されていて、各々の工程は最終工程に至るまで、その前の工程と、その後の工程に適合している。各々の機械と各々の工程は物理的に別々なのに、すべてがお互いに適合しているという事実には、奇跡も謎もない。何故なら、その企ての「合理化」を通して、機械と工程とが、この目的を遂げるように設計されたことを、人は知っているからである。

　知るという行為もまた、きわめて複雑である。経験が教えるところだと、知るという行為もまた、お互いに連続する関係をもつ、多くの別個の過程に分析

　[訳注11]　ヘルムホルツ（1821-1894）はドイツの生理学者、物理学者。

第6章 観念の自由な働き　　　131

することによって、最もよく行われる。これらの過程を制御すべき可能的操作
を記号で表す名辞と命題は、最大の明確さ、柔軟さ、豊かさでもって相互に導
出し合えるように工夫される。言い換えると、名辞と命題は含意関係の機能に
関連して構築される。演繹や論証はこれらの含意関係を展開する操作であり、
そうした含意関係は、道具が新しい条件下で使われるときに、しばしば予期し
ない結果を生むのと同じように、新しく予期しないものかもしれない。射程が
大きく、実り豊かな含意関係をもつ記号が考案される場合の構築力に、驚くの
も無理がない。しかしそれが思考の対象を超越的「存在」領域へと実体化する
ための根拠とされるとき、その驚きは本筋を外す。

　議論のこの局面は、すべての一般概念（観念、理論、思想）は仮説だという
ことに着目するまで、完全ではない。仮説を立てる能力は、人間を取り囲み、
人間に物理的、感覚的影響を与える存在に埋没することから解放されるための
手段である。それが抽象作用の積極的な面である。しかし仮説は条件的である。
仮説は、それが規定し方向づける操作の結果によって、検証されなければなら
ない。具体的過程を示唆し方向づけるために、仮説的な観念を使えば価値があ
ることが発見され、近代の科学史において仮説の操作が大幅に拡大したことは、
大いなる解放と、それに対応する知的制御の増大を示している。しかし仮説的
観念の最終的価値は、仮説内部の彫琢と整合性によってではなく、経験的に知
覚できるような存在のうちに、仮説が生み出す結果によって決定される。科学
的概念は経験に先行し、独立して存在する実在を開示するものではない。科学
的概念は明確な検証条件の下で案出された仮説の体系であり、仮説を手段とし
て、私たちと自然との知的、実践的な交流が、いっそう自由で、いっそう確実
で、いっそう意義深くなるのである。

　私たちの論議は、主として「合理論的な」解釈の伝統に関連して、概念の問
題を扱ってきたという点で、一面的であった。その伝統を強調した理由は、説
明の必要もないほど明白である。しかしこの話題を離れる前に、心に留めてお
くべきことがある。つまり伝統的経験論もまた、概念や一般観念の意義を誤解
したのである。伝統的経験論は、概念や一般観念はアプリオリだという学説に、
絶えず反対した。経験論は概念や一般観念を、現実の世界の経験と結びつけた。
しかし経験論は、敵対する合理論よりあからさまに、一般観念の妥当性の起源、

内容および基準を、経験に先行して存在するものに結びつけた。それによれば、概念は、既に知覚された個々の対象を相互に比較し、それから一致しない要素を取り除き、共通するものを保持することによって形成される。したがって概念は、既に知覚された対象と同じ特徴をメモしたものである。概念は具体的経験に散らばっている多様なものを一つに束ねる便利なものである。しかし概念は先立って経験された個々の素材との一致によって証明されなければならない。概念の価値と機能は本質的に過去を振り返ることである。そのような観念は死んでおり、新しい状況において規制的な任務を遂行することができない。観念は、「経験的」という語句が科学的なことと対立する意味で、経験的である——つまり観念は、多かれ少なかれ偶然的な事情の下で得られた結果の、単なる要約である。

　次章では、知識の本性についての歴史上の経験論と合理論の哲学を系統立てて考察することに努めよう。この主題に進む前に、当面の論議で到達した、比較的重要な結果について総括して、結論としよう。第一に観念、思考の能動的、生産的な性格は明らかである。観念論の哲学体系を動機づけている欲求は正当である。しかし思考の構築的な任務は経験的——つまり実験的である。「思考」は自然から切り離された知性や理性と呼ばれるものの属性ではない。それは方向づけられた公然たる行為の一つのあり方である。観念は、予め存在するものの条件を具体的に再構築するさいに効力を発揮する、将来を見越した計画と設計である。観念は〈存在〉の究極的でアプリオリな特性に対応する、心の生得的属性ではないし、経験を可能にするように、経験に先立ち、大規模に、また一挙に感覚に押しつけられるアプリオリな範疇でもない。観念の能動的な力は実在である。しかし観念とか観念論は、具体的な経験的状況で効力を発揮する。観念の価値は、それらを作動させた後の特定の結果によって検証されなければならない。観念論は実験的なものであって、抽象的、合理的なものではない。それは経験される必要性に関係づけられ、経験される対象の実際の内容を作り直す操作を企てることに関わる。

　第二に、観念と観念論はそれ自体、仮説であって終局的なものではない。観念と観念論は、遂行されるべき操作と結びつけられることによって、操作に先立って存在するものによってではなく、これらの操作の結果によって検証され

第6章　観念の自由な働き　　133

る。以前の経験は、観念を喚起し、思考が考慮しなければならず、また思考が勘定に入れなければならない条件を供与する。以前の経験は望むものを達成するための障害とともに、それを達成するために使われなければならない情報源も提供する。概念と概念体系、目論見と計画は、既に使われているものが弱点とか欠陥とか積極的価値を示すと、できるだけ速やかに、絶えず作られ、また作り直される。それらがしたがわなければならない、予め定まった過程というものはない。観念によって意識的に導かれた人間の経験は、それ自体の基準と尺度を進化させ、そうした手段によって構築された各々の新しい経験は、新しい観念と理想のための好機である。

　第三に、行為が観念の核心にある。実験的な認識が、心とその器官についての哲学的学説の範型を与えると見なされるとき、昔から続いている理論と実践の分離が取り除かれる。それが明らかにするのは、認識それ自体が行為の一種であること、漸進的にまた着実に、自然存在に意味を付与する唯一の行為だということである。何故なら思考を特徴づける操作によって生じる、経験される対象の結果は、それ自体の、蓄積され、組み込まれた意味の一部として、思考によって開示された他の諸事物に対する関係を取り入れるからである。それ自体で確固不動の感覚対象や知覚対象などは存在しない。経験が思考の影響を受けた結果である限り、経験の過程で知覚され、使用され、享受された対象は、それ自体のなかに思考の結果を取り入れる。そうした対象は、なおいっそう豊かで、中身の詰まった意味をもつようになる。この結果が実験的観念論の哲学の、最終的な意義を構成する。観念は操作を方向づける。操作は、観念がもはや抽象的な、単なる観念ではなく、感覚可能な対象の性格を決めるという結果をもつ。盲目的で、曖昧で、断片的で、意味の乏しい知覚可能な経験から、知性を満足させ、知性に報い、知性に養分を与える対象でもある感覚の対象への道は、実験的、操作的な観念を通る。

　本章の結論は、自然科学的な実験的探求で起こることの分析に依存する。言うまでもないことだが、広範囲な人間の経験、人間に特有な条件と目的に関することは、現状では自然科学についての検討が明らかにする結果と適合しない。到達した結論の専門的効力とは別に、その真に哲学的な効力は、まさにこの不適合にある。最も厳密さを要求されるタイプの経験が、対象を制御するさいに

使われる作業観念の驚くべき宝庫になったという事実は、それほど限定されていない経験の形態のうちに、未だ達成されていない可能性を示唆する。消極的には、その結果は、実験的探求の興隆以前に形成された、心と思考の観念、またそれらと自然的事物との結びつきの観念を、徹底的に修正する必要性を示唆する。そうしたことが現代思想に課せられた決定的課題である。積極的には、科学で達成された結果は、操作的知性の方法を、他の領域における生活の方向づけに拡張する可能性を考えてみるよう、哲学に強く迫っている。

第7章　知的権威の座

　究極的知識の源泉と検証は理性と概念か、それとも知覚と感覚かに関する論争は、思想史で最も長く続いているものの一つである。その論争は、知識の対象の本性と、それを獲得するために働く心的能力の両面から、哲学に影響を及ぼしてきた。知識の対象の面から、理性の権利要求を唱える人びとは、個体よりも普遍を上位に置いた。知覚に固執する人びとは、上下を逆にした。心の面から、ある学派は概念の総合作用を強調した。他の学派は、感覚の場合、心は対象自体を記録するさいに、対象の作用を妨害しないという事実にこだわった。その対立は行為と社会の問題にまで拡大した。いっぽうでは、合理的基準による統制が必要だと力説される。他方では、純粋思考の血の気の失せたよそよそしさに対して、欲求の力動的性質が、欲求充足の、強い個人的性格とともに強調された。政治的な面でも、秩序と組織の支持者、理性だけが安全を与えると感じる人びとと、自由、革新、進歩に関心を抱く人びと、個人の権利要求と個人の欲求を哲学的基礎として使う人びととの間に、似たような分裂がある。

　その論争は激しく、長く続いている。その結果、哲学者はお互い同士の論争で精力を使い果たしてしまい、彼らが現実問題に対して与えた指導は、かなりのところ、論争している諸党派を援助するためであった。その状況は私たちの探求に、さらに新しい問題点を提起する。実験的認識論は競合する主張と、どのような関係にあるのだろうか。提示された第一の論点は、知識の対象は結果として生じるということ、つまりそれは方向づけられた実験的操作の結果であって、知る行為の前に自足して存在するものではない、ということである。提示されるさらに新しい論点は、この変化に伴い、感覚的要因と合理的要因は首位を争う競争相手ではなくなる、ということである。それらの要因は知識を可能にするために協力し合っている盟友である。各々が切り離されているということは、各々が行為との有機的結びつきから切り離されていることを表す。理論が実践に対置されるとき、理論において上位を占めるのは感覚か知性かに関

して論争することには一理ある。方向づけられた活動は、過去の知覚の結果を超える観念を要求する。何故ならその活動は、未来に、まだ経験されていない状況に対処するために行われるからである。しかしその活動は、初めと終わりの両端で、無媒介的な知覚と享受を通じて、ただ直接的に経験できるものを扱う。

　この分野で論争している三つの主要学説は感覚主義的経験論、合理論、カント主義であり、カント主義では他の二つの学派では切り離されていた要因が歩み寄っている。カントの学説は今述べたばかりの学説、つまりもし知識があるべきだとすれば、知覚と観念の二つとも必要だと主張する学説に表面上、似ている。したがって、カントの学説から論じるのが都合がよい。類似点は、概念のない知覚は盲目であり、知覚のない概念は空虚であるという、カントのよく知られた言説によって示唆される。それでもやはりカントの学説は、実験的認識の分析結果とは根本的に違う。根本的な違いは次の事実にある。つまり実験的認識によれば、感覚と思考の区別は反省的探求の内部で生じるのであり、二つは公然と実行される操作によって結び合わされる。カントの枠組みでは、二つは元々、お互いに独立して存在しており、それらは人目につかず、心の隠れた奥底で一挙に実行される操作によって結びつけられる。感覚と思考の起源の違いに関しては、感覚質料は外部から印銘されるのに対して、結合する概念は悟性の内部から与えられる。感覚と思考は、意図的に、また制御された研究技術によってではなく、自動的にまた即座に結びつく。

　実験的観点から、認識の技術は一面では適切なセンス・データを選択する技能を、他面では結合原理あるいは概念的理論を要求する。認識の技術は、個別の事例で結論に達するように探求を援助する観察データと観念の二つを処理するような、発達し、絶えず進歩し続ける技術を要求する。しかしカントの見解では、観察データと観念の区別と結合は、認識と呼ばれるものには必要ではあるが、個別的な認識の企ての妥当性とは何も関係がない。科学的発見の最もまっとうな例が感性と悟性の総合の例になるのとまったく同じように、思い違いと誤謬が総合の例になる。ある場合に、問題全体の核心にあるのは、よい認識と悪い認識を区別する、異なった制御を実施することである。カントの枠組みでは、真なるものと偽なるものを区別することには関わりなく、範疇という有

第7章　知的権威の座　　　137

り難いものが、感覚質料に押しかける。

　その違いは次のように纏められる。1. 実験的認識において、経験に先行する存在は、つねに自然的原因のうちに端を発するが、その発生が制御されていなかったので、不確実で疑わしい、ある経験の題材である。最初の経験の対象は、有機体と環境の自然的相互作用によって生み出されるが、それ自体は感覚的でも概念的でも、二つの混合でもない。最初の経験の対象は、日常の検証されていない経験の質的素材そのものである。2. センス・データと解釈する観念は、探求の過程によって熟慮のうえ区別されるのであり、その目的は探求過程を適切に検証された結論、お墨付きを与えられた結論へと前進させることである。3. したがって区別された各々の項は絶対的でも固定的でもなく、偶然的であり試験的である。もっとよい証拠を与える観察データを見つけたときとか、科学が進歩して頼りになる、もっとよい指導的仮説が与えられるときに、各々の項は修正される。4. したがってデータとして、または規制的原理としての役目を果たすように選ばれた素材は、絶えずチェックし合う。いっぽうが前進すると、それに対応して他方が改善される。二つの項は、理解された、知られたという属性をもつ新しい対象を構築するにあたって、最初の経験的素材を再組織するように、絶えず協働し合っている。

　これらの言明は型通りだが、意味は難解ではない。どのような科学的研究でも、これらの言明の意味を例証する。天文学者、化学者、植物学者は分析されていない大まかな経験の素材から、私たちが生活し、享受し、行為し、楽しむような「常識的」世界の素材から、慣れ親しんだ星、太陽、月から、酸、塩、金属、木、コケ、成長している植物から出発する。それから研究過程は二種類の操作に分かれる。一つは明白に見え、触れられ、聞こえるものは何かを正確に決定する、注意深い分析的な観察という操作である。その問題に関する確かなデータは何か、理論的説明が考慮しなければならない証拠は何かを発見するための操作が行われる。他の操作は、この観察素材を解釈し、新しい実験の開始を示唆するのに使える観念を獲得するために、以前の知識をよく調べることである。こうした実験によって、さらに多くのデータが得られ、その実験が与える追加の証拠が、問題が解決されるまで、新しい観念と、もっと多くの実験を示唆する。研究者は知覚的素材と概念的素材を一般的に、あるいは大規模に

区別したりはしない。研究者は探求の各段階で、観察したものと、理論とか観念の問題であるものを注意深く弁別するのであり、そのさい、理論と観念を、さらに進んだ観察を方向づける手段として使い、その観察の結果は使用される観念と理論の応用を検証する。最終的に出発点である素材は、科学の一般体系に統合可能な、首尾一貫し、安定した形態へと再組織される。

　例えば患者が医者を訪問したとする。医者の出発点となる経験の素材が、それによって与えられる。それは、無益な想像を逞しくして、病人が様ざまな範疇によって組織されるセンス・データの集まりであると空想することを要求する。この経験された対象が探求の問題を設定する。聴診する、打診する、脈拍、体温、呼吸の記録をとる等々の、いくつかの臨床的操作が実行される。これらが症状を構成する。それらは解釈されるべき証拠を提供する。それらを観察する哲学者や論理学者は、それらの症状は元々の対象の一部であり、目の前にあるときに観察されるものだと理解する。その結果は観察されたり、観察できたりするすべてではないが、病気の本性に関して推論するのに関連性があると判断される、経験される全体のうちの一面であり、一部分である。観察はそれ自体で何かを意味するのではなく、開業医が使いこなせる限りでの、医学の体系的知識に照らして意味を与えられる。開業医は、困難の本性と、その適切な治療に関する判断に到達するさいに、助けてくれそうな観念を示唆するために、自分の手持ちの知識を使う。観察する分析的哲学者は、解釈素材を使って取りとめのないセンス・データが一つに結び合わされ、首尾一貫した全体になることに、また解釈素材自体は直接的に、感覚的に目の前にはないことに気づく。そこでその哲学者は、その解釈素材を観念的あるいは概念的と呼ぶ。

　センス・データはこのような観念の選択を方向づける記号である。観念が示唆されるとき、新しい観察が喚起される。センス・データと観念が一緒になって、医者の最終判断や診断、また手順を決定する。そのとき医療技術に関する手持ちの臨床的素材に何かが付け加えられ、後ほどの症状の観察が洗練され、拡大され、観念を引き出すための手持ちの素材がさらに拡大されるようになる。観察と概念的または一般的観念が協力するこの過程には、限界がない。データは決して、元々の対象の全体ではない。データは証拠とか兆候として役立たせるために選ばれた素材である。一般観念、原理、法則、概念は決して結論を決

定しない——ただし断片的観察を集めても、それが何を意味するのかを発見しようとしない人がいるのと同じように、他の場合には、熟練していない労働者が、前もって考えられた観念を仮説として使うのではなく、その観念が自分の決断を制御するのを許容する。

　この事例は実に単純であるように見えるし、実際に単純そのものなので、混乱と論争を作り出した条件を見過ごしてしまったように思われるかもしれない。しかし、こうした複雑化の出所は、心についての理論、感覚と知覚についての理論、理性、知性、概念、知覚についての理論が、実験的認識が興隆する以前の哲学において形作られ、確立されたことにある。このようにして生じた習慣から脱出して、ひたすら現実の探求に注意を向けるようにすることは難しい。『純粋理性批判』の精緻な骨組みとか、それが呼び起こした数えきれない注釈書に、医者や他のある具体的探求者の事例を対置させることは生意気なように思われるかもしれないが、私たちの描像の背後には、科学の現実の進歩をもたらした、ずっしりと重い実験的営みが控えている。

　もっと特定すると、カントの理論は真正で不可欠な区別を、現実の探求におけるその背景と機能から取り出しているので間違っている、と主張できる。カントの理論はその区別を、固定した大規模な区別へと一般化し、保証を与える検証された信念に到達するさいの、それらの特殊な役割を見失った。結局、人為的な複雑化が生じ、解決できない難問が作り出された。

　例えばセンス・データの断片的で、分離した性格を取り上げてみよう。個々の探求における脈絡から分離して理解されると、センス・データはこうした性格をもつ。したがってセンス・データが一般化されて性格一般になるとき、センス・データは結びつきをもたない「原子である」という学説が出てくる。この学説はカント主義とともに、感覚主義と新実在論[訳注12]の諸形態に共通して

[訳注12]　「新実在論（new realism）」は、20世紀初頭にアメリカ合衆国で起こった哲学的立場であり、とくにロイス（Josiah Royce 1855-1916）の絶対観念論に対する批判として現れた。新実在論の主な主張は次の通りである。第一に物的対象、論理的・数学的対象の客観的実在性。第二に認識の自然主義的性格。第三に認識論的一元論、つまり認識は実在を直接把握する。第四に外的関係説。つまり関係項は関係から独立に実在する。観念論は関係項が、関係の体系のうちに定位されることによって知識の対象になるという内的関係説に立つ。新実在論は内的関係説を否定する。第五

いる。実際問題として、におい、味、音、圧力、色などは他から分離してはいない。それらはあらゆる種類の相互作用や関連性によって結びついているのであって、それらのなかには、経験する人の習慣的反応が含まれる。いくつかの関連性は有機体的なものであって、主体の身体的構成から生じる。他の結びつき関係は教育とか文化の慣習的状態のために習慣に染み込むようになった。しかしこれらの習慣的結びつきは助けになるというよりも、邪魔になる。習慣的結びつきのいくつかは見当違いであり、欺くものである。いずれにしろ、それらは当面する個々の探求で求められている糸口、証拠を与えることができない。結局、感覚的性質は、それらの日常的な結びつき関係から人為的に切り離され、探求者はそれらを新しい光の下で、あるいは新しい対象の構成要素として自由に見ることができるようになる。

　探求が必要とされていること自体、現に存在する状況が課した問題があることを示している以上、新しい結びつきが確立されるまでは、その状況について理解が得られるということは、あり得ない。したがってセンス・データの断片的で分離した性格は、センス・データに本来属しているものを記述しているのではなく、探求の進捗において、必要ではあるが過渡的な段階を示している。認識の目標を前進させるさいの身分と役目からセンス・データを分離させることは、それを他から分離した原子的存在の一種として扱う原因である。現実に行われる認識の企てから目を離さなければ、センス・データだけが証拠となる題材を与えることができるのは明らかである。感覚に現前していないものについての観念は証拠を解釈するが、観念は証拠を構成することができない。しかし科学の歴史全体が教えるように、直接的に、また元々の状態で観察された素材はよい証拠素材を与えない。前述したように、古代科学の本質的な間違いは、予め人為的に分析していない観察対象を推論の基礎に置けると思ったことである。ここから対象のいくつかの性質を単離する、特殊なタイプの実験的操作が必要になってくる。これらが専門的な意味でのセンス・データを形成する。

　したがって、概念、思考の素材をどれだけ集めても、どれほど概念体系を念入りに仕上げても、またどれほど体系内部で首尾一貫していても、それだけで

に多元論。これは関係項の関係からの独立性から帰結する立場である。

第 7 章　知的権威の座　　141

現実存在についての知識を与えることができないと主張する点で、伝統的経験論は正しかった。観念論には失礼ながら、思考から現実存在を導出することはできない。観念を示唆するには観察素材が必要だが、同じように観念を検証するにも観察素材が必要である。現実存在という点で言うと、感覚器官は観察素材を得るための器官である。しかし先に見たように、この素材は、それを生み出した操作と結びついて初めて、認識の目的にとって重要で、効果的である。単なる物理的な相互作用は、外部にある事物の相互作用と有機体の相互作用とを問わず、探求の素材、つまり問題を含む素材を形成する観察を生み出す。意図的に実行された操作だけが、またそれが生み出したものと結びついて注目された操作だけが、観察された素材に積極的な知的価値を与えるのであり、この条件は思考によってだけ満足される。観念とはこの結びつきの知覚である。非科学的な経験でさえも、それが意味をもつ限りは、単なる能動でも単なる受動でもなく、能動的なものとその結果、受動されたものとの結びつきを認知することである。

　経験論は、その後期の歴史になると、感覚的結果を「心的」または心理的状態、心的過程と同一視する傾向があった。この同一視は、これらの性質を見出せない科学の対象を唯一の実在的対象と見なすことから論理的に出てくるものだった。しかし現代の実在論者のように、センス・データは外部に存在するのであって心的ではないと主張しても、その論理的誤謬は改善されない。その主張は、センス・データが与えられる意図的操作から、またこれらの操作の目的と機能から、そのデータを切り離すことを繰り返している。したがってその主張は、今では本質と呼ばれる論理的対象の助けを求めることを必然的にする。なおさら重要なのは、現実の探求過程の制御には何の光も当てられないことである。何故ならセンス・データと合理的理解の対象は、反省的研究の手続きを規制する目的で、その研究の内部で区別されるのだということが、まだ理解できていないからである。

　もし「データ」や「与件」という語句の代わりに、当の性質を最初に「取り上げられたもの［takens］」と呼ぶことになっていたとしたら、知識論あるいは認識論の歴史はずいぶん違っていただろう。データは現実には存在しないとか、究極的「与件」——つまり非認識的に経験される題材全体——の性質では

ない、というのではない。しかしデータとして、それらは認識に刺激を与える、この全体的な元の題材から選択される。それらはある目的のために——つまり問題を明確に定め、設定し、そうして問題の解決への糸口を与えるような兆候や証拠を与えるために——弁別される。

　患者と医者の問診の例に戻るならば、明らかに、目の前にいる病人は「与件」であり、この与件は複雑であって、あらゆる種類の多様な性質によって特徴づけられる。すべての経験は本来、認識的であるという——伝統的理論とともにカントが行ったような——仮定だけが、患者の知覚は知識の一事例だという学説に導く。現実には、最初の知覚は認識に対して問題を与える。その知覚は認識の対象ではなく、知られるべきものである。そして認識において最初に行われるべきことは、目の前にある多数の性質から他の性質とは違い、問題の本性に光を当てる性質を選択することである。それらの性質が熟慮のうえで選択され、特殊な技術的操作によって弁別されるとき、それらはデータになる。これらが感覚的と呼ばれるのは、これらが生じるさいに感覚器官が役割を果たすからに過ぎない。そのとき、それらは原始的な存在命題の題材として定式化されうる。しかしそうだとしても、そのような命題一般の集合は存在しない。各々の探求はそれ自体の原始的な存在命題を生む。たとえそれらの命題が、その対象として、研究によって感覚器官の使用と結びついていることが明らかになる性質を共通にもつとしても、原始的な存在命題一般の集合は存在しないのである。さらにこれらの原始的命題は、論理的な意味でだけ経験的に原始的であることから区別されるのであって、それらの命題は仮言的あるいは条件的であるに過ぎない。この言明は、それらの存在が仮説的だということを意味するのではない。知覚は、適切に行われる限り、それらの存在を保証する。しかし探求における存在命題の身分は試験的である。自然科学の推論における多くの、おそらくは大半の誤謬は、当面する問題にとってデータではないものをデータと見なすことから生じる。データは確実に存在するが、それらは要求される証拠ではない。いくつかの点で、感覚性質の存在が確実なほど、推論にとってのそれらの意味は不確かになる。ある性質が知覚において、いやに目立つという事実そのものが過度に影響して、その性質が明白に現前していることを、明白に価値があることと同等だと考えるように誘うのである。探偵小説の読者なら

第7章　知的権威の座　　143

ご存じのように、与えられた「手掛かり」が余りに見え透いていると、調査す
る人間が欺かれてしまうというのは、よくある仕掛けである。本物の手掛かり
は普通、見えにくく、探し出さなければならない。すると、推論的探求におい
てセンス・データが条件的性格をもっているということは、それが結果によっ
て検証されなければならない、ということを意味する。センス・データが、当
面する問題を結果的に解決できるような操作を示唆するときには、それはよい
手掛かりや証拠である。

　これまでの章で明らかにされた、概念についての合理論的学説の批判を繰り
返すまでもないであろう。その学説は積極的真理——存在と知識では、関係と
か結びつき関係が必要不可欠であること——を表している。そしてその学説は、
関係と思考が結びついているという事実に注目した。何故ならいくつかの結び
つきは、経験された事物の素材のうちに、つねに見出されるのだが、これらの
経験された事物が問題を孕むとか、明確に知られていないという事実は、ある
通りに経験された事物には、重要な関係が現前していないことを意味するから
である。もし探求の反応が暗中模索で探し回るというのでないならば——もし
その反応が真に実験的であるならば——、これらの関係は予測されなければな
らない。そのような関係は考えられなければならない。それらは感覚的にでは
なく、概念的に目の前にある。それらは操作の可能的結果を表しており、しか
も可能的なものと考えられるものは同一である。感覚主義が探求における感覚
的性質の機能的役割と仮説的身分を無視するのと同様に、合理論は探求を方向
づけて個々の問題を解決するさいの概念の効用から、確固不動で独立したもの
を作り出す。

　歴史上の知識論に対するこの批判の目的は、単にそれらに不信の念を抱かせ
ることではない。その目的は、そうした誤謬の出所に注意を向けることである。
知識の役目は探求の操作とその結果に先立ち、またそれから切り離された存在
を把握することだと想定されるやいなや、またそのように想定されるときはい
つでも、これらの誤謬のどれか一つ、あるいは誤謬の組み合わせが生じるのは
避けられない。効果的な探求の操作に属している論理的性格が、探求に先行す
る現実存在のうちに読み込まれるか、知られる世界が、原子的に他から分離し
た諸要素からなる、粉々な多様性、つまりカントの「多様」に還元されるか、

それとも「観念論」的な種類のものであれ、「実在論」的な種類のものであれ、二つを結び合わせる、ある骨組みが考案される。

他方、知識の対象は予想的で、結果として生じるものであり、先行して存在していたものを再処理する推論的、反省的操作の結果であることが理解されるとき、それぞれ感覚的、概念的と呼ばれる題材は、知性的な結論に向けて探求を効果的に方向づけるさいに、補完し合うことが理解される。

これまでの議論で繰り返し話題にされて陳腐化したものを含んでいない、根本問題のもう一つの論じ方がある。現実には、伝統的理論はすべての反省的あるいは推論的認識を「説明」の事例として取り扱う。そして説明ということで意味されるのは、一見すると新しい対象や問題を、以前に知られていたもの、究極的には無媒介的、直覚的に、あるいは推論なしに知られると言われるものを、新しい対象や問題の諸要素と同一化することによって、その対象や問題を分かりやすく、明らかにすることである。伝統的理論では、「推論的」な知識、反省を含む知識は、それが妥当であるためには、無媒介的に知られるものに遡って照合されなければならない。推論的知識は、それ自身で信用保証することはできないし、またそれらに到達する過程自体で、その結果を検証することはできない。推論の結果と推論なしに知られるものとの同一性が、陰に陽に要請されている。その同一性を明らかにすることが証明を構成するのである。

この同一化がどのようにして生じるかに関しては、多くの異なった、対立する理論がある。同一化の操作は所与の普遍の下に所与の特殊を包摂する操作だという学説がある。それは分類的定義だという学説がある。それは知覚された質料がアプリオリな形相と同一化されることによって認識される、プラトン的想起の一種だという学説がある。それはカントにおける図式化の一事例だという学説がある。それは現在の感覚を、以前の感覚を賦活させるイメージに同一化させることだという学説がある。これらの理論は、理論そのものとしては大きく異なる。それらはお互いに調停することができない。しかしそれらすべてに共通した、一つの前提がある。それらすべてが前提にしているのは、反省的推論の結論は、もしそれが証明されるべきだとすれば、既に知られているものに還元できなければならない、ということである。それらの言い争いは、厳密には内輪もめ、家族喧嘩である。それらの違いは、反省の結論が本当に知られ

第7章　知的権威の座　　　145

たものであるために、同定されなければならない、最初に、無媒介的に知られていた対象の性格に関するものである。すべての学説が頭から当然視しているのは、およそ推論の結果が妥当な知識であるためには、既に無媒介に知られているものに還元できなければならない、ということである。したがってそれらの学説すべては、推論の結論で見出される知識の諸要素が、単なる言い換えの問題だと見なす[原注12]。

　実験的手続きがとりわけ重要なのは、どんな種類の同一化であっても、同一化という操作によって、推論の結果が確証されなければならないという概念を、きっぱりと、お払い箱にすることである。直接的知識（反省を含まない知識）の原始的なあり方を想定する様ざまな理論の根底にある前提を、反省的探求の結論だけが知られる実験科学の営みと比較するとき、著しく対照的な三つの点に気づく。第一の違いは、伝統的な理論がすべての反省的知識を、初期のいっそう確実な知識形態にまで立ち返る認識の一事例にすることである。第二は、伝統的理論には真の発見や創造的な新しさの余地がまったくないことである。第三点は、無媒介的に知られると言われるものに関する想定の独断的性格に関わる。それは反省の結果知られる対象の、実験的に検証される性格と対照的である。

　第三点から始めよう。推論を含む知識の結論は直接的、無媒介的に得られる知識に従属しなければならないとか、証明と検証のためには直接的、無媒介的に得られる知識に導かれなければならない、と述べられるとき、無媒介的、無謬的に知られるものに関する多数の理論によって、ただちに圧倒される。理論が多様で矛盾していることは、当の「知識」が、言われるほど自明なのかという疑念に根拠を与える。しかもその疑念には十分な理論的根拠がある。ある人

[原注12]　スチュワート・ミルの論理学は、感覚主義的経験論の古典的論理学である。しかしミルは、アリストテレスの規準が三段論法的推論に対して要求したのと同じ厳格な証明を、帰納法に対して要求した。これらの規準の本質は、推論の結果を感官に与えられた特称命題と同一視することにある。それはアリストテレスの場合、論証が特称命題を、それから独立に与えられた普遍命題に包摂することにあるのと同様である。既に言及したように、アリストテレスはユークリッド幾何学の影響を受けて、公理は自明な真理だと想定した。今や数学者は認識しているのだが、論証不可能なもの、定義不可能なものが数学的操作の出発点であり、出発点それ自体には意味も「真理」もないのである。

が、月食は竜が月をむさぼり食おうとすることによるのだ、と言うことによって、月食を「説明する」と仮定しよう。その人にとって、むさぼり食う竜は月が暗くなることよりも明白な事実である。私たちにとって、そうした芸当のできる動物が存在することは、疑わしい事柄である。そのような馬鹿げた事例を引き合いに出すのは不公平だ、と反対されるであろう。およそ哲学者で、竜が直接的で確実な非推論的知識の対象だと主張した者はいない。しかしそれでもなお、その例は目的に役立つ。

　知られるべきものは、他の何かとの同一化によって「説明される」。この他の何かを保証するのは何であろうか。もしそれもまた他の何かとの同一化によって知られるならば、無限後退になる。この後退を避けるために、私たちはどこかで止まって、あれこれの対象や真理は感覚的直覚によって、合理的直覚によって、意識の直接的決定として、またはある他のやり方で直接に知られると主張する。しかしそのような手続きは、ベンサム［Jeremy Bentham］が独断論［ipse dixitism］と呼んだものの本質以外の何ものであろうか。それは恣意的独断論以外の何ものであろうか。誰が監視者を監視するだろうか。知識を完成された結論に位置づける理論には、そのようなディレンマはまったくない。その理論はすべてのデータと前提の仮説的身分を認め、操作が繰り返されるときに、同じような結果を生み出すことができる操作に訴えて、正当化を求める。先行して存在するものは、それよりさらに先行して存在するもの等々に連れ戻されることによって立証される必要はない。先行して存在するものは、それらに望まれていることを行うならば、つまり先行して存在するものが、考慮中の問題の本性によって設定された条件を満足する、観察可能な結果に導くならば、真であり妥当である。

　この点の意義は、真の発見や真に新しい知識を扱うさいに、もっとはっきり現れる。伝統的理論の語法だと、推論とか反省的探求の場合、真の発見や真に新しい知識は不可能である。伝統的理論によれば、私たちは、新しく見えるものを以前に無媒介的に知られたものに同一化して初めて知る。結局、他のものからはっきり区別される個体、あるいは二度と現れない事物の特性は、知ることができない。他のものの一事例として扱うことができないものは、知識の範囲を外れている。個体の特性は知ることができない無理数なのである。

第7章　知的権威の座　　　147

　この学説によれば、反省的探求は法則の新しい実例、古い真理の新しい見本、古い種類の新しい構成因子に行き当たるかもしれないが、本来的に新しい知識の対象には行き当たらない。経験主義に関する限り、ロックの事例が示唆的である。彼の『人間知性論［An Essay on Human Understanding］』は、ありとあらゆる反省的な信念と観念を原初の「単純観念」に還元することによって、検証しようとする努力を続けているものであって、そのさい「単純観念」は推論の企てから切り離されて、誤りの余地なく知られる——この点で新実在論の多くは、なおロック的である。

　科学の歩みを見てみると、非常に違った物語が語られるのが分かる。科学の重要な結論は、既知のどんなものにも同一化されることを、きっぱりと拒否するものである。科学の重要な結論は、以前に知られていたものに同一化されることによって証明されなければならないのではなく、人びとが以前に知っていると見なしたものを修正する。物理学における最近の危機が好例である。光の速度が地球の運動の進行方向で測定されたときも、反対方向で測定されたときも、同じままであるという実験的発見は、以前の認識に基づくと、まったく説明できなかった。しかし科学者は、彼らの実験的操作の結果を、既知だと言われるものと同一化することによって「証明する」義務感を抱くよりも、知られた対象を構成するものとして受け入れた。科学的手続きにおける推論的探求は、結論が予想を裏切り、事実として受け入れられてきたものをひっくり返すような冒険である。これらの新しい事実が同一化される、つまり周知のものになるには、時間がかかる。新しいものを周知のものと同一化することは、疑いもなく新しいものに馴染み、それを自由に取り扱うことができるための前提条件である。しかし古い理論は、新旧の同一化という、この個人的、心理的な面を実質的に知識自体の検証に作り変えた。

　認識は再認識だという第三点は、同じ困難を別のことばで言い換えているだけである。第三点は、その困難の要点がよく分かるように提示されている。反省による知識の本質は、何ものかを、既に知られているものや既に所有しているものと同一化することだという理論は、馴染み深いという心理的特性、ある状況にいると落ち着くという性質を、知識と混同している。その考えが生じたのは、実験的認識がほんの偶然に、またふとした拍子に起こったとき、発見が

神々の贈与や特殊な霊感と見なされていたとき、人間が慣習によって支配されており、変化が現れると不安を感じ、未知のものに恐れを抱いていたときである。その考えが理論へと合理化されたのは、ギリシャ人が自然現象を合理的観念と同一化することに成功し、その同一化を喜んだときだった。ギリシャ人が喜んだのは、その合理化に含まれている調和と秩序の世界に、彼らの美的関心が満足したからである。現実には、その結果は誤った自然観を、ゆうに二千年間ヨーロッパに押し付けたのではあるが、彼らはその結果を科学と呼んだ。

　他の関連で見たように、ニュートン科学は、現実には、以前に使われていた対象を、一揃いの数学的な同一化の対象に取り換えただけに過ぎない。それは永遠の実体、本来的な数学的属性をもつ粒子や原子を究極の実在として措定し、反省的思考は、これらの属性に現象を翻訳するときに知識を生む、と断言した。したがってそれは、認識とは同一化の過程を意味するという理論を、そっくりそのままもち続けた。科学の進歩は実行される操作の選択に左右されるのであって、すべての細々とした現象が還元され得るほど、経験に先行して確実であり、また確固不動だと強弁される対象の属性には左右されない。人びとが、そのことを思い知らされる段階に至るまでに、実験的方法は二世紀以上を要した。この知識観は社会的、道徳的問題における思考を、未だに支配している。物理学の領域と同様これらの領域でも、私たちが意図的に構築するものを私たちは知るのだということ、万事は操作方法の決定と、その方法を検証する結果の観察に左右されることが分かったとき、社会的、道徳的問題における知識も、確実に、また不断に前進するようになる。

　これまで述べたことは、新しい知識を獲得するさいに、以前の知識は大して重要ではないことを意味するのではない。否定されているのは、以前の知識が無媒介的、直覚的である必要があること、以前の知識が推論的操作によって獲得される結論の尺度や基準を与えることである。推論的研究は連続的である。探求のある局面は次の局面に移行し、それは既に獲得された結論を使い、検証し、拡張する。もっと詳細に言うと、以前の知識の結論は新しい探求の道具であって、新しい探求の妥当性を決定する規範ではない。以前の知識の対象は、新しい状況に対して作業仮説を提供する。作業仮説は新しい操作を示唆する起点である。それは探求を方向づける。しかし以前の知識の対象は、反省的認識

第7章　知的権威の座　　　149

の前提を与えるために、論理的意味で、その認識に入り込むのではない。現実には新しい観察を行うための規制的、道具的観点であるものを、哲学者は前提と呼ぶ。古典的論理学の伝統が消えずに残っていて、哲学者にそう呼ばせるのである。

　新しい状況における自分の位置を確かめるために、私たちは既知のものを絶えず参照している。知識だと仮定しているものが、本当に知識なのかを疑う理由がなければ、その知識は正味の成果だと見なされる。もし知られた対象の妥当性を疑う根拠がないのならば、対象を知られた対象にするような操作を繰り返すのは、時間と労力の無駄遣いだろう。科学者だろうとなかろうと、大人なら誰でも以前の操作のお陰で知ったことを、頭にいっぱい蓄えている。新しい問題が生じたとき、それを素早く扱うために、習慣的に、既に知っていることを参照する。既知の対象は、それらを疑う機会が訪れるまでは、片がついており、保証されている。所与の状況は疑わしいが、既知の対象は保証付きである。したがって私たちは既知の対象を当然のこととする、それらを当たり前のこととする。それからもし既知の対象に疑問をもつならば、既知の他のことに頼る傾向がある。きわめて容易に見過ごされる（とくに確固不動なものへの愛着による確実性の探求において）のは、このように頼られる対象自体が、以前の推論的探求と検証の操作のお陰で知られたということであり、頼られる対象が指示対象として「無媒介的だということ」は、それが反省の保証された所産であることを示す。頼られる対象はそれ自体で確固不動なものとしてではなく、むしろ道具として参照されるということもまた、見過ごされる。その事例は、新しい状況の有様を扱うときに、以前に作られた道具を使うことに似ている。以前に作られた道具に欠陥があると分かったときに初めて、新しい道具が発明されるが、その場合には、それが元々作られたときの操作に頼る必要がある。

　既知の対象を受け取り、使うというこの行為は、実践的に正当化される。それは果物がどのように成長したのかと問わないで、それを食べることに似ている。しかし多くの知識論は、以前の操作のお陰で知られたものを回顧的に使用することが、知識自体の本性を典型的に示すものだと見なす。既知のことを思い出すことが、すべての認識の唯一の範型だと見なされる。今、回顧的に意識していることが知られる過程にあったとき、それは将来の見込みであり、探求

の結果生じるものであって、既に「与えられた」ものではなかった。そして、今回顧的に意識しているものは、新しい探求で認識的な力をもつのであり、その探求の目標と究極的対象は、今現在、将来の見込みである。既に知られているものを受け取ったり、それを指示したりすることは知識の事例ではない。それは道具箱からノミを取り出すことが、道具を作ることでないのと同じである。いくつかの知識論が、知られる対象を生み出す操作を、先行して存在する題材の公然とした再配置ではなく、単に心的あるいは心理的だと見なした（したがってある型の「観念論」に行き着いた）からといって、すべての知られた対象の媒介的性格を否定する理由にならない。

　こうしてもう一つの道を通って、伝統的知識論の基本的誤りは、問題状況を解決するさいの、探求の全過程のなかのある局面を切り離し、固定させることにあるという結論に導かれる。時にはセンス・データがそうした局面と見なされ、時には概念が、時には以前に知られた対象が、そのように見なされる。一連の操作的行為中の一局面が固定され、次いで他から切り離され、その結果、断片的な性格をもったまま、認識論全体の基礎にされる。

　反省的認識は確かに同一化を含んでいる。しかし同一性自体は操作的に定義されなければならない。同一性と同一化が決定される場合の操作の型があるのと同じだけ、それらの意味が多くある。ある対象をある種類の一員として同一化すること、ある植物をある種に属しているものとして同一化すること、つまり分類学的同一化がある。古典的な定義理論は、これをただ一つの正しい論理的定義のあり方だと見なした。歴史的な同一化、個体自体に関わる同一化がある。それらは連綿と続く時間の変化を貫いた個体の同一性を定義する。いっぽう他の型は純粋に静態的である。この種の同一性は、さもないと分離しているものに、時間的連続性を導入する操作によって確保される。それは発生的、生成的定義を生む。何故なら個体の同一性は――人物や国家や社会的動向の場合のように――以前には外部にあった素材を絶えず吸収し、組み込むことによって構成されるからである。それは先行して存在するものを再配置し、組織化する操作を要求する。推論という操作によって生み出される同一化は、この型に属している。それらの同一化は、新しい対象や状況を既知のものの諸項に還元することではない。伝統的理論は、あたかもそれらの同定が、静態的、包摂的

第7章　知的権威の座　　　151

な型のものであるかのように扱う。

　したがってこれらの理論には、推論的認識の結論に含まれる差別化と差異化、新しい要素を説明する術がない。認識という点から言うと、新しい要素は単に不合理なものと見なされなければならない。それに対して時間的成長過程を通じた同一化は差異化である。新しい、以前には外部にあった素材が組み込まれる。そうでないと、成長も、発達もない。すべての反省的探求は問題状況から出発する。そしてどのような問題状況も、手持ちの素材では結着をつけることができない。問題状況はその状況自体には見られない素材を導入することによって初めて、解決された状況へと進展する。想像力を働かせて全体を見渡すこと、既知のものと比較することが第一段階である。しかしこれは、ある公然たる実験的行為が行われ、それによって存在の編入と組織化が現れるまでは、完全な知識に至らない。単なる「心的な」訂正は、知識とは別物の思想という身分にとどまる。先立って与えられたものを再配置する操作を通じた同一化は、新たなものが付け加わった差異化の過程である。それだけが、同一性と差異［likeness-and-difference］を含む、本当の意味での総合である。

　客観的観念論は、「具体的普遍［concrete universal］」の学説のように、知識の対象には同一性と差異が共存すると主張した。しかし客観的観念論は、現実存在が公然と相互作用することが不可欠な、時間の内で進行する再構築という局面を無視した。

　知られる対象が実験的に決定されるということは、仮説の検証における実験の役割に関して、それ以上の意味を含んでいる。実験の価値は仮説を確証したり、反駁したり、修正したりするという事実に尽きる、と思われる場合が多い。探求者の個人的興味という観点からは、そうした解釈が成り立つ場合が多い。探求者は理論に興味があるのであって、その人が抱く理論との関係でだけ、結果として開示される事態を検分する。そのとき、探求者にとって実験的操作の結果の認識的価値は、仮説の主張に関して、その結果が提供する検証にある。しかし、そうだったとしても実証や反証が達成されるのは、実験によって問題状況が解決された状況に移行したからに他ならない。この展開において、新しい特徴をもった新しい個体的対象が明るみに出る。研究者の個人的興味とは別に、知識の客観的過程に関する限り、この結果は重要である。それに比べて仮

説の検証は派生的であり、偶然的である。新しい経験の対象の設定は、必要不可欠な事実である。一纏まりの科学的知識を全体として概観する人にとって、その知識の価値は、多くの仮説に対してそれが確証を与えることだと考えたりはしないだろう。一般的に見ると、全体としての一纏まりの題材の意義は、日常的経験の対象に深さを加え、幅広く豊かな意味を与えるという事実にある。

この結果が、反省的探求に対して与えることができる、ただ一つの理解できる目的である。それは反省的探求の過程で、仮説が次第に確かさを増してきたことを示す。しかし道具を使う活動の終局的対象は、道具を完成させることではなく、道具が成し遂げること、道具が作り出すものに見出される。ある観念に基づいて作業する人が発明に成功するとき、彼の観念は実証される。しかし実証は発明の目的ではなかったし、発明のさいに、実証の価値を構成するものでもない。病気の治療にさいして一定の仮説に基づいて診療する医者についても、同じことが言えるだろう。超の付く専門家だけが、うまく行った結果を、単なる理論の実証と見なすであろう。仮説自体は探求の手段であるから、仮説の実証が探求の意義全体を構成することはあり得ない。

後になって退けられた仮説はしばしば、新しい事実の発見に役立ち、このようにして知識を前進させた。粗末な道具はしばしば、何もないよりましである。これまで受け入れられた仮説で、重要な点で、後に誤まっていたことにならなかったものがあるかどうか、疑われることさえあった。現在使用されている最も貴重で、なくてはならない仮説の対象の多くが現実に存在するかどうかが、未だに問題にされる。例えば電子の存在上の身分は、未だに論争中の問題である。原子の本性についての昔の理論のように、仮説の価値が、その題材に帰された存在上の身分から独立であることは今や明らかであり、それどころか、存在上の身分に帰すことは的外れであり、その限りで有害である。既述のように、ニュートンの体系を超える進歩が可能になったのは、本質的属性に存在上の身分を帰属させることを取りやめて、概念を実行されるべき操作の指示と見なしたときだった。

こうした考察は、科学の歩みに対してしばしば向けられる——通常、あるドグマを護るための——軽蔑の態度に関して、実際上重要である。科学者は自分たちの理論に絶えず手を入れることに余念がなく、彼らが傾倒してきた理論を

第7章　知的権威の座　　153

拒み、それを新しい理論にとって代わらせ、それもまた時がたてば退ける、と
指摘される。すると、人びとが変わることなく信じ続けてきた、ある古いドグ
マよりも、不安定だと自認する科学を信頼すべき理由が求められる。理論の不
安定さが、使用される知的装置、紛れもなく仮説的な概念に影響することが、
見過ごされる。変わらずに存在し、廃棄されずに付け加えられるものは、一団
の具体的知識であり、もはや維持できない概念によって構築された一団の的確
な制御である。刈り取り機のために鎌が廃棄されたとか、機械化されたトラク
ターが、馬が引く草刈り機にとって代わったからといって、機械類の発明の進
化について反対意見をもつことなど、誰も夢にも思わないだろう。私たちが目
の当たりにするのは、結果を獲得するために使われる道具の改良である。

　今言及した科学批判に対する反批判は、これまで示した哲学的解釈のうちの
いくつかにだけ帰せられる。もし科学的概念が、（ニュートンの体系がそうだ
と見なしたように）真の〈存在〉と現実存在に予め備わっている属性を開示す
る程度に応じて妥当だとするならば、科学的概念が絶えず改訂されることに、
当惑させられるだろう。科学的概念のうちのどれか一つが妥当だという主張は、
疑惑の目で見られるだろう。もし科学的概念が実験的観察の操作を方向づける
手段だとしたら、またもし知識という属性が結論のうちにあるとしたら、そう
ではない。成果が残る、そしてこうした成果は知識の永続的な前進である。し
たがって、経験に先行する実在に関わると想定される理論と、結果を生み出す
ことに関わる実践との間にある伝統的な障壁が崩壊すると、理論の実際的結果
にケチをつけにくくなる。

　同時にそれは、大がかりな懐疑論的、不可知論的哲学が依拠してきた根拠を、
きっぱりと退ける。知識論が心や意識に属する器官によって組み立てられる限
り、その器官が、感性、理性、あるいは二つが結びついたものかどうかを問わ
ず、経験に先行する実在を再生または把握すると主張される限り、そのような
大がかりな懐疑論的哲学が存在し続けるだろう。現象論は、印象とか観念が、
知る人と知られるものの間に現れると主張する。感覚とか観念は、それらに先
立って存在するものを心に伝達するときにだけ妥当だと想定される限り、現象
論は、かなりの支持を集めるだろう。データ、観念、本質は認識の手段であっ
て目的ではないという根拠に基づいて、現象論は反論されうる。しかしデータ、

観念、本質が、公然たる行為を通して、経験に先行して存在するものを現実に再処理する手段としてよりも、単なる心的手段と見なされる限り、その反論は恣意的な強弁という性格を帯びるであろう。それは経験的に実証された結論というよりも、宗教的な言説であろう。

　知識だと思われているものに対する反証が示されるとき、その個々の細目について疑念を抱いたり、懐疑的であったりすることは、よくある。すべての知識は特殊な探求行為から得られるのだから、誤りがないことを自分で保証する知識などない。適当な証拠が欠けていて、特殊な問題について無知を告白する不可知論は、そうした状況ではよくあるだけでなく、知的に正直な行為である。しかしそうした懐疑論とか不可知論は個別的なものであり、特殊な条件に依存する。それらは全般的なものではない。それらは、認識器官がその任務を遂行するのに相応しくないという全般的な告発から生じるのではない。認識主観、つまり心や意識は実在を開示する固有の能力をもっており、またその能力は有機体と周囲の条件との公然たる相互作用から切り離されて作用すると想定する理論が、全般的な哲学的懐疑に誘うのである。

　「心的な」状態とか作用は事物を直接に知る器官ではなく、それらが喚起し方向づける公然たる行為を通して事物を知る器官であることが理解されるとき、事態は根本的に異なる。何故なら、これらの行為の結果が、いわゆる知識の対象を構成するからである。そしてこれらの結果は公共的であり、公開される。懐疑とか懐疑論は、問題状況を結着のついた、あるいは解決された状況に変換する結果を成し遂げるさいに使われる操作の適切さだけに結びつけられる。懐疑とか懐疑論は、無力で士気を衰えさせるものではなく、具体的な探求方法を改良するための好機である。

　再度、模範的な実験的認識の本質的要素を、人間の日常的な経験のあり方にもち込む可能性に関して立てた問題に戻る。規制的な目的と価値についての判断、利害関心の絡んだ重要な問題で行為を支配すべき信条が、概して伝統的ドグマ、権威ありとされるものからの強制の問題だという言明は、ほとんど論を俟たずに支持される。同様に明白なのは、このように与えられた人生の目的とか方針の価値に関して、懐疑論が横行していることである。懐疑論はしばしば、およそ規制的な目的とか基準の可能性に関して、完全な不可知論にまで拡大す

第 7 章　知的権威の座　　155

る。そうした事柄における人間の経験の歩みは、本質的に混沌としていると想定される。科学的探求の特殊な結論以上に価値があるのは、その探求が使用されるとき、観念の拡張と確実に検証される結果の規制を発展させる、理知的な実験的探求が可能だということが証明されることである。さらに実験的方法の拡大と転移が一般に可能だということは、確固とした事実というよりも仮説である。しかし他の仮説と同様に、その仮説は行為において試されるべきものであり、未来の人類史は、その試練の前に立たされているのである。

第8章　知性の自然化

　哲学を学ぶ者なら誰でも、知識論が陥った多くの袋小路と思われるものを承知している。四つの一般的な知識論の類型があり、各々の扱う題材は真の知識の対象だと主張して張り合っていて、決着がつけられるか、何がしかの方法で調停されなければならない。いっぽうの極には無媒介的な感覚与件がある。それは無媒介的であり、したがって存在の知識において最も確実な対象、つまり自然についての知識が出発点とすべき原材料だと言われる。他方の極には数学的、論理的対象がある。それら両極の間のどこかに、反省的探求の精緻な技術が生み出した自然科学の対象がある。それから日常経験の対象、私たちが生活している世界、日々の暮らし、楽しみと苦しみの観点から、私たちが生活している世界を形成する、世界の具体的事物がある。常識にとって、これらのものは、すべての認識の対象のなかで最も実在的ではないとしても、最も大切である。最近の哲学は、これら様ざまな種類の対象のなかで、知識領域を統括する正当な権利をもつのは何かということから出てくる問題に、次第に取り組むようになってきた。ある観点からは、各々の権利主張が最重要であるように見える。

　しかし、その問題は純粋に専門的な問題などではない。再三、言及してきたことなのだが、物的対象、つまり自然科学の終着点である対象が、実在する世界の本性を構成するという主張は、私たちの情愛と選択が関わる価値の対象を、不愉快なほど不利な地位に置く。数学者はしばしば、物理学の主張が十全の意味で科学であることに疑念を抱く。心理学者は数学者と物理学者双方と言い合うかもしれない。そして自然科学の探求に邁進する人びとは、人間の問題を扱う人びと、つまり歴史家とか社会生活の研究者の主張に疑念を抱く。それらの中間にあって、つなぎ目を形成する生物学的学科は、厳密な物理学と異なる原理と範疇を採用するならば、しばしば科学と称することを拒まれる。正味の実際的結果、次のような信念が生み出される。すなわち人間がことのほか関心を

抱くものから最も遠く離れた物事のうちにおいてだけ、科学は存在するのであり、したがって社会的、道徳的な問いと関心事に取り組むときには、真の知識に導かれるという希望を捨てなければならないか、際立って人間的なものすべてを犠牲にして、科学という称号と権威を取得するか、のいずれかである。

　これまでの議論を理解できた人びとは、実験的認識という観点から、すべての競争関係と、それらと結びついた問題が、たった一つの根元から出ていると聞いても驚かないであろう。そうした競争関係と、それらと結びついた問題は、真正で妥当な知識の対象は認識に先立ち、それから独立したものだという前提から出てくる。それらの関係と問題は、知識とは実在を把握したり見つめたりすることであり、知識に先行する状態を修正することは何もしないという学説──知識を実践的活動から切り離す原因となる言説──から出てくる。認識は外部にある傍観者の行為ではなく、自然的、社会的状況内部にいる参加者の行為だということが分かれば、知識の本当の対象は方向づけられた行為の結果のうちにある。この観点をとると、たとえそれが単なる仮説のつもりだったとしても、私たちが語ってきた難問と困難は消える。何故ならこの仮説に基づけば、意図した結果を生み出す、効果的に行われる様ざまな種類の探求活動があるのと同じだけ、多くの種類の知られた対象があるからである。

　ある探求活動の結果は、もしそれが仮にもよいならば、つまり探求を引き起こした条件を満足するならば、他のどんなものとも同じようによい、また真正な知識の対象である。何故なら認識の対象が結果であるならば、先行して存在する原型的な実在は、探求の結論が適合しなければならない原型ではないからである。結論があるのと同じだけ多くの種類の妥当な知識があるとまで言ってよいかもしれない。その場合には先行して存在する経験的状況によって立てられた問題を解決するために、特徴的な操作が使用されている。何故なら異なった問題を扱う操作は、厳密には二度と繰り返されず、厳密には同じ結果を決定しないからである。しかし論理学理論に関する限り、諸操作はいくつかの種類または類型に収まる。私たちが直接関わっているのは、これらの種類の妥当性に対する私たちの原理の関係である。

　問題を規定、設定し、糸口と証拠を与えるデータを決定しないと、問題は何一つ解決できないと主張することは、これまで言ってきたことを繰り返してい

第8章　知性の自然化　159

るに過ぎない。その限りで、信頼できるセンス・データを確保するとき、私た
ちは本当に知るのである。また、自然科学の問題を扱うさいの探求が組織的に
進歩するには、予測を可能にするように変化の相関関係が設定される、測定上
の属性を決定する必要がある。これらが自然科学の対象を形成し、もし私たち
の操作が適切であれば、それらの対象は真に知られる。可能的操作を相互に結
びつける記号を通して操作は発展し、その結果、数学と論理学の形式的対象が
与えられる。適当な操作の結果として、これらの形式的対象もまた、本当に知
られる。最後に、これらの操作やそれらの一定の組み合わせが、日常的に知覚
され享受される対象の諸事物と結びついて生じる問題を解決するために使われ
るとき、日常的に知覚され享受される対象そのものは、これらの操作の結果で
ある限り、それ自体、本当に知られる。私たちが知るときにはいつでも、つま
り私たちの探求が結論に至り、その結論が探求を引き起こした問題を解決する
ときにはいつでも、私たちは知る。この分かり切ったことで、話は尽きている
――実験的方法によって定めた型にしたがって知識論が形作られるという条件
での話だが。

　しかしその結論は分かり切ったことではない。その結論は確かに些細なこと
ではない。操作が関係する条件が複雑であるほど、操作の結果は沢山あり、豊
かである。結局、結果として得られる知識は、いっそう真ではないけれども、
いっそう豊かな意味をもつ。自然科学的知識の利点は、それが比較的少数の条
件、比較的範囲が狭く、比較的他から切り離された条件を、比較的精密で、比
較的技術的な操作によって扱うという事実による。物的対象についての知識と
最も複雑な人間的事柄についての知識には、原理上、何の違いもないが、決定
的な実際上の違いがある。特定の自然科学的知識の対象だということは、経験
された世界の明確な根本的関係を他の関係から識別し、それらの関係を、その
識別された性格のままに扱う操作の対象だ、ということに等しい。得られるも
のは大きい。しかしこのようにして知られる対象は、終局的だと自称しない。
生活と社会の現象を探求するための要因として使われるとき、それらの対象は
手段になる。それらは包括的であることをやめ、もっと複雑な現象を理解する
ための方法の一部になる。

　この観点から、常識的世界の対象（この意味は、愛と憎しみ、挫折と成就、

選択、奮闘、楽しみとともに、私たちが生きている世界ということである）には二重の身分がある。常識的世界の対象が、適切に方向づけられた探求の操作より先にあるとき、それらは知識の事柄ではない。それらは、たまたま起こった通りに経験される。したがってそれらは、探求に対して問題を、様ざまな範囲の問題を課す。しかしそれらの問題は、最も範囲が限定された事物、つまり純粋に物理的な事物が、うまく扱える最初のものだという本性をもっている。しかしいっそう豊かで、いっそう複雑な社会的、道徳的問題——もちろん、それらは物理的、生物学的条件を内含している——は、範囲が限定された認識のあり方によって可能になった操作の結果になることによって、異なった形に変えられる程度に応じて、同様に知識の対象である。それらは、他のもの以上に実在的ではないにしても、他のどんな知識のあり方よりも豊かで、重要な対象である。

　科学の特殊な結果は、いつでも日常生活の自然環境と社会環境に立ち戻る道筋を見つけているし、そうした環境を修正している。この事実そのものが、自然環境と社会環境を認識される対象にするわけではない。典型的な例は、自然科学が工場労働者に及ぼす結果である。工場労働者は一日の多くの時間、機械の単なる付属品になるかもしれない。自然科学は社会状況を変えることに効力を発揮してきた。しかし、それに対応して理知的な理解力が著しく増すことはなかった。自然科学の知識は狭い範囲の結果のために、技術的に応用されてきた。しかし自然科学を使う操作が、際立って人間的である価値を、人間的な利害関心のために変えるようなものであるとき、これらの結果に参加する人びとは、実験室の科学者の知識よりも真正で、もっと十分で、もっと深いような、日常的に知覚され、使用され、享受される事物についての知識をもっている。もし科学を、通常の専門的意味で定義するのではなく、目の前にある問題を適切に取り扱う方法が使われるときに得られる知識として定義するとすれば、医者、技術者、芸術家、職人は科学的に認識していると自称するであろう。

　これらの言明は哲学の伝統に反している。ただ一つの理由で、そうなのである。これらの言明は、知られる対象は思考や観察が、先立って存在するものと一致するからではなく、方向づけられた操作の結果として存在する、という考え方に基づいている。これらの方向づけられた操作に対して知性という名前を

与えてよいだろう。その理由は後ほど明らかになると思う。この語句を使うとき、知識の対象だと主張するどんな対象の価値も、その対象に到達するさいに使われた知性に依存すると言える。こう言うにあたって、念頭に置かなければならないことがある。それは知性が、諸条件を修正するさいに現実に実施される操作を意味するということであり、その操作には直接的および象徴的な観念によって与えられる、すべての指導が含まれる。

その言明は奇妙に聞こえるかもしれない。しかしそれが言おうとしているのは、どんな認識的な結論の価値も、その結論に到達するさいの方法に依存するのであり、したがって方法を完成させ、知性を完成させることには最高の価値がある、ということに過ぎない。科学者の仕事を、その人が自分の仕事について語るとき（そのとき科学者は慣れ親しんだ伝統的概念によって語りがちである）、その人が話すことばによってではなく、その人の行いによって判断するならば、科学者が目の前にある事柄についての認識的主張を、その主張に至るさいの方法に基づいて決定するという観念は、ほとんど苦もなく認められるだろうと思う。この学説の意味は単純である。しかしこの学説を、人びとの考え方を支配してきた学説と対比した途端、複雑になる。何故ならこれらの学説すべては、探求の操作から独立した〈存在〉のうちにある実在が、知られると言われるものの基準であり尺度である、という概念に基づいているからである。この関連で見ると、今提案した考え方は、私たちが最も大切にしている確信の多くを、まさに根底から変えるに等しい。本質的に違うのは、自然的、社会的な事物の世界の外部から対象を見つめたり把握したりする心と、他の諸事物と相互作用しており、またその相互作用が一定の仕方で規制されている場合に、それらを認識している参加者である心の違いである。

ここまでの議論では、実験的認識の一般的な型に依拠してきた。知識と知られる対象についての理論を、この型にしたがって作り上げるとき、その結論は必然的だと主張される。しかしその要点はきわめて重要であって、有り難いことに、最近の自然科学が到達した確かな結論の一つが、その結論を支持している。何故ならこの一つの結果は、決定的に重要な性質をもつからである。それは専門的には、ハイゼンベルク［Werner Heisenberg］の不確定性原理として知られる。ニュートンの宇宙体系の基本哲学は、正準共役量の原理［the prin-

ciple of canonical conjugates]^[訳注13]と呼ばれるものと密接に結びついている。
機械論的な自然哲学の根本原理は、任意の物体の位置と速度を（実際上そうで
はなくとも原理上）、ともに厳密に決定することが可能だということである。
運動として、変化する各々の粒子に対してこのことを知るなら、数学的につま
り厳密に、まさに何が起こるかを計算することが可能である。そのとき様ざま
な条件下にある粒子と物体の関係を表す法則や物理学的方程式は、個々の現象
すべてが従う、自然を「支配する」枠組みだと想定される。個別事例における
体積と運動量が分かれば、確固不動の法則の助けを借りて、後続する出来事過
程を予測できるのである。

　ニュートンの哲学は次のことを前提している。つまりこれらの位置と速度は、
私たちの認識から、私たちの実験と観察から独立して自然のうちに存在してお
り、また位置と速度を厳密に確定する程度に応じて、科学的知識が得られる。
未来と過去は、同一の完全に決定された、確固不動の枠組みに属している。観
察が正しく行われるとき、本質的属性が確固不動である対象の法則にしたがっ
て、この確固不動の変化の状態を、単に記録する。この立場に含まれる意味は、
ラプラス［Pierre-Simon Laplace］^[訳注14]の格言で表現される。その格言とは、
任意の一時点における宇宙の状態についての（力学的語句での）知識があった
としたら、宇宙の未来全体が予測――または演繹できる、というものである。
ハイゼンベルクの原理がひっくり返したのはこの哲学であり、その原理を不確
定性原理と呼ぶという事実に、その意味が含まれている。

　実際、批判者はニュートンの枠組みにある論理的不備に基づいて、それを攻
撃していた。ニュートンの枠組みは、任意の粒子の位置と速度が、他のすべて

[訳注 13]　「正準共役量の原理」。原文は "the principle of canonic conjugates" とあるが、通
　　　　　常は "the principle of canonical conjugates" である。ただし "canonic" と "canonical"
　　　　　は同義である。「正準共役量」は古典解析力学に出てくるものであり、ハミルトニ
　　　　　アンまたはラングランジアンと呼ばれる量を構成する独立変数の「組、ペア」、例
　　　　　えば位置と速度（または運動量）である。古典解析力学では、これらの「組、ペ
　　　　　ア」は原理的に、同時決定することができると考える。
[訳注 14]　ラプラス（1749-1827）は、フランスの数学者、天文学者。ニュートン力学の数
　　　　　学的定式化、星雲説で知られる。ラプラスは、自然が厳密に因果的に決定されてお
　　　　　り、初期条件、束縛条件が確定されれば、自然界の全事象が厳密に予測できるとす
　　　　　る決定論を展開した。

第8章　知性の自然化　　　163

の粒子から切り離して決定できることを最初に要請する。次にその枠組みは、これらすべての粒子同士の完全で連続的な相互作用があることを要請する。論理的には二つの要請は、お互いを無効にし合う。しかし含まれる原理が満足な結果を与える限り、この反論は払いのけられるか、無視された。ハイゼンベルクの原理は、相互作用が、任意の物体に対する速度と位置の精密な測定を妨げるという事実を、認めざるを得なくさせる。その論証は、現実に起こることを決定するさいに、観察者の相互作用が役割を果たすことを中心としている。

　ハイゼンベルクをその結論に導いた科学的データと数学的推論は専門的である。しかし幸いなことに、それらは私たちの関知するところではない。この問題の論理は複雑ではない。彼が証明したのは、速度を計量的に固定するならば、位置の指定には、ある範囲での不確定性があること、またその逆も成り立つことである。いっぽうが固定されるとき、他方は特定の確率の範囲内でだけ定められる。不確定性の要素は観察方法の欠陥と結びついているのではなく、本質的である。観察される粒子は、固定した位置や速度をもたない。何故ならそれは相互作用のために、とくにこの場合、観察行為、あるいはより厳密には、観察が可能になるさいの条件との相互作用のために、その間ずっと変化しているからである。何故なら影響を与えるのは、観察の「心的」位相ではないからである。位置か速度は、不確定性のあるいずれかの要素を考慮に入れずに、好きなように固定されるので、位置も速度も本性上、概念的であることが示される。つまり位置と速度は、予め存在するものの確固不動の属性にではなく、その存在を取り扱うための、私たちの知的装置に属している。測定のために粒子を他から切り離すことは、本質的には、後続する知覚経験を規制するための方策なのである。

　専門的には、ハイゼンベルクの原理は光現象の観察に関する最近の決定と結びついている。観察条件の役割に関する限り、その原理は単純である。誰もが認めるはずだと思うが、触ることによって対象を知覚するとき、その接触で触れられたものは、わずかに変化する。大きな物体を扱うさいには、この変化はそれほど重要ではないが、微小な物体を、それも高速で運動している物体を触るならば、その変化は無視できないであろう。この結果生じた位置のずれは計算可能だし、そのずれを見込むことによって、触れられた事物の位置と運動量

164　　　　　　　　　　確実性の探求

を厳密に決定することができる、と思われるかもしれない。しかしこの結果は
理論上のものであって、また別の観察によって確証されなければならないであ
ろう。最後の観察結果は無視できない。この結論の一般化に失敗したのは、お
そらく二つの事実によるものだった。最近まで物理学は、主に比較的大きな体
積と比較的低速の物体を扱った。これらの物体の経験が、任意の速度の微粒子
にもち越された。これらの微粒子は固定した、変化しない瞬間に位置を与えら
れる、数学的点として扱われた。第二の原因は、視覚が、触覚ほど明白には、
見られる事物との相互作用を含まないことである。

　しかし物理学が、高速で運動している微小な物体を取り扱うようになったと
き、状況が変わった。また、光の連続的な場や流れでさえ、観察も測定もでき
ないことが明らかになった。光は個別的対象、滴、小球、弾丸状のものとして
だけ観察できる。少なくとも一つのそうした弾丸状のものの存在が、例えば電
子を可視化するために要求される。そして見るという行為は、ある程度、観察
される対象の位置をずらす。位置のずれや上下動は、観察に含まれているのだ
が、観察によって測定することはできない。それはブリッジマンが次のように
言う通りである。「一匹の猫が王様を見たとする。しかし仮にも光が通過する
とすれば、少なくとも一つの光の小球が通過しなければならない。そして一個
の小球に対応する最小限の力学的反発が行使されないと、王様は観察できな
い」[原注13]。

　素人にとって、一見したところでは、その発見にそれほど大きな意味がある
と思われないかもしれない。その発見は、科学思想の内容に、肉眼で見えるす
べての物体には重要でない、僅かな定式化の変化を要求するだけである。しか
し、その根底にある科学の哲学と論理の変化は非常に大きい。ニュートン的体
系の形而上学との関連では、それはまさに革命的である。知られるものは、観
察行為が必然的役割を果たす産出物だと見なされる。認識は最終的に知られる
ものへの参加者であると見なされる。さらに、確固不動であり、したがって文
字通り厳密な数学的記述と予測が可能な存在の形而上学は、その土台が崩され

────────────

　　[原注13]　*Harper's Magazine* の 1929 年 3 月号の中の "The New Vision of Science" という
　　　　題の論説。

第8章　知性の自然化　　　　165

る。哲学的理論にとって、認識は、実践から切り離されたものではなく、特別
な方向性を与えられた活動の一事例である。心のなかに不変の実在を完璧に所
有することによる確実性の探求は、変化しつつある出来事過程を能動的に制御
することによる安全性の探求と取り換えられる。方法の別名である作動する知
性が、手に入れる価値が最もあるものになる。

　こうして不確定性原理は、古い知識の傍観者理論を追放する最終段階として
存在する。不確定性原理は、認識が世界内で進行する相互作用の一種だという
事実を、科学的手続きそのものの内部で認めたことを示す。認識は方向づけら
れていない変化が、意図された結論に向けて方向づけられた変化に転換したこ
とを示す。哲学には二つの選択肢だけが残されている。知識はそれ自らの目的
が挫かれるか、認識の目標は意図的に行われた操作の結果かである。ただし後
者の場合、操作は、それが実行されるさいの条件を充足しなければならないと
いう条件が付く。伝統的な考え方によれば、知られるべき事物は認識に先立ち、
またそれから完全に切り離されて存在するものであるが、この考え方に固執す
るならば、存在の認識に必要な観察行為が、前もって存在するものを修正する
という事実の発見は、認識が邪魔となって、それ自らの意図を阻まれたことの
証明である。もし認識が行為の一形態であって、他の形態のように最終結果に
よって判断されるべきだとすれば、この悲劇的結論は強要されない。根本的に
は、認識の営みが揺籃期にあったときに起源をもつ、心の理論と認識能力の理
論を、哲学が進んで放棄するかどうかという争点がもち上がる。

　不確定性原理に含まれる哲学的変化を承認したことによる、一つの重要な結
果は、私たちの自然法則観がはっきり変わることである。個々に観察された事
例が知識の基準になる。法則は、個別的対象が設定され、その対象の意味が決
定される場合の知的道具である。この変化は、ニュートンの体系が強い影響力
をもつようになって以来の思想を支配してきた理論を、一八〇度方向転換させ
る。ニュートンの体系によれば、科学の目的は法則を突き止めることである。
個別事例は、法則の一例に還元されるときに初めて知られる。何故なら、先に
見たように、ニュートンの哲学はギリシャの形而上学と深い関わりをもつよう
になることに夢中になっていたからである。ギリシャの形而上学によれば、変
わり得ないものが真実在であり、私たちの思考は、前もって確固不動のものと

166 確実性の探求

して存在するものの把握に近づくほど適切だったのである。

内容や題材において、ニュートン哲学は革命的変化をもたらした。それまで、不変の実在は形相と種からなると考えられていた。ニュートン科学によれば、不変の実在は時間的、空間的な確固不動の関係からなり、確固不動の究極的実体つまり原子の質量間の変化を厳密に数量化することによって表される。質量は速度とともに変化するという発見が、ニュートン科学の終わりの始まりであった。その発見は物理学の知識から、その究極的な永遠の係数と想定されるもの、配置や運動とは何の関わりもない係数、すべての相互作用が厳密に記述できるような係数を奪い取った。すべての「法則」は、これらの究極的で厳密な、存在の斉一性について述べたものであった。法則が変化を「支配する」かのように語り、変化が法則に「従う」かのように語ることには、多分比喩的なものが感じられた。しかし法則は自然存在の究極的な普遍の属性を述べるという概念、すべての個別事例、観察される事例は法則で定式化される、実在的世界が経験に先行してもつ属性の標本的実例に過ぎないという概念には、比喩的なものは何もなかった。不確定性原理は、質量の永遠の係数という想定は迷妄であるという発見に始まる科学革命を完成させた――その想定は、歴史的な語句で判断するとき、変わり得ないものが知識の真の対象だという古い概念の残滓であった。

専門的に述べると、新しい基礎に基づく法則は、観察可能な出来事発生の確率の予測を定式化したものである。法則とは、特定の確率の限界内で、誤謬の確率ではなく現実に発生する確率の限界内で、個別的状況――何故ならあらゆる観察される現象は個別的だからである――の予測の発生を可能にするほど十分に安定した関係を指示したものである。位置や速度は思い通りに固定できるという事実に示されるように、法則は本来、概念的な性格をもつ。法則を概念的と呼ぶことは、それが単に「心的」であるとか恣意的であるということではない。それは、法則が観察される関係ではなく、考えられる関係だということである。法則を構成する概念の題材は恣意的ではない。何故ならそれは現実に存在するものの相互作用によって決定されるからである。しかし法則の決定は、不変の実体の確固不動の属性への適合によって表示される決定とは、ひじょうに違う。現実に存在するものに効力を発揮する道具であるべきならば、万年筆

第 8 章　知性の自然化　　　167

から自動刈り取り機や機関車や飛行機まで、現実に存在するものを考慮しなければならない。しかし「考慮すること」、注意することは、既に存在しているものに、文字通り適合することとは、まったく別物である。「考慮すること」は、以前に存在していたものをある目的の達成に適合させることである。

　知識の最終目的は、新しい現象、知覚を通して現実に経験される対象を観察することである。したがって現象を支配すると想定される、不変の法則と思しきものは、具体的な存在と効果的にトランスアクションする様式であり、その存在と私たちの関係を規制する様式である。「純粋」科学における現実存在の使用と、技術におけるその使用には、原理的な相違は何もない。先に触れた医者の事例に立ち戻ってみればよい。ある病例を診断する医者は個別的なものを扱う。医者は既に掌中に収めた、生理学などの一般原理の蓄えに依拠する。こうした概念的素材の蓄えがないと、医者はどうすることもできない。しかし医者はその病例を、生理学とか病理学に関する、いくつかの法則の厳密な標本に還元しようとはしないし、その病例の他にない個性を取り除こうとはしない。むしろ医者は個別の病例がどのようなものかを発見する目的で、その病例の観察を方向づけるための手助けとして法則を使う。一般言明は知的な道具や手段として機能するのである。

　法則は出来事の観察の確率を計算する手段だという認識は、基礎的論理において、二種類の事例には何の相違もないことを意味する。知識の完全で最終的な実在性は、個別事例のうちで保持されているのであり、個別事例への意味付与に使われることから切り離された、一般法則のうちで保持されているのではない。こうして経験的または観察的な知識論が本来の姿になる。ただしそれは、伝統的経験論が想像したものとは、まるで異なったあり方ではある。

　人類はジグザグに進歩するとは、昔からある語り草である。事物に本質的に備わっており、厳密に数学的に述べられる本性をもつ属性に基づいた法則の普遍的支配という観念は、崇高な観念であった。その観念は、説明できないもの、神秘的なものが決定力をもつような世界、そうしたものが絶えず顔をのぞかせる世界という概念を一挙に追い払った。その観念は、偶然的、偶発的なものの代わりに規則性と斉一性という理想を打ち立てた。その観念は、不規則な多様性しか経験されない場所に、斉一性と恒常性を求める人びとには、霊感と手引

きを与えた。その理想は無生物の世界から生物の世界に拡大され、それから社会問題に拡大された。その理想は科学者の信条のなかでも、重要な信仰箇条になった、と言って差し支えないだろう。この観点からは、不確定性原理は知的な破滅であるように見える。不確定性原理は、前もって存在している確固不動の事物の属性を記述する、厳密で不変の法則という学説を放棄せざるを得なくするのであり、その点でその原理は、世界は知性によって根本的に理解可能だという観念の放棄を含んでいるように思われる。確固不動の法則が厳密な予測を可能にしないような宇宙は、古い観点からは、無秩序が支配する世界であるように思われる。

　その感情は心理的には自然である。しかしその感情は、知的習慣が私たちを支配していることから生じる。追い払われた伝統的な考え方は、実はかくあるべしという世界像として、想像のなかにいつまでも残っている。私たちの心のなかにある世界像と事実が一致しなくなったので、私たちは不安なのである。実際問題として、一歩下がって見てみると、その変化には気を動転させるようなものはない。かつて知られていたすべての事実は、まだ知られているし、以前よりも精確に知られている。古い学説は、現実には科学から派生したものではなく、不変なものが真の実在であると説く形而上学的学説とか、観察よりも合理的な概念のほうが知識の媒体だと主張する知識論から派生したものだった。ニュートンは経験的観察という名の下に根本的「合理主義」を、そっと挿入したので、なおさら効果的だった。

　さらに現実の経験と同様、可能的経験の範囲を超えるすべての一般化のように、普遍的で厳密な法則の支配という崇高で魂が震える理想に対する代償が支払われた。つまり個物が一般者の犠牲になり、具体的なものが関係的なものの犠牲になったのである。「観念の秩序と結合関係は、事物の秩序と結合関係である」というスピノザの格調高く、包括的な格言は、スピノザの場合ほど公然と述べられてはいないけれども、現実には、自然の理解可能性に関する、当時広く見られる基準であった。そして確固不動の秩序と結合関係を本質的特性とするような宇宙には、二つとない、個体の存在する余地はまったくないし、新しさ、真の変化と成長の余地はまったくない。ウイリアム・ジェイムズのことばだと、それは閉塞した宇宙［a block universe］である。その宇宙の細部が

徹底的に機械的世界だという事実は、それが確固不動の、閉じた世界だという事実に伴う単なる偶然だ、と言ってよかろう。

　大きな都市の近くに、河川や水に恵まれた場所が、都合よく位置しているのがつねであるという事実に、驚きの声をあげる子どものことは、多分誰でも聞いたことがある。都市は河川と同様に自然の作品だと、みんな思ってきたと仮定しよう。その後都市は人間が作ったものであり、水に恵まれた場所の近くに位置しているのは、産業とか商業活動がうまく行えるようにするためであること、人間の目的と必要をうまく満たすようにするためであることが、突然、突き止められたと仮定しよう。その発見に衝撃を受けることは、想像に難くない。それは不自然なように思われるだろうから、気が動転するだろう。何故なら自然的なものの通常の基準は心理的だからである。自然的なものとは私たちが慣れ親しんできたものなのである。しかし時とともに慣れ親しむようになった新しい観念もまた「自然」になるだろう。都市と河川の結びつきが、人間の技術が産み出したものではなく、本質的で本性上固定したものだと、以前に、つねに考えられてきたとすれば、事実はその逆だという発見によって、時とともに解放感を経験するということは、さらにありそうなことである。人びとは自然的条件によって与えられた便益を、いっそう十分に利用するようになるだろう。都市が自然的条件の近くにあるのは、自然的条件が与える便益のためだということが理解されるとき、その条件は新しい、いっそう多様な仕方で使われるであろう。

　ここで示唆された比喩は、事実に肉薄しているように思われる。伝統的概念という観点から、自然は本質的に、非合理的であるように見える。しかし非合理性という性質は、予め定義した合理性と対立するという理由があって初めて、自然に帰せられる。自然はある定義に適合しなければならないという概念を完全に放棄しよう。そうすると自然は本質的に合理的でも非合理的でもない。認識において自然が使用される場合を除けば、自然はどちらの属性にも無関係な次元で存在する。それは河川が本来的に都市の近くに位置するのでも、そうした立地に対立するのでもないのと同様である。自然は知解可能であり、理解可能である。自然が知識の対象になり、人間の目的に適うようになる操作が存在する。それは河川が人間の活動を促進し、人間の必要を満たすように利用され

うる条件を提供するのと同様である。

　さらに自然の水に恵まれた所で行われる商業は自然のなかでの相互作用を意味し、その相互作用によって自然条件が変化——岸壁とか港の建設、倉庫とか工場の建設、蒸気船の建造が行われ、また新しい相互作用のあり方も発明されて——する。それと同様のことが認識と知識でも起こる。認識の器官、手段、操作は自然の外部にではなく、自然の内部にある。したがってそれらの変化は以前に存在したものの変化である。知識の対象は構築され、現実に生み出された対象である。知識は予めそれ自体で完成されている事物を、変化させずに把握したり見つめたりすることである、という伝統的概念に対する衝撃は、すさまじいものである。しかし現実には、それは認識において現実に成功を収めてきた限りで、私たちがつねに行ってきたことに気づいたに過ぎない。それは余計で無関係な付属物を取り除く、そして、知識を獲得し、無駄を省き、現実の認識をさらに制御できるようにする媒介的手段に注意を集中する。それは人間を、思考する人間を自然の内部に組み込む。

　自然は本来合理的だという学説は、高くつくものだった。その学説は、人間の理性は既にそれ自体で完成された合理性を、外部から傍観するものだという観念を必然的に意味した。それは人間の理性から、能動的で創造的な役割を奪った。理性の仕事は単に模写すること、記号によって再現すること、所与の合理的構造を見ることであった。この構造を数学的定則で写し取ることは、それに要求される能力をもつ人びとに大きな喜びを与える。しかしそれは何も行わない。それは自然に何の影響も与えない。現実には、それは人間の思考を、それ自体として確固不動で完成された範型を、認識においてたどりなおすことに限定する。その学説は、伝統的な知識と行為の分離の結果であるとともに、その分離を永続化する要因でもあった。それは実践的な製作と行いを、従属的で、相対的に非合理な領域に追いやった。

　その学説が、人間の行為を無力化する結果をもたらしたことは、18世紀と19世紀に人間の問題、社会の問題における「自然法則」の理論で、それが果たした役割に、部分的に見てとれる。これらの自然法則は本来、確固不動だと思われていた。社会現象と社会関係の科学は、それらの法則を発見することと同義であった。いったん自然法則が発見されると、人間にはそれに従う以外、

第8章　知性の自然化　171

何も残されていなかった。物理学の法則が物理現象を支配するように、自然法則は人間の行為を支配すべきであった。自然法則は経済問題における行為の唯一の基準であった。経済法則はすべての政治行為の「自然」法則である。他のいわゆる法則は、自然自体の規範的規制とは対照的に、人為的、人工的に考案されたものである。

　自由放任が論理的結論であった。組織化された社会が経済問題の過程を規制しようとするとか、人間が考えた目的に経済問題を役立たせようとすることは、有害な干渉であった。

　この学説は、ニュートン哲学の遺産であった普遍的法則という概念、つまり法則とは現象がしたがわなければならないものであるという概念から、論理的に導き出される。しかし認識する人間が自然状況への参加者、認識されるものを生み出すさいの一要因であるならば、人間が一要因として社会問題に参加するという事実は、社会問題の知識に対する障害ではない。反対に、方向づけられた参加という確かな方法は、人間が真に理解する前提条件である。目的を果たすために人間が介入することは何ら干渉ではない。それは知識の手段なのである。

　したがって新しい科学的発展の結果、理性を知性に取り換えると言うとすれば、ことばの置き換え以上のことが含まれている。このように言うとき、「理性［reason］」には、古典的な哲学的伝統において与えられた専門的意味、つまりギリシャ人のヌース［nous］、スコラ学のインテレクトゥス［intellectus］という意味がある。この意味で、理性は性格上、経験を超えた本来的に不変な自然の秩序、またそれとともに、この普遍的秩序が把握されるさいの心という器官を指示する。両方の点で、理性は変化しているものに関して、究極の固定した基準——自然現象がしたがう法則、人間の行為がしたがうべき規範——である。何故なら伝統的な意味での「理性」の目印は、必然性、普遍性、変化に対する優越性、出来事の支配、変化の理解だからである。

　他方、知性は判断と結びついている、つまり結果をもたらす手段の選択と配列、また私たちが自らの目的と見なすものの選択と結びついている。人間が理知的であるのは、確固不動の原理についての第一の、論証不可能な真理を把握する理性をもっているために、そうした原理から、それの支配する個物を演繹

的に推論する目的を果たせるからではなく、状況の可能性を見積もり、その見積もりにしたがって行為する能力をもつからである。広義の知性は、理性が理論的であるのと同じだけ実践的である。知性が働いているところであれば、事物は他のものの記号になる能力という点で判断される。もし科学的知識が記号としての事物の価値を、いっそう精確に見積もることを可能にするならば、実践的判断で得たものと引き換えに、理論的確実性を失っても構わない。何故ならある出来事を、他の出来事を示唆するものとして判断することができれば、どんな場合でも、予想されるものの到来に備えることができるからである。場合によっては、ある出来事が起こる先回りをすることができる。二つの出来事のうち、一方の出来事が生じることを望みつつ、私たちの最良の知識が、私たちが求めているものと結びついていると語る変化の設定に、意図的に着手できるのである。

　厳密な知識と厳密な予測の理論的可能性で失ったものは、自然の内部で生じる認識が、変化を方向づける可能性を含むという事実によって、十分に補える。この結論は、「理性」がかつてもたなかった自然内部での足場と機能を、知性に与える。自然の外部で作用し、自然の単なる傍観者であるものは、そもそも自然の変化への参加者ではない。したがってそれは、自然の変化を方向づけることに参加させてもらえない。後に行為が続くかもしれない。しかしそれは認識に外付けされたものに過ぎず、認識本来の要因ではない。行為は機械的な付録であって、知識よりも劣る。さらに行為は知識から自動的に生じるか、あるいは行為を生み出すために、「意志」という間に挟まった作用がなければならないかである。いずれの場合も行為は知識の外部にあるので、それは知性や知識に何も付け加えない。行為は、細心の注意を払って諸条件を取り扱うことで、個人的な抜け目なさを増すことができるに過ぎない。

　確かに、私たちは認識行為の間に実験に取り組むかもしれない。しかし古典的論理学によれば、実験の結果は、先行する条件を再組織化することではなく、私たち自身の主観的または心的態度を変化させることに過ぎなかった。行為が知られる対象の構成に入り込まないのは、パルテノン神殿を見るためにアテネに旅することが、建築物に何の影響も及ぼさなかったのと同じである。行為は、ずっと存在していたものがもっとよく見えるように、私たち自身の個人的態度

第 8 章　知性の自然化　　　　173

と姿勢を変える。行為は私たちの理解力の弱さに対する実践的譲歩である。その全体的枠組みは、知識階級の側で、伝統的に実践的活動を見下していたことと結びついている。その枠組みは、現実に知性を無力な地位に貶める。知性を働かせることは暇つぶしである。知性には最高の価値があるという学説は、かなりの部分、実行行為の力とは対照的に、知性に取り付いている無力さを埋め合わせしたものである。

　知識には観察が必要であり、その観察が認識される自然的対象に入り込んでいることを理解すると、このような認識と行為の分離は帳消しにされる。それを理解すると、認識と行為は密接に結びついているという理論が可能になるし、またそうした理論を要求する。したがって、前述のように、その理解は、知性の働きを自然の内部に取り込む。知性は自然自体の連続的相互作用の一部である。相互作用はいかようにも進行して、変化を生み出す。知性から切り離されると、こうした変化は方向づけられない。それは結果であっても帰結ではない。何故なら帰結はよく考えて使われた手段を含蓄するからである。変化の過程を方向づける相互作用が介在するとき、自然的相互作用の場面は新しい性質と次元をもつ。この付け加わった相互作用のあり方が知性である。人間の理知的活動は、外部から自然に加えられたものではない。理知的活動は、いっそう充実し、いっそう豊かな出来事が生じるように、自らの潜在可能性を実現する自然である。自然の外部にある理性が固定と制限を意味するように、自然の内部にある知性は解放と拡張を意味する。

　その変化は、自然が知解可能性を失ってしまったことを意味しない。それはむしろ、知解可能だという語句が、文字通りに理解されるべきだと分かる位置に、私たちが立っていることを意味する。それは現実性よりも潜在可能性を意味する。自然には理解される可能性がある。しかしその可能性は、外部から自然について思考する心によって実現されるのではなく、内部から実施される操作によって、つまり自然に新しい関係を与える操作によって実現される。そしてその新しい関係は、新しい個体を生み出すことに集約される。私たちが、私たち自身の公然たる操作によって、自然に含まれる潜在可能性を実現する程度に応じて、自然は知解可能な秩序をもつ。伝統的な意味での内在的合理性から、人間の行為によって実現できる知解可能性への変化は、人間に責任をもたせる。

理想に対する知性の献身が、どの程度、自然の現実の秩序が心に適合している
かを決定する。

　こうした結論は、本章の冒頭に立てた問いと直接結びつく。写真が実物に忠
実でなければならないのと同じように、思考は実在を忠実に再現しなければな
らないという観点から知識が定義されるとき、どの主題が科学的に扱われる可
能性があるかに関して、つねに議論されるだろう。しかし知識の尺度が、任意
の経験された題材が与えた問題を扱うさいに示される知性の質であるならば、
その問題は違う様相を呈する。つねに問われるのは、問題に適切に対処する方
法を発展させる可能性である。なるほど自然科学的知識の結論は、認識にとっ
ての基準を設定する。しかしこの言明が真であるのは、自然科学的知識の結論
が立派な方法を作り上げたからであって、物理的題材の側で、実在に対する優
越した権利要求をもつからではない。経験されるすべての素材は等しく実在す
る。つまりすべては現実に存在し、各々はそれ自体の特殊な性格と、それ自身
の問題によって取り扱われるべき権利をもつ。哲学の専門用語を使うならば、
各々の題材の類型は、その題材が提起する問いと、その問いに答えるのに必要
な操作に応じて、それ自体の特徴的な範疇に属する権利をもつ。

　したがって様ざまな知識類型の違いは、扱われる題材に含まれる条件の豊か
さと範囲の違いということになる。途方もなく離れたところで起こる現象を理
解するのに天文学が成功したことを考えるとき、称賛の気持ちで一杯になるか
もしれない。しかし探求と結論から、どれだけ多くのものが省かれたかについ
ても、反省すべきである。この地上にある人間の問題についての知識は、何千、
何万光年離れた天体について知られている少しばかりのことと比べても、厳密
ではなく、組織的ではない。しかし天体については、天文学が探求するなどと
主張しない、夥しい数のものがある。天文学の結論が相対的に完成されている
のは、それの扱う問題が厳しく限定されていることと結びついている。天文学
の事例は、人間の問題の知識と比べた場合、自然科学一般の典型である。人間
の問題の本質は、自然科学的認識の成功の秘密である選択的抽象に耽ることが
できない、ということである。自然科学的認識と同様の単純化を社会的、道徳
的主題に導入するとき、人間特有の要因が省かれる——その結果、人間特有の
要因が物理的なものに還元される。

第8章　知性の自然化　　175

　その原理は、実験室で得られる結果と、商業目的で実施される製造工程で得られる結果の違いで例証される。同じ素材と関係が含まれるかもしれない。しかし実験室の場面では、工場だと不可能な制御の下に、諸要素が切り離されて扱われる。工場では、同じように厳格に切り離すと、大量販売で安く生産するという目的が打ち砕かれる。それにもかかわらず、結局、科学的探求の調査は産業の生産を変える。新しい操作の可能性が示唆され、実験室の結果は無駄な操作の省く方法を示唆し、留意しなければならない条件を明らかにする。人為的な単純化や抽象作用は、複雑で、比較的多くの変数があり、厳格に切り離すと題材の特殊な性格を台無しにする事柄を扱う能力を手に入れるのに、必要な前提条件である。この言明は、物的対象と社会的、道徳的対象の間に存在する、重要な区別を教えてくれる。その区別は操作方法の区別であって、実在の種類の区別ではない。

　言い換えると、題材の前に付いている、他の形容詞から区別される「物的」という語句が意味するのは、まさに複合的全体から、限られた範囲の条件と関係を抽象したということである。同じ原理が数学的対象に当てはまる。可能的操作を指示する記号を使うと、さらに高度な厳密さと知的組織化が可能になる。抽象作用ということには何の軽蔑も含まれていない。抽象作用はすべての知的営みに含まれる節約と効率——効果的に処理できる問題を最初に扱い、次にその結果を使って、もっと複雑な問題への対処に進む——の一例に過ぎない。抽象的操作の結果は状況全体から選択されたものである。異論が出てくるのは、しかも相応の説得力をもって出てくるのは、抽象化する操作の結果に、状況全体だけにしか属していない地位を与えるときである。その操作の結果は状況全体から選択されたのである。

　すべての専門化は馴染み深さの感情を生むが、それは思い違いを作り出しがちである。専門化された抽象化過程によって取り扱われる素材は、心理的な独立性と完全性をもつようになり、それが客観的独立性と自足性に転化される——実体化される。

　加えて、抽象的単純化には、はっきりした社会的理由がある。個々の人間同士が交流するには、共通の基盤を見つける必要がある。まさに個人は個人なのだから、各人の経験には他人にはないものが沢山ある。他人にないもの自体は

コミュニケーション不可能なので、その限りで、他人にはないものは他人と関わるようになるための障壁である。コミュニケーションの目的のためには、障壁を取り除くものが必要である。そうでないと、個人的な要素は合意と理解への障壁となる。この考え方を進めていくと、相互理解の可能性という概念が拡張されるほど、すべての個人的特性が、思考の対象から完全に除外されがちになることは明らかだろう。すべての可能的な経験者と、すべての可能的な個別事情で成り立つ言明に到達するさいに、私たちはどのような具体的経験からも、最も遠く隔たったものに到達する。この意味で、数学と物理学の抽象概念は、経験可能なすべての事物の共通分母を表す。単独で見ると、それらは死物［*caput mortuum*］を表すように見える。抽象概念は、実在自体について述べた完全な言明にまで格上げされると、妄想じみた強迫観念になる。しかし実際上は、逆向きの運動がつねに伴っている。こうした一般化された発見は、個々の経験の意味を豊かにするとか、ある確率の範囲内で、個々の経験を、さらに制御するために使用されるのである。

　この意味で、すべての反省的知識そのものが道具的である。初めと終わりは大まかな日常経験の事物である。しかし知識から切り離されると、日常経験の事物は断片的、偶然的であり、目的によって規制されておらず、挫折と障壁に満ち満ちている。前に使ったことばだと、日常的に経験されるものは疑問の余地があり、障害になり、思考を喚起する。しばらくの間、日常的に経験されるものがもつ具体的で質的な豊かさを無視することによって、また抽象化と一般化を行うことによって、私たちは経験されるものが、どんな基本的関係によって生じるかを確かめる。それらは単なる出来事として、つまり様ざまな関係からなる組織のなかで生み出される変化として扱われ、それらを個別化する性質は無視される。しかし性質は今まで通り存在し、今まで通り経験される。ただし性質それ自体は知識の対象ではない。しかし抽象的思考から性質の経験に立ち返るにあたり、意味は以前より豊かになり、性質に対する私たちの関係を規制する力は増している。

　反省的知識はただ一つの規制の手段である。反省的知識の、道具としての価値は唯一無二である。結局、哲学者は反省的知識という魅力的な一部分に夢中になって、知識とその結果を他のものから切り離した。哲学者は反省的知識の

第8章　知性の自然化

起源と機能の脈絡を無視して、それをあらゆる妥当な経験と同じ範囲だとした。こうして、あらゆる価値のある経験は本質的に認識的であるとか、認識的経験以外の経験の対象は、必要が生じたときに今、この場においてではなく、知られた対象の語句に例外なく還元されることによって検証されるべきだ、という学説が形成された。このような知識の完全な遍在性という前提は、重大な主知主義的誤謬である。それは実践的、美的、道徳的を問わず、あらゆる質的経験を見くびる根本原因である。それは知識の対象の属性に還元できない、すべての経験の対象を主観的とか現象的と呼ぶ学説の、究極的原因なのである。

　反省的知識の対象が意図的に道具的、抽象的性格をもつことを理解すれば、愛、欲望、希望、恐れとして経験されるものとか、人間の個性を特徴づけるものを、このように貶めることから、私たちは救われる。どのような経験のあり方も、他のどれとも同じように実在する。しかし知識を生み出す知性から切り離されると、私たちの情動的、実践的生活の実在は断片的で首尾一貫しない意味をもち、私たちがどうすることもできない力に翻弄される。そうした力を受け入れるか、それから逃げる以外に、選択の余地はない。対象の相互関係とか相互作用によって構成される対象の姿を経験することは、対象の新しい扱い方を可能にし、こうして結局、新しい種類の経験的対象を作り出す。その対象は前もって存在した対象以上に実在的ではないが、いっそう意味が豊かであり、それほど圧倒されるものでも、圧迫されるものでもない。

　こうして知性は世界の内部で働く方法だと認めると、物理学の知識と他の種類の知は横並びになる。物理学の知識は最も広範囲に及ぶ関係を扱う。それは他のいっそう特殊な認識のあり方に対して確実な基礎——特殊な認識は、物理学の知識が目的とするような対象に還元されなければならないという意味においてではなく、物理学の知識は知的出発点を与え、使用されるべき操作を示唆するという意味において——を提供する。知識という栄えある称号をほしいままにする探求の種類など存在しない。技術者、芸術家、歴史家、実務家は、彼らが関与する題材で発展させた問題を解決できる方法を使う程度に応じて、知識を獲得する。実験的探求の範型に基づいて形づくられた哲学が、すべての大規模な懐疑論を退けるように、その哲学は科学という観念の、すべての不愉快な独占を排除する。不愉快な独占がもたらす結果によって、それが不愉快な独

占であることを知るであろう。

　数学であれ物理学であれ、いくつかの結論をただ一つの真の科学として区分けすることは、歴史的偶然である。それは元々自然条件を巧みに扱うとか方向づける技術が欠けていて、実際上達成できなかった確実性と平和を求める、人間の欲求から生じた。近代の自然科学的探求が始まったとき、その探求は耳を貸してもらうこと、実施し続けるのを許してもらうことにさえ苦労した。実際上、その探求を排他的で秘儀的な企てとして取り扱う誘惑に抵抗できなかった。さらにその探求が進歩するにつれて、それには次第に専門的な技術的準備が必要になった。社会の攻撃から防衛するという動機と、専門化された職業を称賛するという動機が共謀した。「真理」を取り巻いている賛辞的な意味合いが、総動員されたのである。

　こうして物理学の知識を意味する「科学」が、一種の聖域になった。偶像崇拝的雰囲気とまでは言わなくとも、宗教的雰囲気が作り出された。「科学」が別格化された。科学の発見は実在に対して特権的関係をもつと想定された。現実には、画家は物理学者と同じように色を知り得る。詩人は気象学者と同じように星、雨、雲を知り得る。政治家、教育家、劇作家は専門の心理学者と同じように人間性を真に知りうる。農民は植物学者、鉱物学者と同じように土壌と植物を真に知りうる。何故なら知識の基準は、実在の本性についての形而上学的概念にではなくて、結果を手に入れるために使われる方法にあるからである。それにもかかわらず、結局すべての専門領域の思想家は、各々の専門職で使われる道具を完成させるために、数学者と自然科学研究者に頼る。

　「知識」が多義的なことは、概念の操作的定義から出てくる。問題状況が解決されるさいの特徴的な操作には様ざまあるが、それと同じだけの多くの知識概念がある。反省的知識自体が道具的だと主張されるとき、アプリオリな非反省的知識の形態、無媒介に与えられる知識があることが意味されているのではない。意味されているのは、反省的知識から生じる対象の経験において、意味の直接的な所有と享受が経験される、ということである。知識という称号に真に値するのは、反省的方法の結論自体なのか、それとも直接に知覚し使用することができる、意味が豊かになった、反省的方法の結論から生じた対象なのか、と論じることは無駄である。適切な方法の反省的結論を科学という名で呼ぶこ

第 8 章　知性の自然化　　　179

とが、私たちの語法に合っている。しかしこのように考えられた科学は最終的
なものではない。最終的なものは直接に経験されるものをじっくり味わい、使
用することである。直接に経験されるものは、その構成要素とその形態が科学
の結果である限りにおいて、知られる。しかし直接に経験されるものは科学以
上でもある。直接に経験されるものは、豊かであり、くっきりとした個別的形
態に集約された、関係性と連続性をもつものとして経験される自然的対象なの
である。

第9章　方法の卓越性

　不確実性は何よりも実践的な問題である。それは現在の経験の結末が不確実なことを意味する。現在の経験は本質的に気障りであると同様、将来の危険に満ちている。気障りなものを取り除く行為がうまくいく保証はどこにもないし、その行為自体が危険である。状況の本質的に煩わしく不確実な性質は、状況の結果がどうなるか分からない、という事実に見出される。状況は不運か幸運に向かう。人間の自然な傾向は、すぐ何かをすることである。どうなるか分からないままにしておくことに我慢できず、即座に行動に移すことを強く望む。行為が外部の条件を制御する手段をもたないとき、儀式とか祭礼の原型となるような行為形態がとられる。知性は直接的行為が間接的になったことを意味する。それはずっと公然としているが、諸条件の吟味をするとか、試験的で予備的な行いをするという径路に方向づけられる。慌てて「何かをする」代わりに、行為は障害になるものとか頼りになるものを発見することに、初期状態の反応が後に確定した反応になる様式を予測することに集中する。思考は先送りされた行為と、巧みに呼ばれてきた。しかしすべての行為が先送りされるわけではない。最終的であり、その限りで取り返しのつかない結果を生み出す行為だけが先送りされる。先送りされる行為とは、現在探索中の行為である。

　行為の性質がこのように変わることの、第一の、最も明白な結果は、疑わしく問題を感じる状況が、一つの問題になることである。全体としての状況に広がる危険な性格は、何が厄介なことなのかを突き止め、したがってそれを扱う方法と手段の立案を容易にする探究の対象に翻訳される。特殊な探究領域に精通するようになった後に初めて、人はただちに問題から着手する。その場合でさえ、目新しい事例では研究のための明確な問題を呈示する代わりに、隅々まで混乱していると特徴づけられる状況を手探りする準備期間がある。

　心と思考については多くの定義が行われてきた。問題の核心に迫る定義を、私は一つしか知らない──疑わしいもの自体に対する反応である。無生物が問

題的なものとしての事物に反応することはない。無生物の、他の事物に対する
振る舞いは、既に決定していて、そこにあるものによって記述できる。一定の
条件下で、無生物は単に反応するか、しないかである。無生物の反応は新しい
一連の条件を設定するだけであり、その条件において、反応の結果の本性を関
知せずに、新しい条件下で反応が継続する。石にとって、他の事物との相互作
用の結果が何であるかは、いわばどうでもよい。石は他の事物との相互作用の
結果、たとえ粉々になったとしても、自らの相互作用のあり方には何の影響も
ないという利点を享受する。生きている有機体の場合に事情が異なることは、
論を俟たない。生きているということは、先行する行為が、後に続く行為が生
じるさいの条件を準備するような、一貫した行為の連続性が達成されているこ
とを意味する。もちろん、無生物の場合に起こることには、因果的連鎖がある。
しかし生物にとって、その連鎖には特有の累積的連続性があり、そうでないと、
やがて死ぬ。

　有機体が構造上さらに複雑になり、したがってさらに複雑な環境に関係する
ようになるにつれて、生命過程の連続性を支える、後続する行為に有利な条件
を設定するさいの個々の行為の重要性が、ただちにさらに増し、さらに否応の
ないものになる。行為の接続関係が重大になるので、現在の動きの正邪は生死
を意味する。環境条件がさらに両義的になる。環境条件が、うまく生きていく
ためどんな行為を要求するのか、さらに不確かである。したがって行動は、さ
らに躊躇（ためら）いがちで用心深くならざるを得ず、さらに成り行きを見守るとか準備
行動という性格をもったものにならざるを得ない。疑わしいものとしての疑わ
しいものに対して反応が生じる程度に応じて、その反応は心的な性質を獲得す
る。もし反応が、不安定で問題のあるものを安全で解決されたものに変えると
いう、一定方向に向かう傾向をもつならば、その反応は心的であるのと同様に
知的である。そのとき行為は相対的に、いっそう道具的であって、完成的また
は終局的な度合いが小さい。完成的または終局的な行為でさえ、それから何が
生じるのか、という意識がなかなか離れない。

　この心的なものという概念は、知、情、意という多様な反応様式を統一する。
これらの活動に根本的な違いはない——それらは共通の心的作用の異なった局
面や様相である——と、言われるのが普通である。しかし私の知る限り、この

第9章　方法の卓越性

主張を説得力あるものにする方法は一つしかない。つまり多様な反応様式は、不確実なものに対する異なった反応様式だと見なされる、というものである。反応行動の情動的様相は、その行動の無媒介的性質である。不安定なものに直面したときの情動の起伏は、存在の常のあり方さえも乱れていることを示している。情動は、現在の状況の結末がどうなるかが不確定だということによって条件づけられる。感情の揺れ動きである恐れと希望、喜びと悲しみ、嫌悪と欲望は異なった反応の性質である。それらは現在の状況がどうなるのかに対する心配と憂慮を含んでいる。「気遣い」には、まったく異なる二つの意味がある。苛立ち、心配、不安という意味と、関心を抱いている隠れた可能性に、期待をもって注目するという意味である。これら二つの意味は、どうなるか分からない未来を内に含む、現在に対する両極端な反応行動を表している。さらに意気揚々と意気消沈は、あらゆるものが終始一貫して、完全に決定されてもいず確実なわけでもない条件の下で、初めて現れる。意気揚々と意気消沈は、勝利か敗北の最後の瞬間に生じるが、その瞬間は、結末がどうなるか分からない、先行する出来事過程と結びついた勝利または挫折の瞬間である。私たちが心を砕いても何の影響も与えられないほど完全無欠な「存在」への愛は、情愛というよりも私たち自身の魂の運命への関心（スコラ学が見てとった事実）である。不確実性の要素が何もない完全な敵対関係である憎しみは、情動ではなく、冷酷な破壊にエネルギーを注ぎ込むことである。嫌悪は、嫌いな対象や人物によって不確実にされた目的に対して、そうした対象や人物が与えた妨害と結びついて初めて、感情状態である。

　心的生活の意志的局面が情動的なものと結びついていることは、周知の通りである。ただ一つの違いは、情動的なものが不確実なものとか不安定なものに対する無媒介的、断面的な反応の様相であり、それに対して意志的な様相は不確定で曖昧な状態を、好ましく有利な結果の方向に修正するという反応の傾向、つまり様ざまな可能性のうちの一つを現実化するという反応の傾向である。情動は、その直接性の点で圧倒的であるか、それとも結末が不確かな状況を扱うためのエネルギーが集約されていることを示すかに応じて、妨害要因であるか、決意を後押しする。欲望、目的、計画、選択は、何かが危うい状態の場合と、選択された方向での行為が、要求を満たす新しい状況を生み出す結果になる状

態の場合以外には、意味をもたない。

心的作用の知的局面は間接的な反応様式、つまり困難の本性を突き止め、その処理方法の観念を——意図した解決を見込んで、操作が方向づけられるように——形成することが目的である反応様式と同じである。色を見る、本を読む、話を聴く、器械を操作する、学課を勉強するといった、任意の経験的出来事を取り上げてみよう。それは、不確定なものを処置したり処理したりするように、周到に努力する程度に応じて、知的、認識的性質をもつ。知識や認識された対象と呼ばれるものの特徴は、解答された問い、処置された困難、見通しの立った混乱、整合性に還元された不整合性、征服された難局である。この媒介する要素への指示がないと、知識と呼ばれるものは、直接的で迷うことのない行為に過ぎないか、所有する喜びのいずれかである。同様に、思考は、意図的に導かれている限り、問題的なものから確実なものへの現実的移行である。思考能力自体を賦与された、別個独立の「心」など存在しない。そのような思考概念は、結局、自然の外部にありながら、自然の内部に介入できる能力という謎めいたものを要請することになる。思考は問題状況に対する一連の反応行動様式として客観的に発見できるものであり、その状況において相対的に安定したもの、明白なものへの移行が果たされる。

信念の具体的な病理、疑い深さや盲信といった信念の失敗と倒錯は、知識が本来、不確定だったり疑わしかったりするものを十全に解決したものだという原理を認め、それに固執できないことから生じる。ごく普通の誤りは、こう考えることである。疑念の状態には不確実性の感情が伴っているのだから、この感情が確実性の感情に変わるときに知識が生じる。そのとき、思考は客観的状況のうちに変化を生み出そうと努めることではなく、感情や「意識」のうちに変化を生み出す様ざまな工夫に置き換えられる。即断する、急いで結論を出す、度を越えて単純さを愛する、望んだ通りになるように証拠を作り変える、慣れ親しんだものを明確なものだと見なす等々の傾向は、確信の感情と確証された状況を混同することから生じるのである。思考は性急に解決しようとし、無理をして急ごうとしがちである。未開人は疑わしいものに伴う不安な状態を嫌い、それを終わらせるためなら、ほぼどんな手段でもとる用意がある。不確実性は公正な手段によっても、卑劣な手段によっても取り除かれる。長く危険に晒さ

第9章　方法の卓越性

れると、安全を願う抗しがたい気持ちが生まれる。安全を願う気持ちは、心を
かき乱されたくないとか、未解決のままでいたくないという欲望に移し変えら
れると、一面では独断主義、権威のある信念の受容、不寛容と狂信になり、他
面では無責任な依存と怠惰になる。

　日常の思考と細心の思考との分岐点は、ここにある。未開人は疑念とか、ど
っちつかずの状態には我慢できない。未開人は我慢できずに、それを性急に閉
じる。訓練を積んだ人は問題的なものに喜びを感じ、吟味のうえ是認される出
口が見つかるまで、それを大切にする。疑わしいものは積極的な問い、探索に
なる。確実だという感情を抱くことへの欲望は、曖昧だとか決まりがつかない
状態が、安定したものとか明確なものに発展するような対象への探求に、とっ
て代わる。科学的態度は、大体のところ、疑わしいものを楽しむ態度と定義で
きる。科学的方法は、一面では疑念を的確な探求の操作に転換することによっ
て、疑念を生産的に使用するための技術である。「考えることが好き」ではな
い人が知的に進歩することはないし、問題自体に興味をもたない人が、考える
ことが好きなことはない。問題を待ち構えるということは、単なる有機体の好
奇心、つまり落ち着きなく弄るとか手を出す性向が、本物の知的な好奇心、つ
まり性急に結論を出すことを防ぎ、新しい事実と観念を積極的に探索するよう
促す好奇心になったことを意味する。そのような探索ではない懐疑論は、独断
論と同じように、個人の気ままな感情である。しかし比較的安全で、決まりが
ついたものは、特定の問題状況に関してだけ達成される。あらゆるものに適用
される普遍的な確実性の探求は、代償行為である。一つの問いが処理されると、
もう一つの問いが提示される。こうして思考が活発であり続けるのである。

　不安定な状況が、問題の言明とその解決に移し変えられるとき、起きること
を分析することから発展する心とその器官の理論を、他の理論と比べるとき、
目立って違うのは、最初の型の理論が、公共的で、観察可能であり、また検証
可能なもの以外の要素を何も導入しないことである。一般に、心という器官と
認識過程について語られるとき、あたかも感覚、心象、意識および多様な意識
状態について、それ自体で同定できるかのように語られる。これらの心という
器官は、問題状況を解決する操作から切り離されて意味を付与されてきたのだ
が、そのような心という器官が現実の認識を説明するために使われる。こうし

て比較的明白で観察可能なものが、曖昧なものによって「説明される」。その
曖昧さは、その背後に伝統の重みをもつ習慣のために、目につかないのである。

　これまでの議論の結果を繰り返す必要はない。その結果はすべて、探求は問
題状況が解決されたり、決着がつけられたりする場合の一連の操作であるとい
う理論と結びつく。批判された理論はすべて、別の仮定に基づいている。つま
り認識に含まれる心的状態とか心的作用の属性は、他のものから切り離して決
定可能だ——不確定で曖昧な状況を解決する公然たる行為から切り離して記述
できる——というものである。実験的探求で行われることを範として、認識器
官と認識過程の説明を形づくる根本的な利点は、客観的なものとか、吟味とか
報告が容易にできるもの以外には、何ももち込まれないことである。もしそう
した吟味自体が、心とその器官を含むと反対されるとすれば、私たちが進めて
きた理論は自らに適用される、というのが返答である。その理論の唯一の「仮
定」は、何かが行われる、行われるという語の通常の外面的な意味で、行われ
るということであり、またこの行いには結果が伴うということである。私たち
は心とその器官を、この行いとその結果によって定義する。それは私たちが星
とか酸とか消化組織を、それらの振舞いによって定義したり作り上げたりする
のと、まったく同じである。方向づけられた操作の結果が本当に知識であるか
どうか、分からないと主張されるならば、その答えは、その反論が仮定してい
ること、つまり知識とはどんなものでなければならないかについて、予めある
種の想定をもっており、したがってこの概念を、個々の結論を判断するための
基準として使うことができると、仮定していることにある。当該の理論は、そ
うした想定を一切もたない。その理論が主張するのは、多少の操作によって、
かつて不確実で混乱していた対象が、明晰で安定化するような結論が出現する、
ということである。好きなように名前を変えても結構である。つまりある結果
の集まりを知識と呼び、もう一つの結果の集まりを誤謬と呼ぶことを拒んで、
その呼称を逆にしても結構である。そうしてもこれらの結果は、まったく元の
通りである。それらは解決され明瞭にされた状況と、混乱し曖昧な状況の違い
を表している。バラは別の名で呼ばれても甘い香りがするだろう。提案した理
論の骨子は、実行される操作と、その操作から生じる結果に目を向けることで
ある。

第9章　方法の卓越性　　　187

　もう一つの相違点は、伝統的な心の理論と知識器官の理論が、その器官を自然的世界との連続性から切り離すことである。その器官は、文字通りの意味で、超自然的であったり自然の外部にあったりする。そのとき、心身問題、つまり如何にして身体構造は観察とか思考に含まれるのか、という問題が避けられない。有機体の構造について、ほとんど分かっていないとき、知覚を低く見る一つの理由は、それが目、耳、手といった身体器官と結びついていることに、ただちに気づかれたからであり、それに対して思考は純粋に精神的な作用と見なすことができたからである。しかし知覚が感覚器官に対してもっているのと同じ関係を、思考の働きは脳に対してもっているし、目や耳と中枢器官の間には、構造と機能の点で何の隔たりもない。私たちは今や次のことを知っている。結局、心的なものはまさに非物質的なものを意味するかのように、思考を純粋に心的だとし、感覚を準‐物理的と見なすことは不可能なのである。しかしこのことを知る以前に形成された心的なものについての理論を、私たちはもち続けている。結局こうした理論は認識を行為から切り離すので、認識が身体器官に依存することは謎──「問題」──になる。

　しかしもし認識が行為の一様式であるならば、そのとき認識は他の行為様式と同様、身体器官を正当に含む。心身関係についての形而上学的問題は、事実の観察によって解決されるべき問題、行為を、厳密に生理学的水準の行為と、方向づけられた性質と目立った結果をもつという理由で心的である行為に差別化する問題に転換される。

　伝統的理論は心を、有機体の自然発達や自然進化に外部から侵入したものと見なすか、それとも自然的連続性のために、他から区別される特徴が心的振舞いにあることを否定せざるを得ないと感じるか、のいずれかである。それに対して有機体の反応は、不確実なものを取り扱う程度に応じて心的性質を帯びるという理論は、連続性と差異のいずれも認める。その理論は、今までのところは詳細なものではないが、原理上は、心的および知的過程の発展について、発生的説明を与えることができる。単なる有機体が知的なものに突然、飛躍することはないし、知的なものが原始的な有機体の状態に完全に同化されることもない。

　客観的な面では、提案した考え方と伝統的理論の考え方の大きな違いは、不

確定性の客観的性格を認めることにある。不確定性は若干の自然存在がもつ真の属性である。ギリシャ思想は、自然存在には偶然性が存在することを、少なくとも認めた。ただしギリシャ思想はこの不確実性という属性を使って、自然存在に必然的な「存在」よりも低い地位を割り当てた。ニュートンの自然哲学の影響を強く受けた近代思想は、すべての存在を完全に決定されたものとして扱う傾向があった。本質的に不完全なものは、性質とか目的と一緒に自然から除外された。結局、心的なものは物理的自然から鋭く区別された。何故なら心的なものは、疑念とか不確実性という明白な特徴をもつからである。心は自然の外に置かれた。自然を知るさいに心が自然とどう関係するかは、隠された謎になった。不確実で不確定なものは単に主観的だと言われた。疑わしいものと確定的なものとの対照的関係が、客観的なものと主観的なものが線引きされる場合の主な目印の一つになった。

　この学説によると、私たちが疑っており、困っており、混乱しており、決定していないのであって、対象は完全であり、確実であり、確固不動である。この概念を次のような事実と調和させるのは容易でない。つまり疑念を取り除いたり考えを固めたりするには、想像上の実験であれ公然とした実験であれ、何かの方法で、不確実性が経験される状況を修正しなければならないのである。さらに科学の手続きが決定的である。もし疑念と不確実性が完全に心のなかに——それがどんな意味だろうと——あるとすれば、純粋な心的過程が、それらを取り除かなければならない。しかし実験的手続きが意味するのは、その転換をもたらすためには、外部の状況を現実に変更する必要があるということである。状況は、思考によって方向づけられた操作を通して、問題的状況から決着のついた状況へ、内的な不連続性から整合性と組織化に移行する。

　最終地点が変化した環境である、公然とした行為を除外して「心的」を定義するならば、単に心的なものは、現実には疑念を解決することも、混乱を明瞭にすることもできない。単に心的なものは、せいぜい確実性の感情——現実の世界から撤退し、空想力を鍛えることによって、最もよく手に入るもの——を生み出せるだけである。疑念と安心は単に主観的であるという観念は、物理学的探求の進歩と物理的器具の発明と使用とが、時を同じくして起こったという事実によって反駁される。原理的に、ある状況が実践的に不満足なときに行わ

第9章　方法の卓越性　　　189

れることと、知的に疑っている場合に起こることは、完全に一致する。ある人が実践的に悩ましく、厄介な状況にいるとすれば、その人にとって開かれた進路は二つしかない。面倒なことから逃げたり、ストア派のように忍従しようと覚悟を決めたりすることによって、自分の内面を変えることができる。あるいはまた、不満足だという性質を帯びた現状を変えるために、何かに手をつけることができる。後者の進路が不可能なときには、前者の進路以外に残っていない。

　いずれにせよ、個人の態度を少しばかり変えることは、知恵の一部である。何故なら欲望や嫌悪といった個人的要因が、産出的原因として入り込まない厄介な事例というのは、たとえあったとしても、ごく僅かだからである。しかしこの因果的要因が純粋に直接的な手段によって、「意志」や「思考」を働かせることによって変えられるという観念は、絵空事である。欲望と目的は、環境に対する自分の実際の関係を変えることによって、間接的にだけ変えられる。欲望と目的の変化は、一定の行為が行われたことを内に含んでいる。これらの行為を効果的にするために人間が作り上げた技術的な器具と手段は、外部の条件が意図的に変更されるような、科学的探求の道具の発展に対応する。

　問題的なものを「主観的なもの」に格下げするのは、人間と経験を自然から切り離す習慣が生み出したものである。大変おかしなことに、近代科学は伝統的神学と一緒になって、この切り離しを長続きさせた。自然科学が世界を扱う場合の物理的語句が、その世界を構成すると考えられるならば、私たちが経験し、人間の生活に特有なものである性質が自然の外に締め出されることは、当然の結果である。これらの性質のうちいくつかは、生活に目的と価値を与える特性なのだから、多くの思想家が、それらを単に主観的と考えることに不満を抱くのも、意外なことではない。また彼らが伝統的な宗教的信仰とか古典的な哲学的伝統のいくつかの要素のなかに、これらの特性が自然より高次の実在、自然存在から締め出された目的とか価値によって特徴づけられる実在の存在を実体化するために使われる手段を見出したことも、意外なことではない。近代の観念論は、それを生み出した条件から切り離されては理解できない。根本的には、こうした条件は古い形而上学の積極的な結果と、近代科学の消極的な──つまり心と知識の機能についての以前の概念がずっと続いているので、科

学が先立って存在する自然的世界を開示すると見なされるときに消極的な――
結論が融合したものである。

　有機体は自然的世界の一部である。有機体と自然的世界との相互作用は、自
然的世界に付け加わった真正の現象である。これもまた自然的出来事である記
号の発展に伴って、これらの相互作用が予想された結果に向かって方向づけら
れるとき、これらの相互作用は知性という性質をもつようになり、知識が生じ
る。問題状況が解決されるとき、その状況は思考の働きが定めたすべての関係
の意味をもつようになる。経験された結果を生み出すさいに因果的に効果のあ
ったものは、結果に対する手段になった。これらの結果は、それらを意図的に
生み出す原因に見出されるすべての意味を、自らに組み込んでいる。人間の経
験を自然的実在に対置させるための根拠と思われているものは消える。状況は、
有機体と環境の現実の相互作用において、またその相互作用を通して、問題的
性格と解決された性格をもつ。これらの性質を自然自体の特性として扱うのを
拒むのは、他の相互作用の様式には当たり前のように割り当てる存在という性
格づけを、いくつかの相互作用の様式に割り当てるのを、恣意的に拒むことに
よる。

　私たちが見てきたように、生命活動の持続は、現在の行為が未来の行為に及
ぼす影響に依存するという理由で、状況は不安定で危険に満ちている。生命活
動の連続性は、実行された行為が、後続する有機体の行為のために環境を都合
のよいものにする場合にだけ確保される。この事実を形式的に一般化すると、
次のような言明となる。すなわち問題的で不安定な状況は、不連続的または個
別的なものと、連続的または関係的なものが特有の仕方で結合することによっ
て生じる、と。すべての知覚される対象は個別的である。知覚される対象その
ものは、それ自体で完全な全体である。直接に経験されるものは何であろうと、
質的に唯一無二のものである。直接に経験されるものは、それ自体の焦点をも
ち、その回りに素材が配置される。そしてこの焦点は、厳密には二度と生じな
い。そのような状況はいずれも際限なく変化するか、他のものから截然と区別
されることはないのであるが、内容の配置パターンは、二つと同じものがない。

　もしそうした個別的状況の経験に含まれる相互作用が、完全に終局的または
完成的であるならば、問題的な状況のようなものはないであろう。個別的で、

第9章 方法の卓越性

それ自体で完全であり、まさにある通りのものであり、それ以外の何ものでもないという点で、個別的状況は完全に分離独立しており、またその意味は完全な孤立ということだろう。例えば曖昧さは、他のどんな性質とも似ているし、他のどんな性質とも同じように終極的な性質であるだろう——夕暮れ時の薄暗がりが妨げとなって、見られないものを見る必要が出てくるまで、薄暗がりは厄介なものではなく、悦びを与えてくれるのと同じである。どんな状況も比較的くっきりした焦点から不確定なものに移ろいゆくように、どんな状況にも漠然としたものが付きまとう。何故なら漠然としていることは付加された性質であり、目的物を獲得する妨げになる場合を除けば、不快なものではないからである。

　自己完結的で、分離独立しており、個別的な性格が支配する状況がある。それは美的経験の題材を構成する。あらゆる経験は終局的であるか、他の経験への探求を引き起こさない限り、美的である。この完全な性質が顕著なとき、その経験は美的と称される。美術の目的としては、まさにそうした経験の対象を構築することがある。そして若干の条件下では、悦びを与える対象の完全性が、経験に対して、まさに宗教的と呼ぶほかないような性質を与えるほど際立つ。平和と調和が、特定の焦点とパターンをもつ状況に集約された全宇宙に漲（みなぎ）る。こうした性質は、経験の終局的な性格が支配する限りにおいて、どんな経験の特徴をも示している。その限りで神秘的経験は、経験のリズムにおいて繰り返し経験される性質を、いちだんと強調したものに過ぎない。

　しかし、相互作用は他から切り離されてはいない。どのような経験的状況も、際限なく終局性という性格をもち続けることはできない。何故なら経験的状況を構成する相互関係は、相互作用であるので、それら自体変化しつつあるからである。相互作用は経験されるものに変化を生み出す。完成的経験を直接的に持続させようとしたり、寸分違わず反復しようとしたりすることは、非現実的な感傷と不誠実のもとである。生の不断の進展において、対象はその終局的性格のうち幾分かを手放し、後続する経験の条件になる。因果的性格が準備と手段になる程度に応じて、変化が規制される。

　言い換えると、すべての経験的対象は二重の身分をもつ。それらは楽しみとして、または苦しみとして、個別的であり完成的である。それらはまた相互作

用と変化の連続性に巻き込まれており、したがって後の経験の原因であり潜在的手段である。この二重の能力のために、経験的対象は問題的になる。経験的対象は無媒介的、直接的には、現にある通りのものである。しかし後の経験への過渡的段階として、また後の経験の可能性として、経験的対象は不確実である。反応は分裂する。有機体の活動の一部は、無媒介的に存在するものとしての経験される対象に向かい、また一部は他の経験的対象の過渡的手段として、経験的対象に向かう。私たちは終局的なものとして、また準備という仕方で、経験的対象に反応するのであり、それら二つの反応は調和しない。

　経験的対象のこうした二重の性格が、その対象の問題的性格の源泉である。私たち一人ひとりは、目前にあるものと、それらの徴候とか手段としての潜在的価値が一致しないことに当惑したとか、今享受しているものに心を奪われることと、起こりそうなことの備えをするために、今享受しているものを変える必要性の間で、心が引き裂かれるといった機会が多くあったのを思い出すことができる。要点を形式的に述べるなら、その意味は次のようなことである。つまり直接的な、個別的で他にない本性をもつ対象の特性と、関係や連続性という点で対象に属する特性は両立し難い。この両立し難さは、与えられたものを一時的に再構築し、個別性と内部的に首尾一貫した系列的連続性の両方をもった新しい対象を構成する行為によって、初めて取り除かれる。

　これまでの議論では、この再構成——問題状況の解決——を成し遂げるさいに働く主な要因について述べてきた。つまりデータ——問題の本性を突き止める性質——を決定するために、大まかな全体的状況を分析的に還元する行為、新しい素材を明らかにする、さらに進んだ操作を方向づけるための観念や仮説の形成、新しい題材と古い題材を一緒にして組織化する演繹と計算、意味が豊かになり、新しく統合された状況の存在を最終的に決定し、そうすることで使用された観念を検証したり証明したりする操作である。

　その議論をたどり直すことをせずに、そこに含まれる一つの要点について、少しばかり付言したい。普通名詞が指示する標準的な指示対象ほど馴染み深いものはない。普通名詞は固有名詞から区別されるが、それは普通名詞が単数でも個物でもなく、現実に存在するものでないことを示している。しかし普通名詞の「テーブル［"the table"］」は、個物である「このテーブル［*this* table］」

第 9 章　方法の卓越性　　　193

よりも馴染み深く、実体的であるように見える。「これ」はつねに変化している。それは他のものとか私と相互作用しており、その私はさっき、このことについて書いたときの私と、厳密には同一ではない。「これ」は際限なく多彩で多様な「これ・ら [thises]」の連続である。

　しかし極端な場合を除けば、こうした変化は、結果に対する手段という観点からは無関係だし、無視してよい。普通名詞のテーブルは、まさに、単一の目的のための道具として役に立つ一連の「これ・ら」すべてにおける恒常性である。知識は専ら、この恒常的な、この標準化され平均化された一連の属性と関係に関わる——それと同じように、美的知覚は使用価値とは関わりなく、個物としての「これ」に関わる。反応が初期状態で、形をなしていないほど、「これ」はジェイムズの言う、蜂がブンブン飛び、花が咲き乱れる混乱 [the blooming and buzzing confusion]になりがちである。習慣が形成されるにつれて、行為は共通の目論見 [end in view]をもつ、それなりに恒常的な一連の行為に定型化される。普通名詞のテーブルは、個々の変化にかかわらず、一つの用途に役立つ。一度きりの経験の「これ」とは区別される、普通名詞の対象[the object]を形成する、変わらない目的と一つの使用法に対応する一群の属性が取っておかれる。普通名詞の対象は抽象であるが、実体化されなければ、それは悪しき抽象ではない。それは諸事物の振る舞い方に関して、実践的に重要な範囲内で恒常的である、選択された諸事物の関係を指示する。さらに抽象化された対象は、個別的な経験のうちに結果をもつ、つまり無媒介的であって、単に個別的な経験に対して道具的ではない結果をもつ。抽象化された対象は、一つに焦点が定まったような仕方で反応が整理され、組織化されていることを示し、またそのお陰で当初ぼやけていたものが明確になり、意味をもつようになったことを示している。変わらぬ目的のために事物を繰り返し、またつねに変わらず扱う習慣がないと、無媒介的な美的知覚には、豊かな意味も明晰な意味も内在しないであろう。

　科学的あるいは物的な対象は、同種の操作を拡張したものである。一つのテーブルとしてではなく、特定の速度と加速度で運動している分子群としての普通名詞のテーブルは、普通名詞の対象が役に立つ目的から解放され、一般化されたものである。「テーブル」は、明確ではあるが限定された、一連の用途を

意味する。自然科学の語句で述べられると、テーブルはいっそう広い環境で、またどのような一連の用途からも自由になり、どのような特定の個別的経験に対する関係からも自由に考えられる。抽象概念は標準化された関係や相互作用からなるので、普通名詞のテーブルという観念を生じさせるものと同じように正当である。抽象概念は、いっそう有益であり、あるいはいっそう広く役立ちさえする。何故ならそれは際限なく多様な、明記はされないが可能性としての、完成的な個別的観察とか享受と結びついているからである。それは、しばらくは無為に、召使いのように待機しているが、好機が到来すれば求めに応じる準備ができている。この標準化された恒常的なものは、一連の操作の結果であり、際限なく多様な、具体的事物間の可能的関係であるが、それが自然の実在として扱われるとき、ある目的のために作られた道具が、それ単独で完全で自足的な本質へと実体化される。そのとき個別的状況に現前している豊かな性質は、実在する対象によって心のなかに神秘的に生み出された主観的印象として、あるいはまた意識という神秘的な創造的能力が生み出したものとして取り扱われる。

　その結論が、経験的対象の質的価値に対してもつ関係は明らかである。事物と有機体が相互作用すると、最終的に色と音の知覚を伴う対象が生み出される。相互作用の結果、その対象を不愉快にしたり愉快にしたりする性質も生まれる。これらすべての性質は、直接に知覚されたり享受されたりするものと見なされると、自然的相互作用の末端にある結果である。これらの性質は変化の網状組織に静態的性質を付与する、個別化された頂点である。したがって「第三次[tertiary]」性質（サンタヤナ［George Santayana］がうまい命名をした性質）、心理学的分析では情愛的とか情動的と呼ばれる性質は、色、音、圧力、知覚された大きさと距離と同じように、自然の営みが生み出したものである。しかし第三次性質がもつ完成的性質そのものは、第三次性質が性格づける事物を、他の事物の記号として使う邪魔をする。知的には、第三次性質は「第二次」性質より、さらに邪魔である。準備行為に関して、第三次性質は役立たない。第三次性質が記号とか手段として扱われるとき、それらは思考と発見に害を及ぼす。第三次性質が経験されていないとき、それは思考において、到達されるべき目的として投企されるのであり、それが思考に依存するという点で、第三次性質

第 9 章　方法の卓越性　　　　　　　　　　　　　195

はとくに心的だと感じられる。しかし道具的な性格をもつ普通名詞の対象つま
り物的対象が、「実在」を独占的に規定すると想定される場合にだけ、第三次
性質は、哲学者にとって、一般人にとっての自然的対象の実在的性質とは異な
るものになる。この見解が唯一完全で純然たる実在論を形成する。

　二つのテーブル、つまりいっぽうは直接に知覚され使用されるテーブルと、
他方は物理学のテーブルとの間に存在すると想定される問題（最近の議論で好
まれる例をとれば）は、したがって架空の問題である。知覚され使用されるテ
ーブルが唯一のテーブルである。何故ならそれだけが形態の個体性——これが
ないと、何も現実に存在できないし、知覚できない——をもつとともに、それ
自体のうちに焦点を合わせられた関係や相互作用の連続体を含むからである。
詩人によって描写される知覚経験の対象と、物理学者によって記述される同じ
対象との間にあると想定される対照関係から引き出される例を使用するほうが、
多分もっと有益かもしれない。水面を渡る風のそよぎが、陽光に反射している
水塊の例がある。科学の対象として、それは次のように報告される。「空気と
水の間の攪拌された界面から、様ざまな角度で反射される、様ざまな波長のエ
ーテルの振動が私たちの目に到達し、光電子の作用によって、視神経に沿って
脳の中枢に伝わる適切な刺激を引き起こした」。しかしそうした言明は、個々
の知覚の日常的対象、つまり水、空気、脳、神経を含む。結局、その言明は、
さらに還元されなければならない。そのように還元されるとき、それは日常的
知覚に対応するものがまったくない、いくつかの物理的定数間の数学的関数か
らなる[原注14]。

　この時点で、物的対象の計量的性格に戻ってみる価値がある。計量的特性は、
統計的に一定の結果を表す一連の操作によって定義されるようになる。したが
って物的対象は存在する一個のもの、個物と見なすことができない。計量的定
義はまた、かなりの程度、間接的な測定によって、計算によって得られる。言

―――――――――――――

　［原注 14］　その例はエディントン『物理的世界の本性（*The Nature of the Physical World*）』
　　　　から借りたものである。pp. 316-319 を参照されたい。エディントンは、科学的言
　　　　明が実在「そのもの」を記述するのに対して、心の創造的活動は、実在の骨組みに、
　　　　直接経験の対象を特徴づける性質を付け加えると想定する以外に、科学的言明を詩
　　　　的説明と結びつける方途を何も見出さない。それは、知識が実在を独占的に開示す
　　　　るという古い知識の伝統が支配していることを示唆する。

い換えると物的対象という概念はかなりの程度、比較と翻訳の複雑な操作の結果である。結果的に、物的対象は比較される諸々の実物のどれか一つではなくて、質的に似ていない個体的な諸々の事物が、包括的、同質的、あるいは質的ではない組織の一員であるかのように扱われることを可能にする。それによって個別的対象の発生を制御する可能性が増す。同時に個別的対象には意味が加わる。何故なら他の諸々の事物との連続的な関係の枠組みの意味が、それらの関係のうちに組み込まれるからである。どのような形而上学的理論でも認識論的理論でもなく、物理学の手続き自体が、物的対象は現実に存在する個別的対象ではあり得ないことを明らかにする。結果的に、物的対象を質的に個別的な、具体的経験の対象に対置させるのは馬鹿げている。

　知識の対象自体を経験内容の実在性と同一視する哲学が流行っており、さらに議論を深めることが望ましい。自然科学は日常経験の諸事物を、特定のやり方で操作する。その結果が、数で述べられる思考の対象であり、その場合、当の数は方程式とか他の数学的関数の複雑な体系のうちに包摂されうる。物的対象では、こうした数で表現される関係以外のあらゆるものが無視される。研究中の物理学者は、日常の、おおざっぱな経験の諸事物が掛け値なしに実在することを否定しようなどとは、少しも考えていない。そう主張して間違いはない。物理学者は、実行されるべき操作とか、関係づけるための推論の標識となる場合を除けば、日常の、おおざっぱな経験の性質には注意を払わない。しかし物理学者は論理的に、その推論操作の結論が実在することを否定するという犠牲を払ってでも、日常の、おおざっぱな経験の力量という点で、それらが実在することを認めなければならない。

　物理学者は自分自身の感覚運動器官、測定器具を含めて、使用される器具を、その語の日常的意味で実在すると見なす。もし物理学者が、日常の非認識的知覚において経験されるような、これらの事物の実在性を否定するならば、これらの事物によって到達した結論もまた、信用されないであろう。さらに物理学者の測定的対象を規定する数は、それ自体が知覚された諸々の事物の相互作用や結合関係に着目した結果である。関係項である事物の実在性を否定しておきながら、これらの関係の実在性を主張するのは、愚の骨頂であろう。もし関係項が主観的であるならば、関係はどうなるだろうか。最終的に、実証のために

第9章　方法の卓越性　　　197

観察が頼りにされる。実在するものという概念が、その概念によって胡散臭くなる実在への指示によって確認されなければならない、というのは奇妙な世界である。常識にとって、こうした注釈は、まったく余計なもののように思われるかもしれない。しかし常識は、その批判的注釈がぴったり当てはまる結論が出てくる説をも主張するかもしれないので、知識は経験に先行する実在の開示であると、常識が主張するか否かを、まず問うべきである。もし常識がこの信念を受け入れるならば、常識自体の立場から論理的に、経験的対象が科学によって非実在や主観性や現象――どんなことばが使われようと――という忘却の淵に放逐される結果になる。

　私たちの議論は、これまでの指摘の繰り返しと同様に、要約を含んでいる。その議論の意義は、すべての局面、条件、器官を含む認識が、それに開かれていた組織的な経歴をもつ以前に形作られた観念を土台にする代わりに、実験的探求によって与えられた型にしたがって理解されるときに訪れる解放感にある。何故なら実際の認識が定めた型にしたがえば、知識とは問題状況を解決された状況に変換する企ての成果だからである。認識の手続きは公共的であり、〈自然〉の一部、その同伴者であって、すべての相互作用は〈自然〉のうちに存在する。しかし経験される状況は二通りの仕方で起こり、異なった二つの型がある。いくつかの状況は、最小限しか規制されておらず、ほとんど展望も準備も意図もなく生起する。他の状況は以前に、幾分かは理知的行為が行われたという理由で生起する。二種類の状況とも、経験される。それらは受動的に経験され、享受されたり苦痛を伴って受容されたりする。第一の種類は知られるのではない。それらは理解されるのではない。それらは運や摂理の配剤である。第二の種類は、それが経験されるときには、経験の不連続性、他から切り離されたことによる断片的性質を、明確な連続性に置き換える操作が積み重ねられ、そうして得られた意味を表す。夢、狂気、幻想は自然が生み出すものであり、世界の内にある、他のあらゆるものと同じように「実在する」。思考を構成する意図的な規制行為もまた自然が発展したものであり、その行為から生じた経験的事物も自然が発展したものである。しかし第二の種類は、意図と目的なしに経験された対象によって立てられた問題の解決である。したがってそれらには、第一の種類に欠けている安全性と豊かな意味がある。アリストテレスとス

コラ学者が言ったように、目的がなければ——目的因がなければ何も起こらない。ある意味で、あらゆる経験的対象は、そうした締め括りの出来事、完成的な締め括りの出来事である。疑わしいものと確実なもの、瑣末なものと重要なもの、真なるものと間違っているもの、混乱したものと秩序正しいものは、ともに締め括りの出来事なのである。目的が思考という理知的操作の終結点であるときにだけ、目的は尊称としての目的である。私たちが経験するのはつねに個別の対象であるが、理知的行為の成果である個物だけが、そのなかに内在的秩序と豊饒な性質をもつ。

　自然は安全と危険から身を守る手段を与えてくれるが、まさにそれと同じように、自然の状況と過程は不確実性とその危険を生み出す。自然は不安定なものと安定したものの恒常的な混交として特徴づけられる。この混交が現実存在に痛切さを与える。もし現実存在が完全に必然的であるか完全に偶然的であるならば、人生には喜劇も悲劇もないだろうし、生きようとする意志も必要ないだろう。道徳と政治の、技術と美術の、宗教の、そして探求と発見としての科学自体の意義はすべて、それらの源泉と意味を、決着済みのものと未決着なもの、安定したものと危険なものの、「自然」における合一にもっている。この合一から切り離されると、完成としての目的も、私たちが目的［purpose］と呼ぶ目論見（end-in-view）としての目的も、およそ「目的（ends）」のようなものは存在しない。閉塞した宇宙だけがある。その宇宙は終焉を迎え、変化の余地がまったくないものであるか、予め定められた出来事の進行であるかの、いずれかである。失敗する危険がないところには達成のようなものは存在せず、成就する見込みがないところには挫折のようなものは存在しない。

　哲学が行う確実性の探求において、進行する自然過程に不確実なものが実在することを無視すると、確実性の探求が起きる条件を否定することになる。理論的に確実なものがきっちり支配する内部に、疑わしいものすべてを包含しようとするのは、不誠実さと責任逃れに加担しているのであり、結果的に内部矛盾という烙印を押されるだろう。そのような哲学はいずれも、ある点で、その題材を真の実在と単なる現象、主観と客観、物的と心的、理想と現実に分離するという特徴をもつ。これらのものは解決不能な問題を作り出すほど謎に満ちたやり方を別にすれば、お互いにまったく無関係である。

第9章　方法の卓越性　　　　199

　行為は、問題状況が解決される場合の手段である。こうしたことが、科学的方法の正味の結果である。この結論に奇妙なところはない。相互作用は自然存在の普遍的特性である。「行為」は、この相互作用の一様態に対して与えられる名前、つまり有機体の観点から名づけられたものである。相互作用の結果、生命過程が進行するさいの、未来の状況が決定されるならば、その相互作用は「行為」である。もし認識が自然の内部で起こるものだと認められるならば、当然の結果として、認識は現実に存在する公然たる行為だ、ということが出てくる。認識活動を行う人が自然の外部にいて、ある外部の場所から自然を見つめる場合にだけ、認識は以前に存在したものを修正する行為であること、また認識の価値は、その修正の結果にあることを否定できる。思考が身体から独立した「理性」の働きであり、それは純粋に論理的な操作によって真理に到達すると見なされるとき、人間の自然な心の動きから言って、傍観者的認識論は避けられなかった。今や私たちは実験的手続きというモデルを手にしており、すべての心的過程には有機体の行為が役割を果たすことに気づいているのだから、傍観者的認識論は時代錯誤である。

　私たちの議論の大半は、知識の分析に向けられた。しかし主題は知識と行為の関係である。つまり知識に関する結論の最終的意味は、それによって行為に関する観念が変わらざるを得なくなることにある。かつての理論と実践の区別は、二種類の行為、つまり盲目的行為と理知的行為の区別として意味をもつ。知性はいくつかの行為、つまり方向づけられた行為の性質である。方向づけられた行為は達成されるものであって、生まれつき備わったものではない。人間の進歩の歴史は、無生物の相互作用のように認識の働きなしに起こる行為が、自分が何をしているのか分かっているという性質をもつ行為に、外部の条件によって制御された行為から、意図——行為の結果への洞察——によって導かれた行為に形を変える物語である。もとは盲目的な行為が、この知性という属性を獲得するようになる唯一の方法は、教育、情報、知識である。

　この結論は、自然における目的と機械的構造の意義にとって、決定的に重要である。知識は理想的に、あるいはその働きの点で、先行する実在の開示であるという学説から、自然科学の結果の強い影響を受けて、目的が純粋に主観的なものに、意識状態に貶められるという結果が生じた。そのとき、いかにして

目的が世界のなかで効力をもちうるのか、という問いから、未解決の問題が生じた。さて理知的行為は目的をもった行為である。もし理知的行為が自然の出来事であり、有機体的、社会的相互作用という、複雑ではあるが特定できる条件下で生じるのであれば、目的は知性と同じように、自然の内部にある。目的は客観的身分と妥当性をもつ「カテゴリー」である。目的は、自然的状況における人間の技術の地位と働きを通して、客観的身分を直接もつ。何故なら人間に特有の行為は、目的によってだけ解釈できるし、理解できるからである。実際に生きられる歴史であれ、叙述される歴史であれ、およそ真に歴史と呼ばれるものを支配するカテゴリーは、目的である。というのも人間に特有の行為は、意図によって特徴づけられるからである。

　間接的に、目的は〈自然〉自体を一般的に記述するさいの、正当で必要な観念である。何故なら人間は自然と連続的だからである。自然的出来事の頂点が人類の理知的技術にある限り、自然自体には歴史が、結果に向かう運動がある。研究の便宜上、自然が結びつきのない小片に砕かれ、それら小片の部分が他の部分から分離独立してお互いに関係をもつと見なされるとき、目的という概念は、まったく適用されない。目的は理知的な研究方法そのものによって除外される。科学には、この種の抽象がいっぱいある。例えば水は既定の比率で水素と酸素が結合したものである。これは「水」一般について述べているが、酸素と水素以上のものが存在するような条件下で起こる個々の比率の発生について述べてはいない。個々の水は、際限なく多様で広範な諸事物の過程の一局面である。しかし一般的に「水」は、水を特徴づける構成要素との関連で、あたかもそれ自体で完全な一個の宇宙でもあるかのように扱われる。多くの変化のなかで安定しており、各々の変化がそれ自体の個別的歴史をもつ関係について述べたものとして、水は制御の道具である。水が自然の一般理論を形づくるための模範を与えるかのように扱われるとき、制御の道具は結果的に、歴史も目的もない世界観に変えられる。

　一般化された事実が、それ自体で完全な個別的出来事だと見なされるとき、出来事同士が瓜二つであるような宇宙像になる。反復はあるが発展はない。機械的産出はあるが統合された結果に向かう累積的運動はない。私たちは手持ちの論理的包みから、そこに入れておいたものを取り出して、その取り出したも

第9章　方法の卓越性　　　201

のを現実の世界を文字通りに記述したものに変える。事物はその個体性を失い、一般法則の「実例」となる。しかし出来事が結びつきにおいて見られるとき、自然は歴史によって特徴づけられると見なされ、そのうちのいくらかは人間存在を、また最終的には人間の理知的活動を終着点とする。出来事をそのように見ることは、確かに哲学の本分である。複雑な相互作用の累積的統合の結果として、この結果は先行する過程に、目的によって統合された意味を与えるようなものである。要は、単独孤立の自然過程の切断面を取り上げるのか、それとも一つの結果に向けた多くの過程の統合を明らかにするほど、十分に長い時間間隔に及ぶ出来事過程を取り上げるのかに、万事は左右される[原注15]。

　機械は機械的構造の際立った例である。それと同じく機械は、目的や用途や機能によって理解されるべきものの際立った例である。自然は機械的構造をもつ。自然科学は知識によって遂行されるべき道具的役目を果たすのだから、この機械的構造は自然科学の対象の中味をなす。もし自然的出来事に含まれる相互作用と結びつき関係がお互いに十分に似ておらず、十分に恒常的でも斉一的でもなく、したがっていっぽうから他方への推論も予測も可能ではないとしたら、制御とか目的は存在しないだろう。様ざまな変化の間の恒常的関係が科学的思考の主題なのだから、その主題は様ざまな出来事の機械的構造である。近代的探求の正味の結果は、こうした恒常的なもののうち、大は法則と呼ばれ、小は事実と呼ばれるにしろ、それらは本性上、統計的だということを明らかにする。恒常的なものは一連の操作による、きわめて高い頻度で観察されたものを平均した結果である。それらは任意の個物の厳密な構造と振る舞いを記述したものではないのであって、それは、ある年齢の人びとの死亡率についての保険統計的「法則」が、その計算に含まれる人びとの一人の人生について説明するものではないのと同じことである。自然は計算、推論、予測を受け入れるほど十分に恒常的な機械的構造をもつ。しかし他から切り離された結果とか、ある目的のために獲得された結果を実体化する哲学だけが、つまり道具という機能の実体化だけが、自然は機械的構造、単なる機械的構造である、と結論づけ

───────────

　　[原注15]　エドマンド・ノーブル［Edmund Noble］による *Purposive Evolution*, New York,
　　　　　　1926 は、私の知る限り、本節で概要を述べている考えについての、最良の言明を
　　　　　　含んでいる。

る。

　長らく認められてきたように、いくつかの物理学的法則は、個体の振る舞いについての報告である代わりに統計的である。ハイゼンベルクの原理は、質量は速度に伴って変化するという発見とともに、すべての物理学の法則が、こうした性格をもつという一般化された結論を示す。前述したように、物理学の法則は観察可能な出来事の蓋然性の予測である。物理学の法則はマクスウェル[James Clark Maxwell][訳注15]の限定的予測の頂点を示すものであり、彼の予測は瞠目すべきものであって、全文を引用するに値する。

　　原子と真空の理論は、積分と定比例の学説に、いっそうの重要性を与えることになる。しかしひじょうに多くの数の原子の運動に力学的原理を適用するにさいして、私たちの能力の限界から、各々の原子の厳密な歴史を表そうとする試みを放棄して、見ることができるほど大きな原子集団の平均状態を統計的に予測することで満足せざるを得ない。原子の集団を扱うこの方法は、統計的方法と呼んで差し支えないだろうし、私たちの知識の現状では、実在する物体の属性を研究する、手の内にある唯一の方法である。その方法は厳密な力学的原理の放棄と、確率論に属する数学的方法の採用を含んでいる。この方法を適用することによって重要な結果が得られる可能性があるが、それは今までのところ、ほとんど知られておらず、馴染みがないものである。もし現実の科学史が違っていたとしたら、そしてもし私たちに最も馴染み深い科学的学説が、このように表現されなければならないものだったとしたら、ある種の偶然性が現実に存在することを自明の真理と見なし、哲学的な必然性の学説を単なる詭弁として扱った可能性がある[原注16]。

「私たちの能力の限界」による特性と見なさねばならない、とマクスウェル

　[訳注15]　マクスウェル（1831-1879）はイギリスの理論物理学者、とくに電磁気学の分野で大きな業績を挙げた。この論文集は1890年に出版された。
　[原注16]　J. C. Maxwell, *Scientific Papers*, Vol. II., p. 253. この引用文に関してはチャールズ・ハーツホン［Charles Hartshorne］に恩恵を受けている。

第9章　方法の卓越性　　　203

が感じたものは、自然的出来事自体の特性になる。個体についての力学的な厳密科学などあり得ない。個体は本質的に唯一無二の歴史である。しかし個体の構成要素は質的なものとしてではなく、一連の操作から引き出される統計的定数と見なされるときに知られる。

　この事実は行為の自由に明白な関わりがある。数学の言葉を使えば、偶然性は自由の十分条件ではないけれども、必要条件である。すべての構成要素が完全に緊密で厳密な世界には、自由の余地はないだろう。偶然性は自由の余地を与えるが、その余地を満たさない。予測を可能にし、生じるかもしれない結果に対する意図的準備を保証する知識において、安定的要素である関係の認識が不確実な要素と結びつくときに、自由が現実に存在する。私たちが何をしているのか知りながら行為する程度に応じて、私たちは自由である。自由を「意志の自由」と同一視するのは、偶然性を間違った位置に置いているのである。意志の偶然性とは、不確実なことが不確実に扱われていることを意味するであろう。意志の偶然性とは、偶然を頼りに決断することだろう。「意志」の本分は決意すること、つまり思考に導かれて不確実な状況の不確定性を解決することである。行為せざるを得ない状況にあるのに、どう行為したらよいか理知的な手掛かりがないときにだけ、選択に迷い、気まぐれな方向に向かう。

　「自由意志」説は、確固不動の、不変な客観的〈存在〉という学説の結果から逃れようとする、一か八かの試みである。確固不動の、不変な客観的〈存在〉の学説というドグマが消えてなくなると、そうした一か八かの措置への要求も消える。選好行動は、あらゆる個物を個物として、あるいは唯一無二のものとして特徴づける。選好行動自体は、事実上の意味で個物同士を差別化する。洞察が方向性を与える選好行動は、真の選択になる。知識は、選好が幻想であり、物の数に入らず、影響も及ぼさないような世界を開示するのではなく、細心で用意周到な行為によって未来を作り出すさいに、選好が理知的または計画的要因でありうるような手段を所有している。特殊な条件と関係についての知識は、次いで、意味が豊かになり、さらに整然とした性質をもつ状況を生み出す助けとなる行為に対する手段である。そうした行為ができることが、自由だということなのである。

　物理学の探求は認識本来の姿を典型的に表すものだと見なされてきた。その

選択は正しい。何故ならば物理学的知識の働きはとても完全であり、その記号の枠組みは、とてもよく工夫されているからである。しかしもしそのことが、科学が唯一の正当な知識のあり方だという意味にとられるなら、それは誤解であろう。科学は、認識の本質的な特徴が拡大して示されるような、強化された認識形態なのである。それに加えて物理学の知識は、他の知識のあり方を発展させるために、私たちが所有する最も強力な道具である。しかし疑わしい状況を熟慮しつつ解決された状況に変える程度に応じて、どんな題材に関してであっても、私たちは知る。物理学の知識には専門性という利点、唯一つの目的に誠心誠意、努力を傾けるという利点がある。物理学に含まれる態度、その方法は未だ物理学自体の限られた範囲を大きく超えるものではなかった。道徳、政治、宗教上の現在の信念は、変化を恐れるという特徴をもつ。また秩序と規制力のある権威は、究極的なものとして受け入れられる確固不動の基準を指示することを通して初めて得られるという感情によって特徴づけられる。その基準が究極的なのは、それが予め存在している確固不動の実在を指示するからである。物理学的探求の外部では、私たちは問題に後ずさりする。深刻な困難を徹底的にあぶり出すのを好まない。現状を受け入れ、お茶を濁してやっていくのを好む。したがって私たちの社会的、道徳的「科学」は、かなりの部分、現状の事実を一般的に形作られた概念組織に落とし込むことにある。社会と人間を主題にした論理は、17 世紀までは自然科学においてそうだったのと同様に、主として定義と分類の論理である。大体のところ、いちばんの関心事においては実験的探求の教訓に、まだ学ばなければならない。

　私たちの最も信頼できる知識は方向づけられた実践によって得られるのだが、この方法は人間から遠く離れた物事に未だ限定されているか、産業技術においてだけ人間に関係するので、私たちは社会的に分断され混乱した状態にある。それ以外の実践で、私たちの心に最も親密に、また強く訴えかける物事は、理知的操作によってではなく、伝統、私利私欲、偶然の事情によって規制されている。自然科学の最も重要な、その方法に関する側面は社会実践に応用されていない。それに対して自然科学の技術的結果は、特権的利権をもつ地位にある人びとによって利用され、自分自身の私的または階級的目的に役立っている。そこから生じる多くの結果のなかで、教育の現状がおそらく最も重要である。

第9章 方法の卓越性

理知的行為を一般の人びとに教える手段として、教育は秩序ある社会改造に対する鍵を握っている。しかし行為の方法としての知性を発達させることよりも、むしろ確固不動の結論を教え込むことが、未だに教育過程を支配している。いっぽうで技術的、機械的技能訓練に努力を傾けながら、他方で抽象的情報を重んじることに努力を傾けることは、現実を読み解く能力をもつ者にとっては、知識と行為、理論と実践を分離するという歴史の重さを、ほぼ完全に例証する。知識と行為の分離が支配する限り、教育の現状がその典型であるような、この諸目的の分離とエネルギーの浪費が続くであろう。分離されたすべての目的と信念の対立を統合する効果的条件は、あらゆる分野にいる人間の、唯一の究極的資源が理知的行為だと理解することである。

したがって自然科学と日常経験の諸事物の関係について、哲学的問題がまったくないと主張しているのではない。主張しているのは、近代哲学が主に取り組んできたようなかたちの問題は人為的問題であって、それは歴史上の初期に形成され、物理学的探求の現状とは何の関連性もない前提が持続していることによるのだ、ということである。しかしこの非現実的な問題の根底にあるものを明らかにすれば、哲学は、現代の生活状況から出てくる喫緊の実践的問題を考察せざるを得ない。権威ある目的と価値について現在広く見られる信念は、自然科学の方法と結論によって、どのように修正され放棄されることを求められるのだろうか。自然科学が成し遂げた自然エネルギーの制御によって、人間の制度と社会における現在の信念と実践の内容を制御しつつ変える、どんな可能性が示唆されるだろうか。これらは真正で喫緊の問いであって、それは伝統的問題が人為的で無駄であるのと対をなすものである。

第 10 章　善の構成

　本書の冒頭で、不安が確実性の探求を生むことを学んだ。どの経験からも結果が生じるが、その結果が、目の前にあるものへの私たちの関心の原因である。規制する技術がなかったので、安全への探求は見当違いな実践様式に、つまり儀式とか祭礼に逸れていった。生起しようとしていることの兆候を発見するよりも、前触れを発見することに知恵を絞った。徐々に、二つの領域が分化した。一つは高次の領域であり、すべての重要問題で人間の運命を決定する神々からなる。宗教が関わったのはこれである。他の領域は、人が自分自身の技能と事実についての自分の洞察を頼りにするような、ありふれた物事からなっていた。哲学は、この区分の考えを引き継いだ。その間、ギリシャでは技術の多くが、単なる型通りの状態を超える発展状態に到達していた。扱われる材料には尺度、順序、規則性が暗示され、そうした暗示が、その根底にある合理性を暗示した。数学の発展のために、本質的に信頼できて、価値のある純粋に合理的な知識とか、変化している現象のうちで、合理性の暗示が科学的に把握できるような手段も生じた。それ以後、宗教が与える安らぎと慰め、確実性の保証は、知識人階級にとっては、理想領域の対象の実在性を知的に論証することに見出された。

　キリスト教が広まるとともに、倫理的‐宗教的な特性が純粋に合理的な特性よりも優位を占めるようになった。人間の意志の性向と目的を規制するための究極的に権威ある基準が、必然的で普遍的な真理への要求を満足する基準と融合した。さらに究極的〈存在〉の権威は、地上では教会によって代表された。本性上、知性を超越するものは啓示によって知らされるが、教会はその啓示の解釈者であり守護者であった。その体系は何世紀も続いた。その体系が続いている間、それは西洋の世界に信念と行為の合一を与えた。生の営みの隅々に至るまで、知行合一が行き渡った。知行合一の効力は思考に依拠しなかった。それはすべての社会制度のなかで、最も強力で権威あるものによって保証されたのである。

しかし知行合一は見たところ堅固な基礎に支えられていたが、近代科学の結論によって土台を掘り崩された。その結論の結果、それ自体において、さらにそれ以上にその結論が生み出した新しい関心と活動において、人間が日々の暮らしで関わるものと、人間の究極的で永遠の運命を決定するさいに、以前には人間の現在の生活を規制していた究極的実在に関する信仰とが乖離した。人間が生活している世界についての信念と、その行為に方向性を与えるべき価値と目的についての信念をもういちど統合し、協調させるという問題は、現代の生活において最も深刻な問題である。それは浮世離れしていない哲学ならば、問題にすべきものである。

科学は、その実験手続きにおいて認識と行為の分離を放棄したという事実に注目したが、その注目は次の事実を拠り所にしている。すなわち理論に関する限り、集合的な人間の経験の比較的広い領域で、必要とされる統合を達成する可能性と兆しが、限られた専門的、技術的領域のうちで、今や整っているのである。その統合が現実の経験で確実なものになりうるような、実験的努力で働く十分に明確な観念を通して、哲学は実践の理論であることが求められる。哲学の中心問題は、自然科学による事物の本性についての信念と、価値――行為を方向づけるさいに正当な権威があると見なされる一切のものを指示するために、この語を使う――についての信念の間に、存在する関係である。この問題に取り組む哲学は、価値についての信念が科学革命以前の事実についての信念と、まったく同じ状態にあるという事実に、まずもって衝撃を受ける。信念と行為を確実に規制するために、経験が自らを規制する基準を発展させる能力に対して根本的な不信の念を抱いたり、哲学者が永遠の価値と呼ぶものを懇請したりする。あるいはまた実際に経験される喜びを受け入れておきながら、それが生み出されるさいの方法や操作に関わらない。合理論方法と経験論的方法がまっ二つに分かれていることが、善悪についての考え方、また善悪に関わる行動様式のうちに、その終局的で最も深い人間的意義をもつ。

専門的哲学がこの状況を反省する限り、価値論は二つの種類に分かれる。いっぽうでは、あらゆる生活領域で具体的に経験されるような善と悪は、下等な――本質的に下等な〈存在〉の序列を特徴づけるものだと見なされる。そうした善と悪はまさに人間が経験するものなので、それらの価値は、究極的実在に

由来する基準と理想を参照系にして評価されなければならない。それらの欠点と歪みは、同じ事実に帰せられる。それらは〈神〉［Supreme Being］の要求への忠誠に由来する行為の方法を採ることによって、訂正され、制御されるべきである。この哲学的定式化が現実味を帯び、力をもつのは、人びとが制度宗教の影響を受けてきた限りで、その定式化が人びとの信仰を解釈したものだという事実による。かつて合理的概念が観察された、時間的現象に重ね合わされたのとまったく同じように、永遠の価値が経験された善に重ね合わされる。いずれにせよ、他の選択肢は混乱であり無法状態だと見なされる。哲学者は、これら永遠の価値が理性によって知られると見なす。一般庶民は、価値が神によって啓示されると見なす。

　それにもかかわらず、世俗的関心の拡大に伴って、現世の価値がとてつもなく多彩になった。現世の価値が次第に注意と精力を吸い寄せる。超越的価値の意識が弱くなった。超越的価値の意識が生活の隅々にまで浸透する代わりに、ますます特別の時間と行為に限定される。神の意志と目的を布告する教会の権威は制限された。人びとが何を言い、何を公言しようと、現実の悪を目の前にすると、その悪を矯正するために自然的、経験的な手段に頼る傾向がある。しかし慣習的な信仰では、日常経験される善とか標準は、本来、混乱しており価値が乏しい特徴があるという、古い教義が生き残っている。人びとが行うことと、名目的に公言することの、この不一致は近代思想の混乱と対立と密接に結びついている。

　不変の、超越的な価値に関する古い理論を、もっと日常生活の営みと調和する概念に置き換えようとする試みが、まったく行われなかったと主張するつもりはない。実情はその反対である。一例を挙げれば、功利主義理論は大きな力をもってきた。観念論学派は、新実在論の一形態を除いて、究極的な道徳的、宗教的価値と一体となった実在概念を重んじる、現代哲学における唯一の学派である。しかしこの学派は「精神」生活を保護することに最も関与する学派でもある。同じように重要なのは、思考と判断は、それらから独立に経験される価値に関与するという概念を、経験論が保持していることである。これらの理論にとって、情緒的満足は伝統的経験論において感覚が占めたのと同じ位置を占める。価値は好みと享受によって構成される。享受されることと価値がある

ことは、同じ事実を表す二つの名前である。科学の扱う対象から価値が追い出されたので、これらの経験論は価値の純粋に主観的な特徴を強調するために、できる限りのことを行う。欲望と好みについての心理学理論が、価値論の基盤全体を網羅すると考えられる。価値論における無媒介的感情は、無媒介的感覚に対応するものである。

　経験論が価値論を欲望とか満足という具体的経験に結びつける限り、これに反対するつもりはない。そのような結びつきがあるという観念は、合理論の生気のないよそよそしさ、制度化した超越論的価値論の眩し過ぎる存在感から免れることを可能にする、私の知る限り唯一の方法である。反対なのは当該の理論が、享受される対象が存在するようになるさいの方法に論及せずに、方法に先行する対象に価値を定めることである。その理論は、理知的操作によって規制されていないという理由で、偶然的な享受それ自体を価値と見なす。操作的思考は、今やついに物的対象の概念に適用されるが、それと同じように、操作的思考は価値判断に適用される必要がある。現状に対処するためには、善悪という観念の領域での実験的経験論が求められる。

　直接的で制御されていない経験の素材が問題的なものとして、反省的操作によって認識された対象に変換されるべき素材を与えるものとして捉えられたとき、科学革命が起こった。経験される対象と認識される対象の対照は、時間的な対照であることが分かった。つまり実験的な変化とか再処理の行為に先立って経験され、また「与えられる」経験的題材と、これらの行為の後に続き、これらの行為から生じる経験的題材の対照であることが分かった。無媒介的知識において思考の正当な尺度を与えるという概念は、その尺度が感覚作用であっても思考作用であっても、疑われた。操作の結果が重要なものになった。偶然に経験される享受を価値として立てることによってではなく、理知的行為の結果である享受によって価値を定義することで、超越論的絶対主義の欠陥を免れるべきだという示唆が、ほとんど不可避的に生じる。思考が介在しないと、享受は価値ではなく問題的善であって、享受が理知的行動から、形を変えて再び現れるときに価値になる。現在流布している経験論的な価値論の根本的問題点は、現実に経験される享受を価値それ自体と見なす、社会に広く見られる習慣を、単に定式化し正当化しているに過ぎない、ということである。その問題点

第 10 章　善の構成　　　211

は、これらの享受を規制するという問題を完全に回避している。この論点は、まさに、経済的、政治的、宗教的制度を一定方向に再構築するという問題を含んでいる。

　直接知覚される性質に背を向けるならば、対象についての正しい概念が形成できるはずだとか、これらの概念は対象についての、いっそう確実で意義深い経験を生み出すために使うことができるだろうという概念には、逆説が含まれているように思われた。しかしその方法は、出来事として見られた知覚対象が依存する結びつきや相互作用を、最終的に明らかにした。形式的な類推によって示唆されるのは、私たちが直接に、また最初に好ましいとか享受されるものとして経験する事物を、達成されるべき価値の単なる可能性と見なすことである。つまり享受がどんな関係に依存するかを発見するときに、それは価値になる。そのような因果的、操作的な定義は価値そのものではなく、価値という概念を与えるに過ぎない。しかしその概念を行為において活用すると、結果的に、確実で重要な価値をもった対象が生じる。

　形式的に述べたことは、享受されたものと享受するに値するもの、望んでいるものと望ましいもの、満足を与えるものと満足するに値するものの違いを指し示すことによって、具体的内容を与えることができる。何かが享受されているということは、事実について、既に存在しているものについて述べることである。それはその事実の価値を判断することではない。そうした命題と、何かが甘いまたは酸っぱい、赤いまたは黒いという命題には、何の違いもない。それは単に正しいか正しくないかであり、それで話はおしまいである。しかしある対象を価値と呼ぶことは、それが一定の条件を満足する、あるいは充足すると主張することである。現状に対処するさいの機能と身分は、対象がただ存在していることとは別の事柄である。何かが望まれているという事実は、それは望ましいかという問いを提起するに過ぎない。その事実は、その問題に決着をつけない。年端もいかない子どもだけが、「それ欲しい、それ欲しい、それ欲しい」と繰り返し言い募ることで、望ましさの問題に決着をつけたと考える。現在流布している経験論的な価値論に異議があるのは、価値を欲望とか享受と結びつけることではなく、根本的に異なった種類の享受を区別できていないことである。二つの種類の違いがはっきりと認められるような、ありふれた多く

の表現がある。例えば「満足を与える［satisfying］」と「満足するに値する［satisfactory］」という観念を取り上げよう。何かが満足を与えるということは、何かを他から切り離された終局的なものとして報告することである。何かが満足するに値するということは、それを結びつきとか相互作用において規定することである。何かが心地よい、あるいは性にぴったり合うという事実は、判断すべき問題を提示する。満足はどのように評価されるのだろうか。満足は価値なのか、そうではないのか。満足は尊ばれ、大切にされるべきものなのか、享受されるべきものなのか。堅苦しい道徳家だけでなく、日常経験が私たちに教えてくれるのは、あるものに満足することが、結果にご用心という警告、勧告かもしれないということである。何かが満足に値すると表明するのは、それは特定可能な条件を満たしていると主張することである。それは現実には、そのものは「うまくいくだろう」という判断である。それは予測を含む。それは、そのものが目的に適い続けるような未来を見据える。つまりそれはうまくいくだろう。それは、そのものが能動的に設定するだろう結果を主張する。つまりそれはうまくいくだろう。それは満足を与えるということは、事実命題の内容である。それは満足するに値するということは判断であり、見積もりであり、値踏みである。それはとるべき態度、長続きさせようとか、確かなものにしようとする態度を表す。

　注目に値するのは、前述した例以外に、日常言語には他の多くの区別が認められることである。語尾に"able"、"worthy"、"full"がつくものが通例である。注目すると注目すべき、注目に値する［Note and notable, noteworthy］、注目すると注目すべき［remarked and remarkable］、熟慮のうえと当を得た［advised and advisable］、驚いたと驚くべき［wondered at and wonderful］、心地よいと見事な［pleasing and beautiful］、愛されていると愛すべき［loved and lovable］、非難されると非難すべき、非難に値する［blamed and blamable, blameworthy］、反対すると反対すべき［objected to and objectionable］、尊重すると尊重すべき［esteemed and estimable］、称賛すると称賛に値する［admired and admirable］、恥ずかしいと恥ずべき［shamed and shameful］、尊敬すると尊敬すべき［honored and honorable］、是認すると是認すべき、是認に値する［approved and approvable, worthy of approbation］等々。ことばを増

第 10 章　善の構成　　　213

やしても、その区別の説得力が増すことはない。しかしそれは、その区別の根本的性格の意味を伝える手助けになる。つまり既に存在する事実についての単なる報告と、ある事実を存在させる重要性と必要性に関する判断、あるいはその事実が既に存在するのなら、それを存続させておく重要性と必要性に関する判断の区別の根本的性格の意味を伝える手助けになる。後者は真の実践判断であり、行為の方向づけに関わる、唯一つの判断類型を示す。後者のために「価値」という語句をとっておくかどうかは（私は適切だと思うのだが）、些細なことである。価値が行為の方向づけに関係することを理解する鍵として、その区別を認めることが重要である。

　価値の観念による方向づけという、こうした要素は至るところに適用されるが、同じように科学にも適用される。何故ならどんな科学的探求でも、絶え間なく一連の評価が行われているからである。「これらの事実はデータや証拠として扱う価値がある」、「この実験をやってみる、その観察を行う、しかじかの仮説を受け入れる、この計算を行うのが得策だ」等々という具合である。

　「趣味」ということばは、多分、気ままな好みと完全に結びついてしまったので、価値判断の本性を表すことができないほどになった。しかしそのことばが、ただちに陶冶されており、能動的でもある鑑識眼［appreciation］の意味で使われるとすれば、知的、美的、道徳的を問わず、価値が入り込んでいる、あらゆるところで趣味を形成することは、最も重要な問題である。察知と呼んだり、直覚という名前を与えたりする比較的、直接的な判断は、反省的探求に先立つのではなく、思慮深い経験を積み重ねた成果である。達人の域にある趣味は、絶え間なく思考を働かせた結果でもあり、褒美でもある。もし「論議する」によって、反省的探求を含む議論を意味しているならば、趣味について論じることがないどころか、論議に値するものである。趣味という語を、その最良の意味で使うならば、趣味とは好みとか享受の真価を認識するために、経験を積み重ねた結果である。人が好ましいとか望ましいと判断するものには、その人自身が完全に明示されている。そのような判断は、信念が衝動、偶然、盲目的習慣、私利私欲によって支配されることに代わりうる唯一のものである。美的に称賛に値し、知的に許容でき、道徳的に是認すべきものに関して、陶冶され、効果的に働く良識やよい趣味を形成することは、経験的出来事によって

人間に課された最高の課題である。

　好まれているものの条件と結果が考慮される限り、好まれているもの、あるいは好まれてきたものについての命題には、価値判断に達するさいに手段的価値がある。それらの命題自体は、何ら主張しない。それらは後に続く態度と行為に何も要求しない。もし人があるものを好きならば、その人はそれが好きなのである。そのことに議論の余地はあり得ない、それが大事な点である——ただし何が好きかを正しく述べることは、常々思われているほど容易ではない。他方何が望まれるべきか、享受されるべきかについての判断は未来の行為についての主張である。その判断は単なる事実上の［de facto］性質ではなく、権利上の［de jure］性質をもつ。よく経験されることだが、好みや享受は何でもありであって、多くの好みや享受は、よく考えて判断すれば非難されるようなものである。自己正当化と「合理化」のために、享受されているものが価値だと主張する傾向を、享受が作り出す。このような妥当性の主張は、事実に権威を付け加える。それは、その対象が存在する権利をもつという決定であり、したがってその対象の存在を推進するために行為する権利を要求する。

　価値論の現状と、実験的探求が興隆する以前の自然的対象についての理論の間にある類比関係は、さらに推し進められる。思考の起源と検証に関する感覚主義的理論は、その反動として先天的な観念についての超越論的理論を呼び起こした。というのも、感覚主義的理論は観察される対象における客観的な結びつき、秩序、規則性を、まったく説明できなかったからである。同様に、好まれているという単なる事実を、好まれている対象の価値と同一視する学説は、行為を方向づける必要があるときに、方向づけることができない。だからその学説は、すべての判断の基準であり、すべての行為が義務として従うべき目的であるような価値が、「存在」のうちに永遠に存在する、という主張を自動的に惹起するのである。操作的思考を導入しないと、私たちは次のような二つの理論の間で揺れ動く。一つの理論は価値判断の客観性を救うために、その判断を経験と自然から孤立させる。もう一つの理論は価値判断の具体的で人間的な意義を救うために、その判断を私たち自身の単なる感情についての言明に還元する。

　享受と価値は同等の事実だという見解を熱烈に支持する人でさえ、いったん

あるものを好んでしまったら、それをずっと好むべきだと、敢えて主張しないだろう。彼らは、いくつかの趣味は陶冶されるべきだという観念を導入せざるを得ない。論理的には、陶冶という観念を導入する根拠は何もない。好みは好みであって、好みに優劣はない。もし享受が価値であるならば、価値判断は好みのあり方を規制することができない。価値判断はそれ自体の制約を規制できないのである。欲望と目的、したがって行為の形成を規制するという問題は、実生活では最重要問題なのだが、それらの導き手がない状態になる。(纏めると) 価値は本来、好みと結びついているが、あらゆる好みとではなく、好まれた対象が依存する関係を吟味した後で、判断が是認した好みとだけ結びついている。軽い気持ちで好むことは、その好みがどのようにして生じるのか、どんな結果が起こるのかを知らずに、偶然に好むことである。偶然の好みと、好む値打ちがあるとか、追求すべきだという判断に基づいて求められる好みの違いは、ちょうど偶然的な享受と価値があり、したがって私たちの態度と行為に対する権利要求をもつ享受の違いに相当する。

　いずれにせよ、これの対案である合理論的な理論は、永遠不変の規範に訴えはするが、行為の導き手となるものを与えない。科学者は、ある提案された理論の蓋然的真理を決定するさいに、その理論を絶対的真理とか不変の存在という基準と比較する手段に、助けを求めたりしない。科学者は明確な条件下で企てられる明確な操作——方法——に依拠しなければならない。建築家が現実の条件と要求の知識に基づいて理想を形作ることは理解できるけれども、ビル建築にさいして理想一般から援助を受けることなど、ほとんど想像できない。一個の芸術作品を作り出そうとする画家に、先行する「存在」のうちにある完全な美の理想が方向性を与えることもない。道徳において絶対的完成は、求められるべき善、果たされるべき義務——どちらも具体的なものである——があるという認識を、一般化しつつ実体化したもの以上だとは思われない。またこの点での欠陥は、単に否定的なものではない。歴史を調べてみれば明らかになるだろうが、これらの一般的で迂遠な価値図式は、既に社会に流布している、ある制度やドグマを神聖化することによって初めて、行為を導くほど明確な、具体的状況に対する内容を獲得するのである。私はそう確信している。具体性は得られる。しかしそれは多分、古臭くなっていて批判の必要がある、ある公認

の基準を探求から保護することによって得られる。

　行為を方向づけるのに相応しい、価値についての観念と信念を形作るさいに、価値論が知的援助の手を差し伸べないとき、他の手段によって、その溝を埋めなければならない。理知的な方法が欠けていたとしても、先入観、直面する状況の圧力、自己利害、階級利害、伝統的慣習、歴史的な偶然によって始まった制度に不足はない。そしてそれらは知性の代わりをする傾向にある。こうして私たちの中心命題に導かれる。すなわち、価値についての判断は、経験される対象の条件と結果についての判断、私たちの欲望、情愛、享受の形成を規制すべきものについての判断である。何故ならそれらの形成を規制するものは何であっても、個人的、社会的行為の主要な方向を決定するだろうからである。

　私たちが好んだり享楽したりするものが、どのような存在上の結びつき関係をもつのか考慮することによって、価値に関する判断を形作るべきだと聞いて、訝しく聞こえるとすれば、その答えはすぐ見つかる。私たちがこの探求に取り組まない限り、享受（価値という語句を適用することを選択すれば価値）は偶然である。享受は「自然」によって与えられ、技術によって構築されない。享受は質的に存在する自然的対象のように、せいぜい、合理的論議において彫琢するための材料を与えるに過ぎない。対象が知的にしかじかであるという感情は、対象が現実にそうだということから取り除かれる。それと同じように、善や卓越性の感情は、実際の善さから取り除かれる。自然的対象の真理は、方向づけられた操作を選択し、手はずを決めることに細心の気を使って初めて達成されることを認めておきながら、価値は好みという単なる事実によって真に決定されると想定することは、私たちを信じ難い立場に立たせるように思われる。人生の深刻な混乱はすべて、状況の価値に関する判断を形成することが本当に難しいということに帰着する。そうした混乱は諸善の対立に帰着する。深刻な道徳的対立は明らかな悪と、善だと知られているものの対立だとか、不確実性は専ら選択する人の意志のなかにあると想定できるのは、独断主義者だけである。重大な対立の大半は、善と悪の対立ではなく、満足を与えるもの、または与えてきたもの同士の対立である。階層化された価値一般の一覧表、上から下に並べられた一種の徳目を一度に作ることができると想定することは、具体的に理知的判断を形作れないのを、躍起になって言い繕っているのである。そう

第10章 善の構成　　217

でなければ名誉という称号をつけて、慣習的な選択と先入観に威厳を与えているのである。

たまたま得られる満足を定義したり、分類したり、組織化する代わりになるものは、満足が得られるさいの関係によって、満足について判断することである。好み、欲望、享受といった行為が生じるさいの条件が分かるならば、私たちはその行為の結果が何であるかを知ることができる。欲望されるものと望ましいもの、称賛されるものと称賛に値するものの違いが、まさにこの点で効力を発する。「そのものは食べられた［eaten］」という命題と、「そのものは食べられる［edible］」という判断の違いを考えてみよう。先の言明は、述べられたもの以外の、どんな関係の知識も含んでいない。それに対してあるものを体内に摂取して、そこで効果が現れるときに、それがどんな効果をもちうるかを予見可能にするほどに、そのものと他のものとの相互作用の知識をもっているときにだけ、そのものが食べられると判断することができる。

他のものとの結びつきから切り離された状態で、何かを知ることができると想定することは、知覚の前あるいは感情のうちに、ある対象を単にもつことと認識することを同一視することであり、こうしてある対象を認識されたものとして特徴づけることができるものへの鍵を失うことである。直接目の前にある性質が、その性質を含む事物の全体を構成すると想定することは、くだらないし、愚かでさえある。目の前にある性質が温かい、流動的、重いといったものであるとき、その性質が事物の全体を構成することはないし、目の前にある性質が快楽を与える、享受されるといったものであるとき、その性質が事物の全体を構成することはない。また、そうした性質は、因果連鎖を含む過程の終結点という意味での結果であり、終わりである。それらの性質は研究されるべきものであり、探求と判断を促すものである。結びつき関係と相互作用を突き止めるほど、私たちは当の対象を知る。思考とはこうした結びつき関係の探求である。方向づけられた操作の結果として経験される熱は、どのようにして熱が出たかを知らずに、たまたま経験された熱とは、まったく異なる意味をもつ。同じことは享受にも成り立つ。諸関係への洞察によって方向づけられた行為から生じる享受は、その享受の経験のされ方によって、意味と妥当性をもつ。そのような享受は後悔しない。それは苦々しい後味を生まない。直接に享受して

いる最中でさえ、妥当だという感覚、正当だと認められている感覚があり、それが享受の度をさらに強める。享受の感情を長続きさせようと、単に気をもむのとは根本的に違う、価値のある対象を存在し続けるようにすることへの気遣いがある。

　したがって、私たちが述べてきたことは、現実に善いものとして享受されているものとは別に、価値があることを含意するものでは、まったくない。あるものが享受に値すると分かることは、いわば、享受プラスである。科学的対象を知覚された対象の競争相手や代替物として扱うのは馬鹿げていることが分かった。というのも科学的対象は、不確実な状況と、解決した状況つまり比較的制御された条件の下で経験される状況を媒介するものだからである。同じように、経験されるべき対象についての価値判断は、その対象が現実に経験されたとき、その対象を玩味するための手段である。しかしたまたま満足を与えるあらゆる対象は、他のあらゆる対象と同等の、価値に関する権利要求をもつという概念は、あらゆる知覚の対象は他のあらゆる知覚と、同じ認識的な力をもつと考えるようなものである。知覚がなければ知識はない。しかし知覚される対象は、結びつき関係を作る操作の結果として決定されるとき、初めて知られる。満足がある場合を除けば価値などない。しかし満足が価値に変換されるには、いくつかの条件が達成されなければならない。

　現代に生きる私たちが、物理的事物、それも人間の関心事から最も遠く離れている事物についての観念の形成を、あらゆる手段を使って思い通りに制御しようと骨を折っているのに、私たちの心を捉えて離さない対象の性質については偶然的な信念で満足するのは、奇妙極まりないことだと気づくときがくるだろう。自然的対象についての観念を形成する方法に関しては細心の注意を払うのに、価値についての信念を形作るさいには独断的であるか、無媒介的な条件によって駆り立てられる、というのも同じことであろう。たとえあからさまでなくとも、暗黙のうちに広く行き渡っている概念がある。それは価値が既に熟知されており、不足しているのは専ら、熟知されている価値の順序にしたがって、それを陶冶する意志だ、という概念である。実際には、最も不足の度合いが深刻なのは、既知の善にしたがって行為する意志ではなく、何が善であるかを知ろうとする意志なのである。

第 10 章　善の構成　　　219

　価値ある享受の発生をある程度規制することができるのも夢ではない。その可能性が現実のものになったことは、例えば産業生活に関わる工学技術のうちで——つまり一定の範囲までは——例証されている。人びとは自然自体が与えるものを超えた熱、光、移動の速さ、コミュニケーションの速さを望んだ。これらのものは、その楽しさを賛美するとか、その望ましさを説教することによってではなく、それらが現れる条件を研究することによって達成された。諸関係についての知識が獲得され、その後に生み出す能力が続き、享受が当然のこととして続いた。しかし昔から言われてきたことだが、これらのものを善として享受しても、それらが続いて善だけを生み出す保証はどこにもない。プラトンがよく指摘したように、医者は治療法を知り、演説家は説得の方法を知っているが、ある人は、治療してもらうほうがよいのか、それとも演説家の意見に説得されるほうがよいかについて、依然として結論が出ていない。ここで、伝統的、慣例的により卑しい技術の価値と呼ばれるものと、高次の、真に人格的、人道的な技術の価値の分裂が現れる。

　卑しい技術の価値に関して、一定の操作的知識がなくとも、それらは経験され享受されうると想定されてはいない。卑しい技術に関して、どの程度それらを評価し得るかは、それらの発生条件を制御するために、どれだけ骨を折ったかによって測定できる、ということもまた明らかである。人格的、人道的な技術の価値に関しては、率直な人は誰も、それらが何であるかを疑うことはできず、啓示や良心や他人の教えや直感によって疑いの余地なく明らかだと思われている。事物が私たちにとって、どの程度人格的、人道的な技術の価値があるかを決める尺度は、その価値のために行為することだとは見なされない。そうではなく、既に善であると知っていることに基づいて行為するよう、人びとに説得するのが難しいと想定されている。条件と結果の知識は、重要な価値を現実化しようとする場合の賢い方法という点では有益だが、何がそうした価値をもつかを判断することにはまったく無関係だと見なされる。結局、副次的、技術的な類いのものだと誰もが同意する価値の存在は、かなりの程度制御されている。それに対して最高の、義務的と称される価値は、衝動とか慣習とか恣意的な権威の強い影響を受ける。

　高級な価値の類型と低級な価値の類型との、こうした区別そのものが検討さ

れるべきものである。いくつかの善は物理的、物質的、他の善は理想的、「精神的」という鋭い分割が、何故なされるべきなのだろうか。その問いは、根底では物質的なものと理想的なものの二元論全体にまで達する。何かを「物質」や「質料」と称することは、実際にはそれを蔑視することではない。もしその名称が正しく適用されるならば、それは当のものが、他のものの存在の条件や手段だということを指示する一つの方法である。しかも効果的な手段を蔑視することは、賛辞を込めて理想的とか精神的と呼ばれるものを軽視することと、実際上同義である。何故なら理想的とか精神的という語句は、いやしくも具体的に適用されるとすれば、諸条件が望ましい仕方で完成されたものだとか、手段が大切にされて完了したものだということを意味するからである。したがって物質的善と理想的善をきっぱり区別することは、理想的善から効果的な支えとなる土台を奪うことであり、そのいっぽうで、手段として使われるべきものを目的自体として扱う道を開く。何故ならば健康とか富のようなものをある程度所有しないと、結局のところ人間は生きていけない以上、健康とか富が最高であり終局的だと見なされる善に不可欠な構成要素として扱われないならば、それらのものは、単独で価値とか目的と見なされるだろうからである。

　とりわけ社会関係が考慮されるときに、人間が経験するものの発生を決定する関係は、物理的と呼ばれる出来事を決定する関係よりも、はるかに広範で複雑である。物理的出来事は範囲が限定された選択的操作の結果である。このために、私たち自身の身辺にあるきわめて特徴的なことを知っているよりも、星のような遠く離れた対象のことをよく知っている。星について知られていない、限りなく多くのことがある、あるいはむしろ星と呼ばれるものは、それ自体、現実の経験に属している特徴の大半を、やむを得ず、また熟慮のうえで取り除いた結果である、ということが忘れられている。私たちが星について所有する知識の総量が人間に移され、私たちの人間についての知識を汲み干したとしても、星についての知識量はそれほど大きくないし、それほど重要であるようにも思われない。人間と社会についての真の知識が物理学の知識よりずっと遅れるのは避け難い。

　しかしこの違いは二つを鋭く分離するための根拠ではないし、特有な社会関係を結んでいる人間の関心事について、ほとんど実験的方法を使わずに観念と

か信念を形成している事実の申し開きをするものではない。この分離に対しては、宗教と哲学が責任の一端を認めなければならない。宗教と哲学は比較的狭い範囲の関係と、比較的広くて豊かな関係の区別を、種類の違いに仕立て上げ、いっぽうの種類を物質的、他方の種類を心的、道徳的と名づけた。宗教と哲学は、その分離は必然だという信念を広める任務に、またそれ固有の本性と価値において劣った種類のものだとして、物質の蔑視を浸透させることに、根拠もないのにのめり込んだ。明文化された哲学の、技術的で堅固な内容は消滅する。その哲学は、もっと希薄で生き延びやすい姿かたちで、元のかたちを何も知らない人びとの心に入り込む。そうした哲学が普及し、いわば空気のように流れ出して人びとの心のなかで再び結晶化するとき、それらは動きが緩慢で、容易なことでは変化しない世論という堅固な沈殿物を形成する。

もし実験的理論が単なる理論としてではなく、万人の習慣的態度を作動させる装置の一部として採用されるならば、個人的、社会的行為の技法において、その理論は現実に、どう影響するだろうか。実験的方法を採用することが知識に対してどんな結果をもつのか、予見することはできないであろう。それとまったく同様に、たとえ時間があったとしても、事細かにその問いに答えることは不可能であろう。やってみなければならない、というのがその方法の本性である。しかし許された時間の範囲内で、概略を示せるような、影響の一般的方向性というのはある。

経験に先行する対象への適合性に基づいて、価値についての観念と判断を形成することから、結果の知識によって方向づけられた享受するに値する対象を構築することへの変化は、過去に目を向けることから未来に目を向けることへの変化である。個人的、社会的な過去の経験が重要でないとは、少しも考えていない。何故なら過去の経験がないと、対象が享受される場合の条件についての観念も、対象を尊重するとか好んだ結果の見積もりも、形作ることはできないはずだからである。しかし過去の経験は、まさにこうした点を判断する知的手段を与える点で重要なのである。過去の経験は道具であって、終局的なものではない。私たちが好んできたもの、享受してきたものについて反省するのは、必要なことである。しかし享受自体が反省的に制御されるまで、あるいは享受が回想されるときに、私たちがこのようなものを好むに至ったのはどうしてか、

私たちがそれを好んだという事実から何が生じたのかについて、できる限り最善の判断を形成するまでは、私たちが好んできたもの、享受してきたものは、これらのものの価値について何も語らない。

すると私たちは、過去に経験された享受とか、その享受の回想からではなく、過去に経験された享受は、さらに享楽されるべきものを決定する権限をもつという概念から逃れるべきである。何が過去のうちで権威あるものかを解釈する多くの方法があるけれども、現在、それを決定する権限は過去にあるとされている。名目上最も影響力のある考え方は、疑いもなく、かつて得られた啓示か、かつて生きられた完全な生である。前例への、過去への、とくに法律において創造された制度への、吟味されていない慣習を通して私たちに到来した道徳規則への、批判に晒されていない伝統への依拠は、過去への依存の他の形態である。慣習とか既成の制度から逃れることができるなどとは、少しも示唆していない。単なる断絶が単なる混沌とした状態を生じさせることは疑いない。しかしそのような断絶の危険性はまったくない。人間というものは気質と教育の両面で、きわめて惰性に流されやすく保守的なので、断絶の危険性という観念に現実味を与えることはない。本当に危険なものは、新しい条件が力をもち、外部から、機械的に断絶を生み出すことだろう。これは絶えず存在している危険性である。その見通しは、新しい条件に対応するために古い基準が適切だと言い張る保守主義によって、高まりこそすれ、軽減されはしない。必要なのは、受け継がれた制度と慣習によって現実に得られた結果を理知的に検討することであり、その目的は、そうした制度とか慣習が、異なった結果を生み出すために、意図的に修正されるべき方法を理知的に考察することである。

これが、実験的方法を物理的経験という専門領域から、人間の生という、より広い領域に転移させる重要な意味である。人間の生に直接結びつかない物事についての信念を形成するさいの方法を、私たちは信頼する。道徳、政治、経済の問題では、私たちは事実上、その方法を信頼しない。美術では変化の兆しが多く見られる。過去には、そのような変化は、しばしば他の人間の態度における変化の前兆であり前触れであった。しかし一般的に言って、社会問題つまり不変的、究極的な価値があると思われる問題では、実験的方法を積極的に採用するという観念は、すべての基準と既成的権威を放棄することではないかと

第 10 章　善の構成　　　223

いう印象を、大抵の人びとに与える。しかし原理上、実験的方法は無原則で無
目的な行為を意味しない。実験的方法は、観念と知識によって方向づけられて
いるという意味合いをもつ。当面している問題は実践的問題である。社会的な
利害関心と社会的問題で、実験的方法が効果的に使われることを可能にする観
念と知識は存在するだろうか。

　私たちを方向づける基準として、馴染み深く、昔から尊ばれてきた価値を放
棄するならば、何処から規制が生じるのだろうか。かなりのところは自然科学
の発見から生じる。何故なら知識と行為を切り離す結果の一つは、科学的知識
から —— もう一度言えば、劣等な地位に引き下げられた技術的分野を除いて
—— 行為を導くという、それ本来の用務を奪い取ることだからである。もちろ
ん、人間的で、リベラルな価値が複雑な条件に左右されることは大きな障害だ
し、価値判断をかなり広範に規制できるほどの、科学的なタイプの知識を手に
しているということは、楽観的すぎるだろう。しかし私たちは利用しようとす
る以上の知識を手にしているのだし、もっと体系的に試してみるまでは、科学
を道徳的で人間味のある仕方で利用するという観点から判断して、諸科学にお
ける重要な裂け目が何なのか、分からないだろう。

　何故なら通例、道徳家は自然科学の領域と道徳的だと見なされる行為をきっ
ぱり分けるからである。しかし結果に基づいて価値判断を形作る道徳は、最も
深いところで科学の結論に頼らなければならない。何故なら諸事物を、先行す
る与件と結果として結合することを可能にする、変化間の関係の知識が科学だ
からである。道徳家はしばしば道徳の範囲を狭め、健康、活力、商売、教育と
いった、欲望と情愛と絡み合っているすべての事柄に関わっている他の広範な
行為から、ある行為を切り離して美徳とか悪徳にする。そうしたことが長く続
いているのは、自然科学の題材を、道徳的基準とか理想の形成における役割か
ら除外するという習慣による。同様の態度は、自然科学を技術的な専門領域に
留めておくという他の方向でも働き、またその態度は、戦争とか通商のような
個人的、階級的利益に都合がよい領域にだけ自然科学を使うことを、無意識の
うちに助長するように働く。

　すべての実践的問題に実験的習慣を拡大することによって、大きな影響が出
るもう一つのことは、その習慣が、しばしば主観主義と呼ばれるもの、よりよ

くは自己中心主義と呼ばれるものを根絶することである。主観的態度は、主観主義というラベルが貼られてきた哲学から推測されるよりも、はるかに広い範囲にわたる。主観的態度は他のどんな哲学とも同じように実在論的哲学に、時には他の哲学以上にはびこっている。ただしその場合には、究極的価値への崇拝とか、究極的価値の享受といった美名を隠れ蓑にして、実在論的哲学を信奉する人びとから覆い隠されている。何故なら思考と知識の基準を、経験に先行して存在するものに位置づけることは、私たちの思考が真実在には何の影響力もないことを、暗に意味するからである。すると真実在は、私たち自身の、それに対する態度にだけ影響する。

　私たちが生きている世界を変えるのではなく、私たち自身の内面を変えることを、このように繰り返し強調することに、「主観主義」が不快である本質があると思われる。主観主義の害毒はプラトン的実在論にさえ纏わりついている。プラトン的実在論は本質存在の領域の観照によって心の内面を変えることに執拗にこだわり、また行為をはかなく、ほとんど卑しいものとして──有機体の存在は避けがたいということへの譲歩──蔑視する。現実に経験される善を限定する自然的、社会的対象を変化させる代わりに「魂の眼」を変化させるすべての理論は、現実存在からの退却であり逃避である──しかも自我へのこの縮退は、またもや主観的な自我中心主義の核心である。おそらく典型的な例は、個人の魂の救済に主要な関心を寄せる宗教に見出される彼岸性である。しかし彼岸性は、審美主義にも、象牙の塔内部への、あらゆる引きこもりにも、同じように見出される。

　個人の態度、「主観」の性向の変化がそれほど重要ではないなどと、暗に言いたいわけではまったくない。反対に、そのような変化は環境の条件を修正しようとするどんな試みにも含まれる。しかし目的として陶冶され、価値が付与される自我の変化と、行為を通して客観的条件を変える手段である自我の変化には、根本的な違いがある。観照によって究極的〈存在〉を所有することに至福が見出されるというアリストテレス的-中世的確信は、ある種の人びとを魅了する理想である。それはある種の洗練された享受を示す。それは、よりよい日常経験の世界を創造することに含まれている、努力を諦めた人びとの心に響く学説である。それは神学的な愛着を別とすれば、実際に努力しても見込みが

ないと思わせるほど社会条件が混乱しているときには、必ず繰り返される学説である。しかし古代思想と比べて近代思想において、表面上著しい主観主義は、新しい条件の下で古い学説が発展したものか、それとも単なる専門的意味しかないかである。少なくとも、その学説の中世版は、大きな社会制度に積極的に支えられていたのであり、それによって人びとは永遠の〈存在〉の究極的享受を待ち望む精神状態に導かれることができた。それは近代の理論に欠けている一定の堅固さと深さをもっていた。近代の理論は単なる情緒的、思弁的手続きによって結果に到達するか、または価値のある対象を経験的にいっそう確実にするように、客観的存在を変えることを、何も要求しないかである。

　科学の実践で今具体化されている原理を価値の領域に広げることによって、起こるだろう革命の本性を細部にわたって語ることはできない。そうしようとするのは、行った後で、また行為の結果を見て、初めて分かるという根本観念を冒すであろう。しかし、それは確実に、注意とエネルギーを主観的なものから客観的なものに移し変えるという結果をもたらすであろう。人びとは自分たちを目的としてではなく、媒体として考えるであろう。近代思想の主観性が、対象の価値と性質を因果的に生み出すさいに、生まれつきの、また獲得された個人の反応が果たす役割の発見を表す限り、それは決定的収穫の可能性を示す。それによって私たちは、経験された対象の生起を制御する条件のいくつかを所有し、それによって規制の道具が与えられる。経験され、知覚され、享受されるものが、何らかの点で人間の自我に依存するのを全面否定することには不満がある。知覚され、享受されるものを決定するさいに、個人的、主観的反応が果たす役割を活用してきた学説の誤謬は次の点にある。すなわちその学説は、個人的、主観的反応という構成要因を誇張して唯一の条件にする――主観的観念論で起こるように――か、それともすべての知識の場合のように、この構成要因を次の行為に方向づけを与えるさいの道具としてではなく、終局的なものとして取り扱うかである。

　実験的方法を物理学から人間に広げることから生じるだろう第三の重要な変化は、基準、原理、規則の意味に関わる。こう広げると、これらと善および財についてのすべての主義と信条は、仮説だと認識されるであろう。それらは厳格に固定されたものではなく、それらに基づく行為によって得られた結果を通

して検証され、確証され——ひいては変更され——るべき知的道具として扱われるであろう。それらを究極的だと触れ込むこと——独断論の隠れた源泉——はできなくなるだろう。信条に基づく行為の検証によって信条を試すことに努めてきたこととは別に、宗教的、道徳的、政治的な信条の真理をめぐる（精神の武器とともに肉体の武器を使った）戦闘に、人類の多大なエネルギーが費やされてきたのは、驚くべきことであるし、気が滅入ることでもある。その変化は、信念と判断は本来固有の——信念と判断が指導原理として使われるときに、それらが導くものから独立しているという意味で本来固有の——真理と権威であることができるという概念に伴う不寛容と狂信を捨て去るだろう。その転換は、人びとは自分が信じると公言するものに基づいて行為する責任がある、ということだけを意味するのではない。それは古くからある学説である。それ以上である。信念自体はどんなものでも暫定的、仮説的である。信念に基づいて行為すべきだというだけでなく、行為に対する指導という役目に関連して、信念が形作られるべきである。結局のところ、信念を偶然手に入れて、それから頑固に固執するというのが、いちばんよくないことである。信念が、ひたすら道具として、方向性を与える手段として理解されるとき、技術分野で精密な道具を作ることに今注がれているのと同じ細心の注意が、信念の形成に注がれるだろう。人びとは忠誠心に基づいて信念とか「原理」を受け入れ、主張することを誇りとするのではなくて、恥ずかしいと思うだろう。それは人びとが今、証拠を顧みないで、ニュートンやヘルムホルツや誰彼への尊崇の念から科学理論に同意すると告白するような手続きを、恥ずかしいと思うのと同じである。

　もし立ち止まってその問題を考えるならば、「法」、原理、基準、理想に対する忠誠心が固有の徳であり、それらに従うのは正義に適っていると説明する事実には、何か奇妙なものがありはしないだろうか。それはあたかも、厳格さと揺るぎない愛着の強さによって、ある隠された弱みの意識の埋め合わせをしているようなものである。道徳法則は、物理学の法則と同様に、万難を排して誓約するとか固執するようなものではない。それは特定の条件が目の前にあるときの対応の仕方を定式化したものである。その妥当性と適切性は、それに基づいて行為したとき起こることによって検証される。その権利要求や権威は、最終的にはそれ自身に固有な本性にではなく、扱わなければならない状況の緊急

第10章　善の構成　　227

性に基づく——それは道具というものが、要求を叶える程度に応じて威厳を獲
得するのと同じである。経験された対象の外部にある基準に忠実であることが、
混乱と無法状態にとって代わる唯一のものであるという観念は、かつて科学で
支持された。しかしその観念が放棄され、具体的な行為と対象の内部で見出せ
る糸口と検証が使用されたとき、知識が着実に進歩するようになった。確固不
動の一般的規則が与える検証よりも、結果の検証のほうが、骨が折れる。さら
に加えて、結果の検証は不断の発展を確かなものにする。何故なら新しい行為
が試みられるとき、新しい結果が経験されるからである。それに対して永遠の
理想と規範という賛美される不変性は、それ自体、発展と改善の可能性の否定
である。

　社会とか人間関係に関わる主題に実験的方法を取り入れることから、様ざま
な変更点が生じるだろうが、それは多分、次のように言うことによって総括さ
れる。すなわち実験的方法は、過去には目的だけに帰されてきた重要性の水準
に、方法と手段を置くであろう。手段は卑しいと見なされ、役立つものは卑屈
だと見なされてきた。手段は耐えるしかないが、本来は歓迎できない腐れ縁と
して扱われてきた。「理想」の語義そのものが、手段と目的の分離が通用して
いたことを表している。「理想」ははるか遠くにあって、手が届かないと見な
される。理想はあまりに高く立派なので、実現されて傷つくことがない。理想
は「熱望」を何となく掻き立てるのに役立つが、現実の存在として具体化する
努力を呼び起こすとか、方向づけることはない。理想は現場の上空に、漠然と
止まっている。かつて重要であった神の国という実在は、その支配が生活の
隅々にまで浸透していたのだが、理想はそうした神の国が消えかかっている亡
霊である。

　手段に対する無関心によって、努力がどれだけ空しいものになったのか、正
確に見積もることは不可能である。手段に対する考察の欠如が、いわゆる目的
が本気に考えられていないことを意味するというのは、論理的には言うまでも
ないことである。それはあたかも、絵を描くことに心血を注いでいると公言す
る人がカンバス、絵筆、絵具に対する軽蔑を同時に公言するようなものであり、
あるいは声であれ身体の外部にあるものであれ、音を出すための楽器が何も使
われていないという条件で、音楽への愛を公言するようなものである。よい芸

術家は、自分の楽器を尊重し、自分の技術の完成に関心を抱くことで知られる。芸術において、手段を犠牲にして目的を賛美することは、完全な不誠実の兆候、狂気の兆候とすら見なされるだろう。手段から切り離された目的は、感情に溺れているようなものか、たまたま手段が存在するとしても、単なる偶然である。行為において「理想」が役立たないのは、まさに目的と手段が要求する注意と配慮に関して、厳密に同一水準にないと想定されていることによる。

　しかし理想と手段や技術は分離しているという信念が生活のなかに入り込んで、堕落した有害な結果を生み出していることを具体的に理解するよりも、理想を実現する手段と技術に関して、理想と同様の配慮をしていないと公言する、理想に含意される形式的矛盾を指摘するほうが、はるかに簡単である。理想と手段や技術の分離は、伝統的な理論と実践の分離の、実生活における表れ方を示している。その分離は、永続的な人間の幸福に関わる技術が、相対的に無力なことを説明する。感情的愛着と主観的称賛が行為の代わりをする。何故なら道具とか媒介手段がなければ、技術は存在しないからである。しかしその分離はまた、現実の行動では名目上、劣っているとか、物質的だとか、卑しいと見なされる物事に注がれるエネルギーが、注意と関心を独占するという事実をも説明する。「理想」に対して慇懃でもっともらしい敬意を払った後で、人びとはもっと直接的で急を要する事柄に、気兼ねなく専念できると感じる。

　一般の人びとが、競争によって獲得された物質的な安逸、快適さ、富裕、成功に注意を払い過ぎると非難するのは、よくあることである。その根拠は、彼らが目的に対して与えなければならない注意を単なる手段に与えているということ、または彼らが現実には単なる手段であるものを、目的と見なしてきたということである。経済的な利害と行為が現在の生活で占めている地位に対する批判は、下等目的が、高等で理想的な価値に属している地位を、無理やり奪い取るのを人びとが許容している、という不満に満ちている。しかし混乱の最終的源泉は、道徳的、精神的「指導者」が、あたかも手段と物質は同義でないかのように、理想的目的が「物質的」手段から切り離されても陶冶されうるという概念を普及させたことである。彼らは、人びとが目的に向かわなければならない思考とエネルギーを手段に注いだと非難するが、その非難は自分たちに向けられるべきである。何故なら彼らは、物質的、経済的活動は本当に手段な

のだと、後に続く者たちに教えなかったからである。価値は現実の条件と操作に基づいて初めて現実化されるのだが、そのようにして人間の行為を規制すべき価値の概念を、彼らは作りたがらなかったのである。

　実践的必要は切迫している。一般大衆にとって、実践的必要は否応のないものである。さらに一般的に言って、人間はものを考えるよりも行動するようにできている。理想目的は迂遠であり、注意を必要とする直接的で差し迫った条件と、たまたま結びついているので、人びとは口先で理想目的に敬意を表した後で、直接的で差し迫った条件に、当然のこととして専念する。もし掌中の鳥が、近隣の茂みにいる鳥よりずっと価値があるとすれば、行為の方向づけのためには、掌中の現実が、迂遠で見ることも近づくこともできない多くの理想よりも、ずっと価値がある。人びとは理想の旗を揚げ、そのあと具体的条件が示唆し、褒美を与えてくれる方向に行進する。

　故意の不誠実さとか偽善はめったにない。しかし行為と感情は人間本性の成り立ちにおいて、本来統一されているという概念を正当化するものは何もない。統合は達成されるべきものである。態度と反応の分離、様ざまな利害の区分は、容易に獲得される。それは根深いものである。というのもそれはまさに無意識に獲得されるからであり、また諸条件に対する習慣的適応の問題だからである。具体的な行いと製作から切り離された理論は空虚であり、無益である。そのとき実践は、理論――知識と観念――が与える力をもつ方向づけを欠いたまま、周囲の状況が与える機会と享受に即座に飛びつく。理論と実践の関係という問題は理論だけの問題ではない。それは理論の問題ではあるが、生活のなかで最も実践的な問題でもある。何故ならそれは、いかにして知性が行為を導くことができるか、いかにして行為が意味への深められた洞察の成果を担うことができるか、という問いだからである。それは正当な価値を明察し、その価値が経験的対象のうちで確保される手段の問題である。理想一般を構築すること、それを感情的に賛美することは容易である。入念な思考と行為、そのいずれの責任も回避される。有閑階級という有利な立場にあり、抽象的観想――それに魅力を感じる人びとにとっては、これ以上ない喜ばしい道楽――に喜びを見出す人びとには、実現の手段である諸条件から切り離された理想と目的を、洗練されたやり方で拡散させた責任が相当程度ある。そのとき社会的な権力と権威を

もつ地位にいることを自認する他の人びとは、教会と国家における理想目的の担い手であり擁護者である、と進んで主張する。それから彼らは、最高目的の守護者としての代表的能力が、最も粗野で偏狭な物質目的のために行われた行為を覆い隠すために、彼らに授与する威信と権威を使う。

　産業生活の現状は、現に存在している手段と目的の分離の正当な指標となるように思われる。道徳上の理想目的、あるいは組織化された社会生活の理想目的から、経済は切り離されるということが、アリストテレスによって表明された。アリストテレスはこう言った。いくつかのものは、個人的、社会的に価値のある生活の条件であるが、その構成要素ではない。欲求の満足に関わる人間の経済生活は、そうした本性をもつ。人間は欲求を抱くし、それは満足されねばならない。しかし欲求の満足は善い生活の前提条件に過ぎず、その内在的要素ではない。大抵の哲学者は、これほどあからさまでもなく、多分これほど論理的でもなかった。しかし概して経済は道徳や政治より低レベルに扱われてきた。しかし男性や女性や子どもが現実に送っている生活、彼らに開かれている機会、彼らが享受できる価値、彼らの教育、技術と科学に関わるすべてのものの分け前は、主に経済的条件によって決まる。したがって、経済的条件を無視する道徳体系なのに、現実離れしておらず、空虚でもないようなものなど、ほとんど望むべくもない。

　それに対応して、産業生活を社会的、文化的価値が実現される場合の手段と同一視できないことによって、産業生活は粗暴になる。高級な価値の境域から、このようにして追放された経済生活が、自らが唯一の社会的現実だと言い放つことによって、また全領域の制度と行為は唯物論的に決定されるという学説によって報復し、熟慮による道徳と政治の因果的規制の出る幕がないということは、驚くにあたらない。

　経済学者の主題は単に物質的だと聞かされたとき、彼らは人間に特有な価値への言及を一切排除することによって初めて、自分たちは「科学的」でありうるのだと、自然に考えた。そのとき、物質的欲求、それらを満足するための努力、産業活動において高度に発展した、科学的に規制されたテクノロジーでさえ、完全で閉じた領域を形成すると見なされる。社会的な目的とか価値に言及されることがあるとすれば、それは外付けによるのであり、主に勧告である。

第 10 章　善の構成　　231

人間が具体的価値に近づく場合の条件を、経済生活がかなりのところ決定するということは、認められる場合も、そうでない場合もある。どちらの場合も、経済生活は重要な価値を人類の共有財産として確保するために利用されるべき手段であるという概念は、馴染みが薄く、効力がない。多くの人びとにとって、道徳が公言する目的は、生きて働く経済生活の機構に結びつく場合を除けば無力だという観念は、道徳的価値と義務の純粋さを凌辱するように思われる。

　理論と実践の分離がもたらす社会的、道徳的結果には、ざっと触れたに過ぎない。その結果はきわめて多様であり、広範囲にわたるので、それについての適切な考察には、まさに道徳、経済、政治の全領域の精査が含まれるであろう。これらの結果が実際に、行為から切り離された思考と知識による確実性の探求の直接的結果だと、正当に述べることはできない。何故なら、既に述べたように、この探求自体が、現状を反映した結果だからである。しかし次のように主張しても間違いないだろう。すなわち宗教と哲学が手掛けたこの探求は、元々その探求を生み出した条件を強化する結果をもたらしたのである。さらに命の危険に晒されている最中に、理知的行為以外の手段によって、感情と思考だけで安全と慰藉を求めることは、現実の制御手段が欠落しているとき、技術が未発達のときに始まった。当時、それには、今では欠けている相対的な歴史的正当性があった。幅広さと深さの点で哲学的だと主張する思考にとって、主要な問題は知識と行為の基本的分離に根差したすべての信念を再構築する一助となることであり、現在の知識と調和し、自然の出来事とかエネルギーに対する現在の制御力に適合する、実効性のある観念の体系を展開することである。

　一再ならず注目してきたのは、近代哲学が自然科学の結論と、生活の営みにおいて権威ある信念と価値を調停させる問題に、いかに腐心してきたかということである。正真正銘の、核心に迫る問題は、哲学者が大抵、そこにあると見定めたところにはない。その問題は、一つは物理的領域、他は精神的領域という二つの領域を相互調整することにあるのではないし、理論理性と実践理性の「カテゴリー」を調停することにあるのでもない。問題は、理論と実践を分離する影響下で大きくなってきた、実行手段と理想的関心の分離に見出される。何故ならこの分離は、本性上、物質と精神の分離を含むからである。したがって問題の解決は、物質的、経済的生活の現象が、情愛と目的の忠誠心を集める

諸目的と同等とされる行為、現実に経験される状況の可能性によって、目的と理想が作られるような行為においてだけ見出される。しかし、その解決は「思考」のうちだけでは見出されず、「操作的」である思考——行為のあり方によって観念を作り規定する思考、科学の結論を手段として使う思考——によって前進する。ウィリアム・ジェイムズは次のように言った。後ろを振り返るより未来を見ること、世界と生が何であったかではなく、何になりうるかを見ることは、「権威の座」の変更であると。こう言ったとき、彼はまったく穏当だったのである。

　これまでの議論で付随的に述べておいたのだが、現在の経験論的な価値哲学の重大な欠点、つまり現実に享受されるものがどんな条件に依存するかに関わりなく、享受されるものを価値と同一視するという欠点は、それが現在の社会経験の現状を定式化するものであり、その限りで現状を神聖視する。これまでの諸章を通じて、必要に迫られて、様ざまな哲学的理論の方法と言明に、とくに注目してきた。しかしこれらの言明は、定式化されたものだけだと技術的であり、専門的である。起源、内容、意味の点で、これらの言明は具体的な人間の経験のうちの、ある条件やある局面を反省したものである。理論と実践の分離の理論には、実践的起源と重大な実践的結果があるのと同様に、価値とは、どのように享受しようと、何を享受しようと、とにかく人びとが現実に享受するものと同じであるという経験論的理論は、現在の社会状況の一面を、それも望ましくない一面を定式化するものである。

　何故なら私たちの議論は、経験論的理論以外のタイプの哲学的教説、つまり規制的、権威的な基準は超越的な永遠の価値のうちに見出されると主張するもののほうに注目してきたのだが、経験論的理論は、大多数の人間の活動のうちのかなりの部分が、現実には現在の状況が可能にする享受をしっかり摑まえて離さないことに努力を傾ける、という事実を見逃さなかったからである。人びとのエネルギーと、その享受は実際に制御されるのだが、それらは理知的な判断と努力によってよりも、むしろ外部的条件によって制御されている。もし哲学が人びとの思考と行為に対して少しでも影響力をもつとすれば、最も広く信奉されている経験論的理論が、興味の対象そのものを価値と同一視することによって、この状況を現実的に正当化していることは、深刻な問題である。知的

第 10 章　善の構成　　233

同意を求めて目の前にある唯一の価値論は、永遠で確固不動の価値領域に私た
ちを向かわせるか、現実に手に入れている享受に私たちを向かわせるか、その
いずれかである。その限りで善を理知的に方向づけられた活動の結果と同一視
する実験的経験論の定式化は、単なる理論としての定式化だったとしても、そ
れなりの実践的意義がある。

第 11 章　コペルニクス的転回

　カントは、世界と世界についての知識を認識主観の観点から扱うことによって、哲学にコペルニクス的転回をもたらしたと主張した。ほとんどの批判者にとって、知られる世界を、認識する心の構成に依存させようとするのは、極端なプトレマイオス的体系に立ち戻ることのようだと思われるだろう。しかしカントの理解だと、コペルニクスは天文学的現象を知覚される事物固有のものとして扱う代わりに、知覚される運動を、その運動が知覚する主観に対してとる関係から解釈することによって、そうした現象を解明した。感覚知覚に現れるように太陽が地球の回りを回転するのは、人間の観察条件によるのであって、太陽自体の運動によるのではないと見なされた。変化した観点の結果を顧慮せずに、カントはこれをコペルニクスの方法に特有な一つの特徴と決めつけた。カントはコペルニクス的方法のこの特徴を一般化し、こうして当該の事実を、認識する人間の主観の構成作用に帰属させることによって、多くの哲学的困難を解決できると考えた。

　その結果がコペルニクス的であるよりもプトレマイオス的であったということは、驚くにあたらない。事実、カントの革命と言われるものの本質は、古典的伝統では裏に隠れていたものを表に出したことにある。簡単に言えば次のようになる。古典的伝統は、知識が宇宙の客観的構成によって決定されると主張した。しかし宇宙それ自体が理性の範型にしたがって構成されたと最初に仮定した後にだけ、知識は宇宙の客観的構成によって決定されるのである。哲学者たちは、最初に自然の合理的体系を構築し、自然についての知識を述べることができる特徴を、そこから借りるのである。カントは実際、借りるということに注目した。つまりカントは、借りられた物に対する信用は神にではなく、人間の理性に与えられると主張した。カントの「革命」は、権威の出所を神学的なものから人間的なものに移行させたことだった。その点を別とすれば、それは古典的系譜にある哲学者たちが、カント以前に無意識に行っていたことを、

表立って認めたものであった。というのもこの伝統の根本前提は、知性 [intellectus] と自然の構造の間には本質的な対応関係がある——スピノザによって非常に明確に述べられた原理——ということだったからである。カントの時代までには、この合理論的前提の困難は明白になっていた。カントはその根本にある考えを維持しつつ、人間における知性の場所を認識主観として位置づけることによって、合理論的前提に含意される困難を治療しようと考えた。このような行いが一部の人びとを苛立たせたのは、自然の構成における理性の正当な機能について疑念を抱いたことによるのではなく、むしろ知性の場所を移動させたことによる。

　カントは、思考の実際の進行を示す例として、ガリレオの実験的方法に付随的に言及する。そこでは対象はアプリオリな概念に適合するという理由で——対象が概念の設計明細書に適合するという理由で——知られるとされる。その反対に、その言及は実験的認識方法に含まれているのものとは、まったくの逆であることを明らかにする。実験が指導的観念に基づいて進行するというのは正しい。しかし知られる対象を決定するさいの観念の働きと、カントの理論で観念に帰される働きの違いは、コペルニクスの体系とプトレマイオスの体系の違いと同じほど大きい。というのも実験における観念は試験的、条件的であって、確固不動でも厳密に決定されてもいないからである。観念は実行されるべき行為を制御するが、その操作の結果が指導的観念の価値を決定する。指導的観念が対象の本性を定めるのではない。

　さらに実験では、あらゆることが公明正大に、公然と起こる。あらゆる手順は公然としており、観察することができる。特定の先行する事態がある。物理的、記号的手段を使う特定の操作があり、その手段は外部に公開され、報告される。ある対象についての、しかじかの判断は妥当であるという結論に至る全過程が公然としている。その全過程は、誰であっても、段階ごとに繰り返すことができる。したがって誰でも、対象に関して到達した結論が、知識の主張を正当化するか否か、不一致やズレがあるかどうかを、自分自身で判断することができる。さらにその全過程が、他の存在過程が進行するところで、時間のうちで進行する。例えば綿の原料を綿繰機にかけ、梳いたり紡いだりすることを経て織機の操作に至る綿布の製作過程のように、どんな技術にも明確な時間的

第11章 コペルニクス的転回　　　237

順序がある。すべてを公に注目し報告することができる、公的で明示的な一連の明確な操作が、科学的認識を内観にだけ接近できる内的な「心的」過程によって実行されるか、仮定された前提から論理によって推論される認識から区別する。

したがってカント的な思考による対象の決定と、実験で生じる思考による決定との間には、一致よりも、むしろ対立がある。カントの知覚と概念の形式には、仮説的あるいは条件的なものは皆無である。知覚と概念の形式は斉一的に、勝ち誇ったように働く。それらは結果によって、様ざまに検証する必要がまったくない。カントが知覚と概念の形式を要請する理由は、仮説的なものと蓋然的なものの代わりに、普遍性と必然性を手に入れるためである。しかもカントの機構には、公然としたもの、観察可能なもの、時間的なもの、または歴史的なものもない。その機構は舞台裏で働く。結果だけが観察されるのであり、精緻な論理的推論過程によって初めて、カントは形式と範疇という装置が現に存在することを主張できる。近代科学発展の前提条件は、呪術的な形式と本質を退けることであったが、カントの形式と範疇という装置は、それらと同じように観察できないものである。

これらの批評は、とりたててカントに敵対するものではない。というのも既に述べたように、彼は独自の新理論を展開したというよりも、むしろ認識行為における心とその活動についての古い考え方の新訂版を編集したからである。しかし彼はたまたま「コペルニクス的転回」という慣用句を創った人なので、彼の哲学は心、理性、概念、心的過程についての伝統的観念の正反対を考えるための、便利な出発点となる。この革命の諸相については、これまでの講義のなかで関心を向けてきた。科学的探究を実際に企てるさいに、認識と行為、理論と実践の対立がどのようにして放棄されたのか、認識が行為によってどのように前進するのかを見てきた。純粋に心的な過程による絶対的確実性の探究が、どのようにして予め諸条件を能動的に調整することによる、高度の蓋然性をもった安全性のために放棄されたのかを見てきた。絶対確実性が不変なものに付随するよりも、安全性が変化の規制に付随するようになる、所定の段階を考察した。この変換の結果、判断基準がどのようにして先行するものから結果に、漫然とした過去への依存から、未来の意図的構築に変わったかに注目した。

もしこうした変化が、その意義の深さと範囲において、コペルニクス的転回に匹敵する方向転換を構成するのではないとすれば、こうした変化はどこに見出されるのか、それはどのようなものなのかを知るのに、ホトホト困ってしまう。古い中心は自己完結的な能力装置によって認識し、同じく自己完結的な、予め存在する外部の物質に単に作用する心であった。新しい中心は確固不動でも完全でもなく、意図的操作を媒介にして新しい、異なった結果に方向づけることができる、自然の過程内で生起している不確定な相互作用である。自我も世界も、魂も自然も（他から切り離されたもの、切り離されたものとして完結しているという意味では）中心ではなく、それは地球も太陽も、ただ一つの普遍的、必然的な準拠枠の絶対的中心ではないのと同様である。存在するのは、相互作用している諸部分の運動しつつある全体である。それら諸部分を特定の方向に変えようと努力している場所では、どこにでも中心が出現する。

　その方向転換には多くの局面があり、これらはお互いに結びついている。あるものが他のものよりも重要だと言うことはできない。しかし一つの変化がはっきり目立っている。心はもはや外部から世界を見つめ、自足した瞑想の喜びに最高の満足を見出す傍観者ではない。心は世界自体の進行過程の一部として、世界の内部にある。心が見出されるところでは何処でも、変化が方向性をもって起こっており、したがって明確な一方向的意味での運動——疑わしく混乱したものから、明晰で、解決され、結着がついているものへの運動——が起こっている。そうした事実によって、心は他のものから区別される。外部にあって見つめる認識から、進行中の世界のドラマへの積極的参加者としての認識への推移が、歴史の流れであり、私たちはその記録を跡づけてきたのである。

　哲学に関する限り、知る人には影響するが世界には何ら影響しない認識から、世界内部での方向づけられた変化である認識への、この推移の最初の直接的結果は、主知主義的誤謬と呼べるようなものを完全に捨て去ることである。主知主義的誤謬によって意味するのは、実在の尺度としての知識の遍在［the ubiquity of knowledge］とでも呼べるようなものである。実験的認識が何ほどかの重要な進歩を遂げる以前に作られた古い哲学については、次のように言ってよいだろう。つまりそれらの哲学は人が考え知る世界と、人が生活し行為する世界をきっぱりと分離したのである。様ざまな欲求と、それらから生じる行為に

第 11 章　コペルニクス的転回　　　239

おいて、人間は世界の一部であったし、時には自ら望み、時には否応なしに世界と運命を共にする者であった。人間は世界の変転に晒され、その不規則で予見不可能な変化に翻弄された。世界のなかで行為するとか世界に働きかけることによって、人間は時には失敗し、時には成功しながら、地上で生を営んだ。人間は世界からの働きかけを受け、時には予期せぬ栄光に向かって前進し、時には世界のひどい仕打ちによって打ちのめされた。

　生きている世界にうまく対処できないとき、人間は宇宙全体と何とか折り合う方法を求めた。宗教の起源は、この努力の表現であった。しばらくすると、余暇があり、世界のかなり荒々しい影響を、幸運にも免れた少数の人びとは、思索と探究の喜びを発見した。合理的思考を通して、人びとは身体および身体と結びついた心的過程とともに生きている自然的世界を超越することができる、という結論に達した。自然の厳しさと闘い、自然に翻弄され、自然資源から糧食を得ることに苦労する場合には、人間は〈自然〉の一部であった。しかし知識において、合理的であり、普遍的、不変的な対象に取り組む真の知識において、人びとは変転し、不確実である世界を逃れた。人びとは、欲求が感じられ、つらい努力が避けられない領域を超え出る。この感覚と時間の世界を超え出るさい、人びとは心が乱れることがない、完全な心である神と合理的に交感するようになった。人びとは究極的実在の領域への真の参加者になった。知識を通して、人びとは偶然と変化の世界の外部にあり、完全な、変化しない〈存在〉の世界の内部にあったのである。

　哲学者と科学研究者は、行為の生活から切り離され、行為の生活を超え出る認識の生活を讃えたが、それがどれくらい、外来の援助を得られない民衆の心に印象深いものだったかについて、言うべきことはない。しかし外部からの手が差し伸べられた。〈キリスト教会〉の神学者たちが、彼らの宗教目的に適した形で、この見解を採用したのである。完全で究極的な実在は神であった。神を知ることは永遠の至福であった。人間が生活し、行為する世界は、高次の運命のために彼らを試し、準備させる、試練と災難の世界であった。歴史と祭礼を含み、情緒と想像力を掻き立てる象徴を伴った数多くの道筋を通って、古典的哲学の教説の精髄が、民衆の心に浸透した。

　この物語が、実践的行為とその行為の対象よりも、認識とその対象が上位に

置かれることを完全に説明していると主張するのは、一面的な見解であろう。その物語に寄与する原因は、行為の世界がもつ過酷さ、残酷さ、悲劇的挫折に見出された。行為の世界の残酷さと失敗がなかったとすれば、高次の知識領域に避難場所を求めるという動機は、なかったであろう。これらの悪を、行為の世界は変化の領域だという事実に結びつけることは容易だったし、いわば「自然な」ことであった。変化という一般的事実が絶対化され、私たちが直接に生活している世界の、すべての苦悩と欠陥の源泉だとされた。どのみち、善と卓越性は、変化の世界では不確かである。善は確固不動で変化しない実体の領域でだけ安泰であり得る。かつて悪の原因が、変化の領域、固有の欠陥にあると主張されたとき、人間の無知、無力、愚かさの責任が免除された。残されていたのは、私たち自身の態度と性向を変え、死滅しやすいものから完全な〈存在〉に魂を向けることだった。このような考え方で、宗教は偉大な哲学的伝統が述べたことを、別の言葉で正確に述べたのである。

　しかも、これが物語のすべてではない。誠に奇妙なことに、知識を行為と製作の上位に置くことには、明確な実践的根拠があった。知識が実際に得られるときにはつねに、制御能力を通じた、ある程度の安全性が後に続く。価値を実在の尺度として扱うのは、自然な傾向である。経験のあり方としての知識経験は、経験された対象を他の制御された方法で扱うための鍵を握っているので、知識は中心的な位置を占める。事物とは、知識から切り離されて経験されるものであると主張したところで、実践的意味は何も得られない。ある人が腸チフスに罹っているとすれば、その人は腸チフスに罹っている。腸チフスを調査したり、詮索したりする必要はない。しかし腸チフスを知るためには、調査しなければならない。思考にとって、知性にとって、腸チフスとは、それとして知られるものである。というのも、腸チフスが知られるとき、腸チフスを経験するさいの多様な現象、直接的経験が秩序づけられるからである。少なくとも私たちは悟性と呼ばれる制御力のようなものをもつのであり、これに伴い、いっそう能動的な制御の可能性が生じる。他の経験が、いわば自ずから語るという事実そのものが、それらの経験が何なのかと問うことを不要にする。存在の本性が疑わしく、それを求めなければならないとき、実在という観念が意識に立ち現れる。したがって存在についての思考が、認識と決定的に結びつくように

第11章　コペルニクス的転回

なる。認識以外の経験のあり方はとてもはっきりしているので、それらとの関連で存在について考えることはない。

いずれにせよ、どんな説明であっても、認識は他の経験のあり方に見られる実在性の尺度であるという観念は、最も広く流布している哲学の前提である。実在するものと知られるものの同一視は、観念論哲学で明確に述べられるようになる。風にそよぐ草木、陽光に踊る波といった風景を思い出すとき、科学的思考がこれらのものから、知覚と直接的享受において重要な性質をどのようにして取り除き、数式で述べられる若干の物理的定数だけを残したかに、思い至る。すると、科学が提供した気味の悪い骸骨に、思考や意識の何ほどかの貢献的な働きによって、服を着せ直そうと思いつくことほど、自然なことはあるだろうか。そのとき、数学的関係それ自体が思考の論理的構築物であると証明できさえすれば、認識する心が枠組み全体を構成する創造者として位置づけられる。実在論は、認識する心を認識される事物の根源的源泉とする学説に異議を申し立ててきた。しかし実在論は実在するものと認識されるものを部分的に同一視するという学説に固執してきた。実在論は、その同一視を主観の側からではなく、客観の側から読み取ったに過ぎない。知識は実在するものを「ありのままに」把握し、見ることでなければならない。それに対して情動と情愛は、感情をもち、欲望する主観によって与えられる、異質の要素の影響を受けた実在を扱う。経験された知識の対象と実在するものとの一義的で独占的な関係という要請は、認識論的な観念論者と実在論者に共有されている。

コペルニクス的転回の意味は、実在を独占的に把握するために、知識に向かってはならないということである。私たちが経験するような世界が実在の世界である。しかしそれは、その主要な局面において知られる世界でも、理解され、知的に首尾一貫していて、安全な世界でもない。認識は、進行する出来事過程が依存する諸関係が、確実に経験されるような形式を、経験される対象に与える操作から成り立っている。認識は、実在するものを時間のうちで徐々に再方向づけするとか再組織化するという特徴をもつ。認識は媒介的であり、道具的である。それは相対的に偶然的、偶発的な存在経験と、相対的に落ち着いており確定した経験の間に生じる。認識する者は現実存在の世界内部にいる。実験的認識は、現実存在同士の相互作用という特徴をもつ。しかし認識と他の現実

存在同士の相互作用には、重大な違いがある。その違いは、自然の一部として、自然の内部で進行するものと、自然の外部で生起する他のものとの違いではなく、規制された変化の過程と制御されていない変化の過程の違いである。知識において、原因は手段になり、結果は帰結になり、それによって事物は意味をもつ。知られる対象は、それが意図的に再組織され再配置されるときには先行して存在する対象であり、その対象の価値が、それが成し遂げる再構成によって検証されるときには、結果として生じる対象である。粗金属に対して実行された操作から精錬された金属が生じるように、知られる対象は、いわば実験的思考の炉火から出現する。試練をくぐり抜けた人が結果として、同じ人物でありながら違う人物になるように、知られる対象は同じ対象でありながら、違いのある同じ対象である。

　すると知識は世界全体を包越するものではない。しかし知識が経験された存在と同じ広がりをもつのではないという事実は、知識の側での欠陥でも失敗でもない。それは、知識が自分自身の仕事——混乱した、決着のついていない状況を、比較的制御され、比較的意味のある状況に組み換えること——に没頭しているという事実を表現している。すべての存在が知られることを求めるわけではないし、思考からの存在許可を求めないことは確かである。しかし経験されるいくつかの存在は、それらの進路を方向づけるために、思考を求める。それはそれらの存在が整えられ、適正であるようにするためであり、気に入られて称賛され、是認され、嘆賞されるようにするためである。知識は、こうした再方向づけが成し遂げられる場合の、唯一の手段を提供する。再方向づけが成し遂げられるとき、経験的世界の諸部分は、いっそう明快で組織化された意味をもち、時間という情け容赦のない牙から、いっそう守られる。知識の問題は、この再方向づけという企てを実行するための方法を発見する問題である。それは終わりのない、つねに途上にある問題である。一つの問題状況が解決されると、もう一つの問題状況が生じる。不断に獲得されるものは、普遍的解決への接近ではなく、方法の改良であり、経験される対象が豊かになることである。

　自然の生き物としての人間は、物質の塊とか分子と同じように振る舞う。人間は動物と同じように生きる。つまり食べ、闘い、恐れ、子どもを作る。人間が生きるとき、その行為のいくつかは知性を生み、事物は意味をもつ。という

第 11 章　コペルニクス的転回　　　243

のも事物は相互に記号になるからである。つまり事物は予想と回想の手段、こ
れから到来するものへの準備、そして過ぎ去ったものへの賛美になる。活動は
理想的性質をもつ。引力と斥力は、称賛すべきものへの愛と不快で醜悪なもの
への憎しみになり、活動は安心して寛げるような世界を見つけ、またそうした
世界を作ろうとする。希望と恐怖、欲望と嫌悪は、認識と思考と同様に、事物
に対する真の反応である。知性によって啓発されるとき、私たちの情愛は認識
によるのと同じぐらい正真正銘の、しかもより豊かで深い、自然的世界の意味
に分け入るさいの器官である。事物との、こうしたより深く豊かな交流は、思
考とその結果得られる知識によって、初めて成し遂げられる。自然の潜在的な
意味が実現されるさいの技術は、分離と抽象という中間的、過渡的な局面を要
求する。認識という比較的冷静で親近性の乏しいトランスアクションは、私た
ちの情愛と享受が結びついている性質と価値を、一時的に無視する。しかし欲
望と選好が節度あり、整理され、意味豊かであり、安全であるべきだとすれば、
知識は私たちの希望と恐怖の、愛と憎悪の、欠かすことのできない媒体である。

　実在への排他的な接近手段としての知識の賛美は、近いうちにも、また一挙
にも終わりそうにもない。しかしそれが際限なく続くことは、ほとんどあり得
ない。理知的思考の習慣が広まるほど、知性による点検から免れていることを
頼みにして権力をもつ、既得の利害と社会制度からの敵に出会うことが少なく
なる。要するに理知的思考の習慣が当たり前になるほど、知識に排他的、独占
的な地位を与える必要性が減るだろうと思われる。知識が新しく、運任せの企
てであったときには、知識はそれに帰される属性のために重んじられるが、む
しろ知識はその成果のために重んじられるだろう。希少性に比例して重んじら
れるという、ありふれた事実は、知識が排他的に尊重されてきたということに
大いに関係がある。他人の恣意的権力によって命じられた欲求と衝動、要する
に知識によって導かれず、啓発されていない、理知的ではない欲求と衝動、型
に嵌った行為はとても多いので、知識と行為が思考のなかで切り離され、あた
かも知識が、それ単独で実在と関わるかのように扱われてきたのも、驚くにあ
たらない。いつになったら知識が社会生活において自然化されるか分からない。
しかしそのことに十分慣れるとき、自然および社会問題の処理に関わるさいの、
知識の独占的役割とは区別される道具的役割は、私が携わってきた論証を必要

244 　　　　　　　　　　確実性の探求

とせずに、当然だと見なされるであろう。とにかく、実験的方法の発展は、この〈コペルニクス的転回〉が完成する可能性を予言している。

　誰かが知識（とくに科学ということばが使われるとすれば）の道徳的、芸術的、宗教的関心に対する関係について語る場合にはつねに、二つの危険に晒される。いっぽうでは、道徳的、宗教的信仰を強固にするために、科学的知識を使おうとする努力が存在する。その努力は、現行の道徳的、宗教的信仰の、ある特定のあり方に関するものであったり、啓発的であるとか慰められると感じる、ある漠然としたあり方に関するものであったりする。他方で哲学者は、一連の道徳的、宗教的教義が異論のない強い影響力をもつ余地を残すために、知識の重要性と必要性を貶める。これまで述べてきたことは、先入観を抱く人びとを、これらの意味のどちらかに解釈するよう誘うかもしれない。もしそうならば、科学を軽視するようなことは一言も言わなかったと、正当に言える。批判されたのは、誤った理由で科学を重んじる哲学と心の習慣である。しかもこの消極的言明は、すべての根拠を網羅するものではない。知識は道具である。しかし私たちの議論全体の意図は、道具、器具、手段を褒め称え、それらを目的や結果と同じ価値水準に置くことであった。というのも道具、器具、手段がなければ、目的や結果は、単に偶然的、散発的、不安定だからである。認識される対象を、知識の対象であるという資格の点で手段と呼ぶことは、それらを軽視することではなくて、称賛することである。

　情愛、欲望、目的、選択は、人間が人間である限り、存在し続けるだろう。したがって人間が人間である限り、価値についての観念、判断、信念は存在し続けるだろう。それらの存在一般を正当化しようとすることほど愚かなことはないだろう。それらは、とにかく存在し続けるだろう。必然的なものについて、その存在を証明する必要はない。しかし私たちの本性の、こうした表出は方向づけを必要とし、方向づけは知識を通してだけ可能である。私たちの本性の表出が知識によって導かれるとき、それらの表出自体が、その方向づけられた活動において、作動している知性を構成する。したがって個々の価値信念、個々の道徳的、宗教的な観念や信条に関する限り、述べてきたことの趣旨は、それらが自由に使える最良の知識によって検証され、修正される必要がある、ということである。この議論の教訓はこうである。つまり新しい知識の衝撃がどれ

第 11 章　コペルニクス的転回　　　245

ほど壊滅的だったとしても、価値信念とか道徳的、宗教的な観念は、その衝撃
を免れる位置を留保されていないのである。
　知の対象と価値に関する対象の関係は、現実的なものと可能的なものの関係
である。「現実的なもの」は与えられた条件からなる。「可能的なもの」は今の
ところ存在しないが、現実的なものの使用を通じて、それが生み出すかもしれ
ない目的や結果を表示する。したがって、任意の与えられた現実的状況に関し
て可能的なものは、その状況の理想である。操作的定義――行為による思考の
定義――という観点から、理想と可能的なものは等価な観念である。観念
［idea］と理想［ideal］には、アルファベット記号のいくつかの文字が共通だ
という以上の共通性がある。どんな場合でも、観念の知的内容は、現に存在す
るものが、なりうるものの投企である。火の前に立って、それがどれほど熱い
かを述べる場合のように、人は既に感じられている性質を、命題というかたち
で報告するかもしれない。離れているものを見るとき、直に感じられる接触が
なくても、それは熱いに違いないと私は判断する。「熱い」は、もし十分に近
づいたならば経験されるだろうと、私が推断する結果を表す。「熱い」は、現
実にそこにあって経験されているものの可能性を指示する。この例は些末なも
のだが、それは性質であれ関係であれ、任意の述語が感覚知覚される特性より
も観念を表す場合に、つねに起こることを述べている。その違いは感覚と呼ば
れる、ある心的状態とイメージと呼ばれるもう一つの心的状態の違いではない。
それは既にそこにあるものとして経験されるものと、経験される可能性を示す
ものの違いである。「理想」にまつわる賛辞めいたものを取り除くことに同意
し、それを現実的なものと対照させて定義するならば、ある観念によって表示
される可能性が、現に存在するものの理想的な面である。
　存在と観念の関係が知識論の側での中心的主題だったように、現実と理想の
結びつき、または結びつきの欠如の問題は、つねに形而上学的な面での哲学の
中心的主題であった。二つの問題は、現実的なものと可能的なものの関係の問
題に合流する。二つの問題は、もし行為が理知的に規制されるべきならば、行
為が必要不可欠だということに由来する。ある観念や理想の主張は、もしそれ
が真正のものだとすれば、現実に存在するものが明確な特徴のある形態をもつ
ように、それを修正することが可能だ、という主張である。この言明が観念や、

観念の認識的局面に関係する場合、それは操作の指示とその帰結としての観念について言われてきたことに、私たちを連れ戻す。この言明の「理想」への関わりが、この点での私たちの関心事である。

現実と理想の関係という、この基本問題で古典的哲学者は、理想が既にまた永遠に現実の属性だということを、つねに証明しようとしてきた。絶対的な認識的確実性の探究は、究極的実在と一体である理想への探究において頂点に達した。人間は、世界や自分たちが、自然の可能性である価値と性質を実現できると信じることができなかった。無力感と、責任を負いたくないという欲望から生まれた怠惰が結びついて、現実が経験に先行して所有している理想的なものと合理的なものを求め、結局のところ、困難な時代にあって、情緒的な支えとして頼ることができるものを求める抗し難い熱望を作り出した。

現実と理想が、経験に先行して本質的に同一だという想定は、解決できない問題を生み出した。それは悪の問題の源泉、単に道徳意味での悪ばかりでなく、欠陥と逸脱、不確実性と誤謬、完全なものからのまったくの逸脱という意味での悪の源泉である。もし宇宙自体が理想的であるならば、私たちの宇宙の経験には、何故かくも徹底的に非理想的なものが存在するのだろうか。この問いに答えようとすると、完全な〈存在〉からの転落——可想界と現象界、実在するものと実在するように見えるものの区別の原因である、ある種の堕落——を導入せざるを得なかった。この学説には多くの異説がある。多くの哲学者を最も惹きつけたものではないけれども、最も単純な学説は「人間の堕落」という観念であり、ニューマン枢機卿のことばだと、ここでの堕落は原初の破滅状態において万物が創造された、という意味合いを含む。私はそれらのことばを論じたり、各々の短所と長所を論じたりすることには関心がない。観念論の名で通っている哲学は、宇宙論的、存在論的、認識論的といった、いずれかの方法で〈現実〉と〈理想〉が同一なことを証明しようと試み、同時に、結局それらが同一ではない理由を説明するために、何がしかの条件を付け加えるということに注目すれば十分である。

世界を理想化するには三通りの方法がある。純粋に知的、論理的な手順を通した理想化というものがあり、世界が私たちの最高の熱望を満足させる性格をもつことを、推論だけで証明しようと試みる。また、自我の状態と周囲世界と

第11章　コペルニクス的転回　　　247

の幸福な結合を通して、存在の美と調和が、私たちの願ってやまない、一切の無媒介的完成である経験のうちで開示されるときの、熱烈な情緒的理解という契機がある。それから美術作品とか、愛に満ちた思いやりによって完成されるすべての人間関係のうちで顕在化するような、思考によって方向づけられた行為を通した理想化がある。第一の方法は、多くの哲学が採用してきたものである。第二の方法は長く続いているが、最も魅力的なものである。それは理知的な努力によって実現されるべき可能性という私たちの観念の尺度となる。しかしその対象は運頼みであり、不確かである。第三の方法は、めぐり合わせがよいときに神の恵みによって享受される価値を、安全に確保することへの周到な探究の方法を表している。

　めぐり合わせがよいときに、完全で是認される享受の対象が経験されるということは、自然が、理想として私たちとともにある対象を生むことができるという証拠である。したがって〈自然〉は、理想を具体化するための潜在的素材を与える。〈自然〉は理想化可能である、という言い回しを使ってよいかもしれない。それは働きかけによって完成される余地がある。理想化の過程は受動的なものではない。むしろ自然は、つねに気前よくというのではないが、探究に応答して、最高の性質をもつと判断される価値が、存在のうちに具体化される場合の手段と素材を与える。自然が与えるものを人間が使うかどうか、どんな目的のために使うかは、人間の選択に依存する。

　この型の理想主義は、完全なものが、ある高次の神的存在の属性としてまたは本質として、〈存在〉のうちにつねに既に存在するのを、論理的に証明することでは満足しない。論理的な証明によって与えられる情緒的満足と励ましは、私たちの行為の指針となるよう投企される理想の代わりとしては相応しくない。めぐり合わせのよいときに、称賛すべき、是認すべき、崇敬すべき対象が私たちに到来する。いっぽう美しいもの、真実なもの、崇敬されるものが、どの程度世界の性質になるのか、世界の性質になる保証が得られるかは、そのような自然界または世界を求める私たち自身の情愛と欲望が、どのように働いて活動に取り組むかに左右される。愛され、称賛され、崇敬されるもの、唯心論的哲学者が究極的〈存在〉の特性と捉えてきたものは、自然の真の要素である。しかし諸条件の理解に基づく周到な行為の助力と支援がないと、それらの要素を

享受する人びとの数は範囲が狭く、限られたものであり、同様に移ろいやすく、不安定である。

宗教的信仰は、究極的〈存在〉における現実と理想の確固不動の合一を論証しようと試みる、哲学の影響下にあった。哲学は善いと評価されるものに忠実な人生を送るよう説得することに関心を抱くが、その関心は歴史的起源に関する、ある信条と固く結びついてきた。また宗教は実体の形而上学に巻き込まれ、一定の宇宙創世神話の受け入れと一組になってきた。宗教はあたかも自然界の構造についての競合する理論でもあるかのように、科学と闘い、その闘いに敗れた。宗教は天文学、地質学、生物学の主題についての主張に、また人類学、文芸批評、歴史学の問いについての主張に深く関与した。これらの領域の科学が進歩するとともに、結局、宗教は一連の対立、妥協、調停、後退に巻き込まれた。

特定の時代に与えられるものの受容とは区別される、現実存在の可能性の感知としての、また現実存在の可能性の原因への恭順としての宗教的態度が、こうした不必要な知的関与から、徐々に救い出される。しかし宗教の帰依者が立ち止まって、科学的発見との現行の対立の基底にあるものは、あれこれの特殊なドグマであるよりも、次のような哲学的枠組みと結託していることだと気づくのは稀である。その哲学的枠組みの主張だと、およそ卓越し無上の献身に値するものの実在性と力は、それが経験に先行して存在するという証明に依存し、したがってもしそれが、太陽と星が存在するという意味で存在することが論証できないならば、完全性の理想は私たちに対する権利要求力を失う。

もしこの想定が根底にあるのでなければ、科学と宗教の対立などあり得ないだろう。科学の結論を宗教の特殊な教義と調停しようとする試みが広く行われる。そうしたことが述べられるときには、不幸なことに、ある誤りの余地のない調停方法という観念が、示唆される場合がある。しかし調停の意味から、これ以上ほど遠いものはない。調停が意味するのは、宗教的態度は、物理的、社会的、形而上学的を問わず、事実についての信念への関与を、きっぱりと放棄するということである。宗教的態度は、そうした問題を他の領域の研究者に任せるだろう。しかも宗教的態度は、現実の可能性を発見し、それを実現しようと努めるという一つの価値を除けば、事実についての信念を価値についての確

第 11 章　コペルニクス的転回
249

固不動の信念に置き換えることはないだろう。現実存在について発見されるも
のはすべて、目的、意図、善についての人間の信念の内容を修正するであろう。
しかしそれは、発見される現実性に内在する可能性に対する情愛と忠誠を、私
たちが方向づけることができるという事実を修正しないだろうし、また修正で
きないだろう。過去についての命題に賭ける代わりに、未来の創造に献身する
行為の理想主義は、なくなるはずがない。美しいものは称賛され大事にされる
べきだという主張は、過去の芸術史についての言明を論証できることには依存
しない。崇敬のために正しさを要求することは、先行する正しい〈存在〉が現
実に存在することを証明する能力には依存しない。

　もし宗教がこの種の理想主義と一つになるとしたら、宗教はどんな形をとる
のか、また宗教の歴史的、制度的経歴を決定した、災難と人間の弱さに直面し
たときの確実性の探究から宗教が切り離されたとき、何が起こるのか——これ
らについて正確に、また完全に述べることは不可能である。しかしそうなった
ら生じるだろう変化の精神の、いくつかの特徴は指摘できよう。少なからず重
要な変化は、宗教的信仰が歴史とか物理的自然に関する学説の擁護と密接に結
びついている限り、実際上、否応のない弁護的、弁明的態度からの変化である。
というのもそうした擁護に深く関わると、宗教は科学と対立する、絶えざる危
険に晒されるからである。こうして、いずれは放棄されるに違いない立場の擁
護に逸れていたエネルギーが、実生活の根底にある可能性の確保のための積極
的活動に解放されるであろう。なおいっそう重要なのは、私たちが暮らしてい
る生活条件とかけ離れた条件の下で形作られたドグマへの愛着から解放される
こと、そして知識の結果を構築的に利用する性向に取り換えることであろう。

　もし科学によって実践的行為に与えられる刺激と支援が、もはや産業と商業
に、つまり単なる「俗」事に限定されないとすれば、どれほどの改善が見込め
るのか、想像がつかない。科学の進歩の実践的意味がこれらの活動に限定され
ている限り、宗教が公言する価値と、日常生活における差し迫った関心事の二
元論が存続するであろう。それらの溝は絶えず拡大し続けるだろうが、過去の
歴史から判断して、現世や俗事の占める領域が犠牲にされることはないだろう。
反対に理想への関心は、次第に限られた領域に後退することを余儀なくされる
であろう。

本質存在の領域は独立した〈存在〉領域として自存すると主張する哲学は、この領域が可能性の領域であることも強調する。その哲学は、この領域を宗教的帰依の真の対象として提示する。しかしそもそも、そのような可能性は抽象的であり迂遠である。そうした可能性は、具体的に経験される自然的、社会的対象とは何の関係も交流もない。そのような領域の観念は、現実存在はそれ自体の可能性をもつという事実を、大規模なやり方で実体化したものに過ぎないという印象を拭い去ることができない。しかしいずれにせよ、そのような迂遠で、存在する場所をもたない可能性に帰依することは、宗教的伝統がもつ、あの世的性格を長続きさせているに過ぎない。もっともあの世は、存在すると想定されるものではない。あの世の思想は逃避であって資源ではない。それは本質存在と現実存在の分離が解消されるときに、つまり本質存在が、安全な経験の具体的対象のうちで、行為を通して具体化されるべき可能性と見なされるときにだけ、生活の営みとの関連で効力をもつようになる。回りくどい経路を通して安全な経験の具体的対象にたどり着いても、何も得られない。

自然と社交的生活の可能性と深く結びつきつつ、理想的なものに帰依する宗教的信仰は、現実的なものへの敬虔の念を示すだろう。そうした宗教的信仰は、現実的なものがもつ欠陥や苦難に不満をもたないだろう。可能性を実現する手段であるもの、仮に理想が具体化されれば理想が体現するものが、重んじられ、尊重されるだろう。熱望と努力は目的自体ではない。価値は、他から切り離された熱望と努力のうちにあるのではなく、是認された意味が獲得されるように、現実存在が再組織されるための手段としての熱望と努力のうちにある。自然と社会は、それ自体のうちに理想的可能性の投企を含んでおり、可能性が現実化されるさいの操作を含んでいる。自然は、スピノザの知的愛［the intellectual love］[訳注16]という意味であっても、神として崇拝されないであろう。しかし欠点と欠陥を丸ごと伴った、人間的自然［humanity］を含んだ自然は、理想の

［訳注 16］　神への知的愛（amor Dei intellectualis）はスピノザの用語。スピノザによれば唯一実体は神であり、その二つの様態が思惟と延長である。二つの様態の因果連関は唯一の因果連関の二側面である。全体をこの因果連関の下に見ることが「永遠の相の下に（sub specie aeternitatis）」見ることである。これが実現すると精神は純粋な能動となり、その原因である神への知的愛が生じるとされる。神への知的愛は最高善であるとされる。

第 11 章　コペルニクス的転回　　　251

源泉として、可能性の源泉として、理想や可能性への大きな望みの源泉として、獲得されたすべての善と卓越性の終の棲家として、心からの敬虔の念を呼び起こすであろう。

　宗教心理学の領域、つまり宗教的敬虔に含まれる個人的態度の領域に入り込もうとは思わない。しかし例えばシュライエルマッハー［Friedlich Ernst Daniel Schleiermacher］が主張した依存感情［the sense of dependence］[訳注17]が、問題の核心に迫っていることは誰も否定できないと思う。この感覚は、異なる文化事情と関連して、多くの異なった形態をとってきた。その感覚は、絶望的なほどの恐怖、私たちが依存する神々の怒りを鎮めるために計画された残酷極まりない行為の実施、そして神の究極的源泉に特別に近づくことができ、そのための行為に対して特別の権限をもつと感じる人びとの側での、問答無用の狂信的不寛容に示されてきた。それは気高い謙遜とか抑え難い情熱に示されてきた。歴史が示すように、依存感情が表現される、予め定められた一つの径路は存在しないのである。

　しかし、現実存在の実現されるべき可能性としての、理想的な善の受容と結びついた宗教的態度については、確信をもって一言述べられるだろう。最善の場合でも、私たちが未来に目を向けてどんなに努力しても、確実性を手に入れることはあり得ない。蓋然性の教訓は、科学の実験的操作に対してと同様、すべての活動形態に対しても、しかもいっそう痛切に、悲劇的にさえ成り立つ。これまで述べた制御と規制は、決して結果の確実性を意味するものではない。ただし制御と規制がどれだけ大きな安全性という報酬を与えるかは、日々の営みすべてで実験的方策を試してみるまで分からないであろう。他の実践的活動の形態では、認識の場合以上に未知のものが私たちを取り囲んでいる。というのも、それらの形態は、いっそう意味深長で制御し難いあり方で、未来に及んでいるからである。確固不動なものに帰属する確実性の代わりに、変化の真っただ中での安全確実性に目を向けるコペルニクス的転回によって、依存感覚が甦る。

　　　　　　　　　　　　　　　　

　［訳注17］　シュライエルマッハー（1768-1834）はドイツの神学者、哲学者。彼は宗教の基礎を直観と感情に置き、宗教心を絶対的依存感情（shlechithinniges Abhängichkeitsgefühl）だと規定した。

さらに依存感情は、その主要な性質を変えるだろう。最も根強い道徳的伝統の一つは、償うことができる過誤とは区別される、道徳的悪の源泉を傲慢と同一視し、傲慢を孤立と同一視するものである。この傲慢の態度は多くの形態をとる。それは最も完全な依存を公言する人びとと、しばしば、そうした人びととにとくに顕著に見られる。熱狂的に信心深い人の傲慢は、最も危険な傲慢の形態である。家族、富、権力といった不和を生む傲慢があるのと同様に、学識ある人の、不和を生む傲慢がある。神の明確で、明示的な意志についての学識をもつと感じる人びとの傲慢は、最も排他的である。この傲慢な人びと、すなわち排他的な制度主義を生み出し、それから精神的独占を要求する制度との結びつきを通じて養分を摂り入れ、活力を維持する傲慢をもつ人びとは、神の特別な機関であることを自認し、神の名において他者に対する権威を主張する。

歴史的に、教会が他の社会制度から孤立したのは、この傲慢の結果である。相互作用と相互依存を否定するすべてのものと同じように、その孤立は理想的なもの、精神的なものとの特別な結びつきを公言する人びとの権力を、特殊な径路に限定する。他の人間的交流を劣等な地位と役割に貶めることで、その孤立は人間的交流における無責任を生み出す。この結果、自然と精神の二元論が生み出す多くのもののなかで、おそらく最も深刻なものが生じる。その二元論のうちで、現実的なものと可能的なものの分離が生じたのである。人間の意図と努力は決して決定的ではなく、漠然とした未来の不確実性に支配されているという認識によって生み出される依存感情は、依存を万人に共通のものにするだろう。それは精神的傲慢と分離のなかで最も社会を蝕むもの、つまり生活活動の根底で、人間同士を分断するものを終息させるであろう。誰もが現実存在の避け難い不確実さを共有しているという感覚は、誰もが努力し、運命を共にしているという感覚と時期を同じくして生まれたであろう。人びとは、憎しみの感情をもたなくなるまで、決して敵を愛さないだろう。現実的なものと理想的なもの、精神的なものと自然的なものの対立は、すべての憎しみの感情のなかで最も根が深く、有害なものの源泉なのである。

これまで述べたことは、ひじょうに多くの人間の情緒と想像力がしっかり保存されている伝統の強みと同様、こうした伝統の媒体となっている既成の制度の力を無視していると思われるかもしれない。しかし私は、変化の可能性を指

摘することだけに関わっている。この課題は、その実現を邪魔している、実際上の困難を無視することを求めない。この時点で当を得た、これらの困難の一側面がある。これらの困難が将来の哲学にどう関係するかを探究することが適切である。知識と高次の活動を実践的活動のすべての形態から截然と区分けし、理想的なものが確固不動で、経験に先行して確実であることを合理的に論証しようと躍起になる哲学は、指摘した可能性の実現を邪魔し続ける哲学である。哲学の実際的影響を最小限にするのも、誇張するのも容易である。直接的には、その影響はそれほど大きくない。しかし人びとの間で既に通用している、習慣や態度の知的定式化と正当化として、哲学の影響は計り知れない。習慣の惰性力［vis inertiae］は巨大であり、それが制度のうちに具体化されている哲学によっても強化されるとき、その惰性力は、現在入り乱れ対立している、様ざまな権威と忠誠の対象を維持する一要因であるほど大きい。

　そこで最後に、哲学について一言述べておくべきところである。哲学は宗教と同様に自然科学と対立するようになり、少なくとも 17 世紀以降、哲学がたどる道は自然科学がたどる道と枝分かれした。枝分かれした主な原因は、哲学が実在の知識という役割を引き受けたことである。この事実が哲学を科学の補完ではなく競争相手にする。この事実によって、哲学は科学の知識よりも究極的な知識だと、主張せざるを得なくなった。結局、哲学、少なくとも比較的体系的な構えをもつ哲学は、科学の結論を修正せざるを得ないと感じた。その目的は、科学の結論の本当の意味が別にあることを証明するか、いずれにせよ科学の結論は、哲学が眼差しを向ける高級な実在にではなく、現象界に適用されることを、証明することであった。観念論哲学は知識の制約についての検討から、心が唯一の実在であることを証明しようとした。観念論哲学が現実に言ったのは、物質自体が心的なのだから、物理学の知識が物質だけを認識するとしても何の問題があろう、ということである。理想的なもの即実在だと証明することにおいて、観念論は比較的慎ましいが有益な任務、つまり価値がより広範で安全なものにされ得るように、現実的なものを解釈することに努めるという任務を自ら免除したのである。

　一般観念、仮説は科学自体に必要である。それらは必要不可欠な目的に役立つ。それらは新たな観点を切り開く。それらはつねに私たちを閉じ込め、現実

とその可能性についての私たちの展望を制限する、習慣の束縛から私たちを解放する。それらは新しい真理と新しい可能性を開示する操作を方向づける。それらは身の回りの状況と狭小な境界の圧力から、私たちが逃れることを可能にする。想像力がその翼を切り取ったり、想像の翼を使うことを恐れたりするとき、知識は力を失う。科学の偉大な進歩は、どれ一つをとっても、新しい大胆不敵な想像力から生じた。実験的検証に耐え、華々しく登場したので実際に使われる、今働いている概念は、かつて思弁的な仮説だったのである。

　仮説の範囲と深さに限界というものはない。狭い、技術的範囲の仮説もあれば、経験と同じほど範囲の広い仮説もある。哲学はつねに自ら普遍性を主張してきた。哲学がその主張を実証するのは、この普遍性を、普遍的〈存在〉の知識だという大々的な要求とではなく、方向づけを与える仮説の形成と結びつけるときである。言うまでもないことだが、仮説は現実の必要によって示唆され、既得の知識によって擁護され、仮説が喚起する操作の結果によって検証されるときに成果が上がる。そうでないと、想像力は空想へと消散し、雲散霧消する。

　生活に方向性を与える大きく豊かな観念の必要性は、現在の生活を特徴づけることば、信念、目的の混乱において、最も切迫している。存在の現実の構造と過程についての知識は、知識を使う意志をもった哲学が指導し、支援するところまで来た。確固不動の実在、価値、理想の守護者であることを放棄した哲学は、自分で新たな生きる道を見つけるだろう。科学のことばを使った、現実的なものの知識を使った科学の意味は、科学自体に委ねてよいであろう。人間への多大な有益性という観点からの科学の意味、確実な価値の可能性に奉仕する科学の意味は、ゼロからの探求が求められる探究領域を提供する。絶対不変の実在と価値への探求を放棄することは、大きな損失だと思われるかもしれない。しかしこの放棄は、もっと活力のある、使命を帯びた仕事を始めるための条件である。すべての人びとによって獲得され、共有されるべき価値への探求は、社会生活の土台に支えられているので、競争相手がおらず、善意の人びとのなかに補佐してくれる人がいる哲学の探求である。

　そのような条件下で、哲学は科学と何ら対立しない。哲学は科学の結論と、達成できる可能性を投企し、実現に向けて努力する社会的、個人的行為の諸相の間の連絡将校［liaison officer］である。宗教は現実的なもののうちなる理想

第 11 章　コペルニクス的転回　　255

的可能性の感覚を鼓舞し、陶冶することに献身した。同様に宗教は、科学が発見するかもしれないものによって調査される。各々の新しい発見は、新しい好機を提供する。そうした哲学の前には、広大な批判領域があるだろう。しかし哲学の批判精神が向かう先は、先入観による支配、目先の利害関心、型に嵌った慣習、資すべき目的から切り離された制度から生じる権威だろう。この消極的任務は、想像力の創造的働きの裏返しに過ぎないだろう。想像力は、現実的なものの知識が開示する新しい可能性を指し示し、人類のありふれた日常経験のうちに新しい可能性を実現するための方法を投企するのである。

　哲学はしばしば、知識の完全な統合という理想を抱いてきた。しかし知識は本性上、分析し、区別するものである。知識は大規模な総合、包括的な一般化を達成する。しかしこれらは考察すべき新しい問題と、探究すべき新しい領域を切り開く。それらは、いっそう詳細で多様な知識への過渡的段階である。多種多様な発見がなされ、新しい観点と新しい方法が切り開かれることは、知識の進歩に本来、含まれている。この事実は、知的基礎に基づく知識の完全な総合という観念を無効にする。専門的知識がどれだけ増えても、知的全体を生み出すという奇跡は起きないであろう。それにもかかわらず、科学の専門的結果を統合するという必要は相変わらず存在するし、哲学はその必要を満足することに貢献すべきである。

　しかしその必要は科学自体に内在するというよりも、実際的、人間的である。科学は新しい問題と発見に進むことができる限り満足する。大きな社会的領域で行為に方向性を与える必要から、科学の結論を統一しようとする真の要求が出てくる。科学の結論は、生活の営みとの関わりが明らかにされるとき、組織化される。生活の営みとの関わりという点では、科学的探究の結果は並はずれて多く種々雑多であって、組織化されておらず、散漫であり、混沌としている。天文学者、生物学者、化学者は、少なくともしばらくの間、自分自身の領域で体系的全体を手に入れるかもしれない。しかし専門的な結論が社会生活の営みとどう関わるかということになると、専門的領域の外部にある私たちは、途方に暮れる。伝統と独断的権威が力をもつのは、他の何にもまして、まさにこの欠陥によるのである。かつて人間が、このように多様な知識体系をもつことなどなかったし、多分かつて、自分の知識が何を意味するのか、それは行為と結

果において何を指し示すのかに関して、これほど確信がなく、頭を悩ませたことはなかっただろう。

　私たちの知っていることが、理想と一般的価値についての信念に、どんな意義をもつかに関して何がしかの合意があれば、私たちの生活は競合する目的と基準の不和と対立によってではなく、統合によって特徴づけられるだろう。広く自由な社会領域における実践的行為の必要が、私たちの特殊な知識を統一するだろう。また特殊な知識は行為を制御する価値判断に、堅固さと信頼性を与えるだろう。このような合意に到達することは、近代の生活が、それ自体の知的運動の意味を発見するところまで成熟したことを意味するだろう。近代の生活はそれ自体の利害関心と活動のうちで、それ自体の営みのための、権威ある手引きを見出すだろう。近代の生活は今、その手引きを求めて、使い古された伝統に向かうかと思えば、その時々の衝動に頼り、いたずらに揺れ動いている。

　その状況が、現在の哲学の重要任務をはっきり定める。哲学は障害となっているものを探し出し、明るみに出さなければならない。邪魔している心の習慣を批判しなければならない。現在の生活に合致する必要に焦点を定めて、反省しなければならない。生活全体を覆う目的と価値についての私たちの信念に対して、科学の結論がどんな意義をもつかという観点から、その結論を解釈しなければならない。この要求を満たす思想体系を展開することは、至難の業である。それはゆっくりと、また力を合わせて、初めて前進できる。本書では、達成されるべき課題の本性の概略を示し、それを実現するために、手元にある資源のいくつかを示唆しようと努めた。

257

解　説

加 賀 裕 郎

1.　本書の成立

　本書は John Dewey, *The Quest for Certainty, A Study of the Relation of Knowledge and Action,* 1929 の全訳である。訳出にあたっては、原著を底本とし、南イリノイ大学出版局の *The Later Works of John Dewey 1925-1953* (17vols.) の第 4 巻、G. P. Putnam's Sons から出ている Capricorn Books の 1960 年版も参照した。

　本書の邦訳には二種類ある。植田清次訳『確実性の探究』（春秋社、1950 [1963] 年）と河村望訳『確実性の探求』（人間の科学社、1996 年）である。翻訳にあたっては、これらの先行業績を参考にし、それぞれ得るところがあった。記して感謝する。

　本書はイギリスのエディンバラ大学で行われたギフォード講義（Gifford Lectures）が基になっている。ギフォード講義とは、スコットランドの法律家アダム・ギフォード卿（Adam Lord Gifford 1820-1887）の多額の寄附によって始まった、自然神学（natural theology）を主題にした講演会である。ギフォード講義の第一回は 1885 年に行われ、現在まで連綿と続いている。ギフォード講義の会場は、スコットランドの諸大学、具体的にはエディンバラ大学、アバディーン大学、グラスゴー大学、セント・アンドリュース大学のいずれかである。現在までの講師には、カール・バルト（Karl Barth）、パウル・ティリッヒ（Paul Johannes Tillich）、ラインホルト・ニーバー（Reinhold Niebuhr）といった神学者、アンリ・ベルクソン（Henri-Louis Bergson）、アルフレッド・ノース・ホワイトヘッド（Alfred North Whitehead）といった哲学者から、ニールス・ボーア（Niels Henrik David Bohr）、マイケル・ポラニー（Michael Polanyi）、ヴェルナー・ハイゼンベルク（Werner Heisenberg）といった自然

科学者まで含まれる。講師陣を見ても分かるように、当代一流の学者が選ばれており、専門も神学から自然科学まで様々である。

デューイは、アメリカ合衆国出身のギフォード講義の講師としては、3人目である。最初のアメリカ人は、ジョサイア・ロイス（Josiah Royce）、2番目がウィリアム・ジェイムズ（William James）である。ロイスのギフォード講義は『世界と個人（*The World and the Individual*）』として、ジェイムズの講義は『宗教的経験の諸相（*The Varieties of Religious Experience*）』として刊行されている。

ギフォード講義の講師としてのデューイへの招待状は、1928年3月12日、エディンバラ大学副学長アルフレッド・ユーイング（Alfred Ewing）から届いた。講義はエディンバラ大学を会場として、1929年4月17日から5月17日まで、合計10回にわたって行われることになり、デューイは1929年3月14日、エディンバラに向けて出発し、4月15日、当地に着いた。講義は夏学期の最初の5週間、水曜日と金曜日の週2回行われた。

4月17日水曜日の第一回講義の模様について、地元メディアはこう伝えている。「ホールには空席がなく、反対に後方の演壇では、立ち見の人で込み合っていた。多くの人はホールそのものに入れずに、ホールに通じる階段に立っていたが、そこではほとんど聞こえなかった」（LW 4: 265）。

この報道からは、第一回講義の盛況ぶりが伝わってくる。この雰囲気は、ギフォード講義の10年ほど前、1919年2月25日火曜日、東京帝国大学で行われたデューイによる8回の連続講演の初回を彷彿させる。この年、デューイは日本に招かれて数カ月滞在し、その後中国に渡り、彼の地で2年余りを過ごした。ちなみに東京帝国大学での講演を纏めたものが、デューイの哲学入門である『哲学の再構成（*Reconstruction in Philosophy*）』である。

東京帝国大学での講演初回には、千人もの聴衆が詰めかけたが、講演の最後の回になると、聴衆は3、40人まで激減した。ギフォード講義については資料がないので詳細は分からないが、連続講演の後半、シドニー・フック（Sidney Hook）に宛てた手紙では「素晴らしい聴衆です。数は多くないが質がよい。多くは学生ではなく、主に大人です」（LW 4: 266）と書いているところを見ると、数は減ったが熱心な聴衆が一定数いたことが想像できる。

解説（加賀裕郎）　　259

　ギフォード講義は 5 月 17 日に終わった。しかしデューイは、春学期を休講する許可を得ていたので、しばらくヨーロッパに留まり、8 月 20 日にニューヨークに戻った。ギフォード講義の内容は、1929 年 10 月 11 日、Minton, Balch and Co. 社から出版された。

　ギフォード講義のために配布されたシラバスが残っており、全 10 回の講義テーマは次のようになっている（LW 4: 253-254）。①様々な信念と哲学の対立、②信念、危険、安全、③確実性の哲学、④知識と実験、⑤操作と妥当な観念、⑥観念と操作の方向づけ、⑦自然、知性、行為、⑧孤立の哲学、⑨価値と行為、⑩可能的なものと現実的なもの。各回の講義テーマは『確実性の探求』の各章と概ね対応すると思われる。ただし講義が全 10 回なのに対して、著作は 11 章構成である。これは価値と行為に関する第 9 回の講義が、『確実性の探求』では第 9 章「方法の卓越性」と第 10 章「善の構成」という 2 つの章に拡大されたことによる（Cf. LW 4: 269）。

2．デューイ思想における本書の位置づけ

　『確実性の探求』は、デューイ思想のなかで、どのような位置を占めるのだろうか。私はデューイの思想的発展を六つの時期に分けて考えているので、その枠組みのなかで位置づけてみたい。まず各々の時期区分を述べておこう。第一期は 1882 年頃～1889 年頃、デューイのジョンズ・ホプキンス大学大学院時代からミシガン大学、ミネソタ大学教員時代の前半である。第二期は 1890 年頃～1894 年頃、デューイのミシガン大学時代後半である。第三期は 1894 年頃～1903 年頃までの 10 年間、デューイのシカゴ大学時代である。第四期は 1904 年頃～1916 年頃、デューイのコロンビア大学時代の前半である。第五期は 1916 年頃～1925 年頃、デューイのコロンビア大学時代後半である。第六期は 1926 年頃～1952 年、デューイの晩年である。この時期区分によれば、『確実性の探求』は第六期の早い時期に位置する。以下ではデューイの第四期以降を概観しながら、『確実性の探求』を位置づけてみよう。

　第四期はコロンビア大学時代前半の十数年である。この時期は、デューイが純粋な理論哲学的探求に没頭した時期である。デューイの論文の多くは *Jour-*

nal of Philosophy, Philosophical Review といった、哲学の専門雑誌に掲載された。それらのうち主なものは二つの論文集、『ダーウィンが哲学に及ぼした影響（*The Influence of Darwin on Philosophy*)』『実験論理学論集（*Essays in Experimental Logic*)』に収められている。『実験論理学論集』と同年、シカゴ大学時代の教育実験を理論的に体系化した『民主主義と教育（*Democracy and Education*)』が公刊された。私は第四期を「道具主義的、実験主義的自然主義」期と規定する。理論哲学的観点からは、この時期のデューイが最も充実している。

第五期になると、デューイの思想にはいくつかの変化が現れる。その一つは、1914 年に始まる第一次世界大戦へのアメリカの参戦をめぐって、デューイが *New Republic* などのリベラル系の雑誌を舞台に論陣を張るだけでなく、当時のウィルソン政権の戦争政策に一定の影響を与えようと試みたことである。この時期のデューイは、名実ともに「公共哲学者（a public philosopher)」――デューイの場合には「民主主義の哲学者」――に変貌を遂げた。デューイは若い頃から社会運動に積極的に関わってきたが、それと専門的哲学とは必ずしも一体的関係にはなかった。しかしこの時期以降、民主主義はデューイが扱う多くの主題の一つではなく、文字通り「デューイの存在と知的努力の中心であった。彼のことばと行為は、つねに民主主義の過程と不安的な運命への関心から発した」(R. Bernstein, *Philosophical Profiles: Essays in a Pragmatic Mode,* Polity Press, 1986, p. 260) と指摘されるようなものになる。

第一次世界大戦へのアメリカ参戦をめぐるデューイの一連の行動と論陣は全体として、首尾のよいものではなかった。デューイは挫折を味わったのではないか。当時のデューイは、アメリカ民主主義の世界史的意義と使命を信じ、これを国内的、国際的な政治秩序の根幹に据えようとした。そのためにアメリカの参戦は正当化された。しかし現実の世界は、いっそう複雑であった。デューイはそのことを、1919 年～1922 年の日本および中国滞在、1924 年のトルコ訪問、1926 年のメキシコ訪問、1928 年のソビエト・ロシア訪問などを通じて自覚していったと思われる。1927 年の『公衆とその諸問題（*Publics and Its Problems*)』から 1938 年の『自由と文化（*Freedom and Culture*)』に至る、一連の政治哲学的著作は、「デモクラシー」「個人主義」「自由主義」といった

概念の捉え直しを目的としている。

　さて公共哲学者への変貌に加えて、第五期のもう一つの特徴は、1915 年の「形而上学的探求の題材（"The Subject-Matter of Metaphysical Inquiry"）」以降、自然主義的形而上学の構築が企てられたことである。この企ては 1925 年の『経験と自然（*Experience and Nature*）』で一応の完成を見る。この著作は 1922 年のポール・ケイラス講義（Paul Carus Lectures）を出発点にしており、中国滞在中に構想を練りながらも、完成作業は帰国後に進められたと推測される。

　第四期は反認識論、反形而上学を基調とするが、第五期には形而上学への再接近（第一期〜第二期の再来）が見られるので、私は第五期を「自然主義の形而上学的展開期」と呼びたい。

　それでは「公共哲学者」「民主主義の哲学者」と自然主義的形而上学という、第五期の二つの特徴は、どのように関係するのだろうか。デューイのような全体論的哲学者にとって、これら二つの特徴が無関係だということはあり得ない。私の考えをごく簡単に述べよう。デューイの自然主義的形而上学は経験的自然主義または自然主義的経験論と規定される。経験とは人間という有機体を通して現れた自然の人間的存在様式である。すべての自然の基本的事態は出来事（events）である。人間の経験は、有機体が一定の複雑さに到達した段階で創発した自然的出来事である。出来事は単独に発生するのではなく、多くの出来事は同時的発生である。人間の場合、出来事間の相互作用は言語記号を使用するコミュニケーション的相互作用へと進化する。コミュニケーションの本質は自他の経験への相互参加、および自他の経験の共有である。こうしたコミュニケーションの規定は、デューイの民主主義概念に結びつく。何故ならデューイにとって民主主義は、基本的に、共同体内部での、また共同体相互でのコミュニケーションが豊かに行われている事態だからである。したがって民主主義は、相互作用を本質とする自然的出来事の完成態であり、それゆえデューイの経験的自然主義は、民主的自然主義と言い換えることもできる。デューイの形而上学は民主主義がその中心的エピソードの一つであるような、自然過程についての記述的研究なのである。

　『経験と自然』には民主主義の哲学と自然主義形而上学が一体となって含ま

れている。それに加えて、他のいくつかの要素も含まれる。一つは経験概念が人類学的に捉えられるようになる。コロンビア大学の同僚にはフランツ・ボアズ（Franz Boas）、ルース・ベネディクト（Ruth Benedict）といった著名な人類学者がおり、デューイはボアズのセミナーに出席していた。本書の第1章などには、この特徴がよく表れている。次にデューイのセミナーを受講した、富豪であり、著名な美術コレクターであったアルバート・バーンズ（Albert C. Barnes）の影響を受け、芸術理論への方向性が生まれる。さらにデューイは、アレクサンダー・テクニークで知られる心理療法家のフレデリック M. アレクサンダー（Frederick M. Alexander）の影響を受け、心身関係の理論や身体の哲学への方向づけがなされる。『経験と自然』はこれらの要因が、すべて含まれる複雑な著作である。

　それでは本書は、デューイの思想的発展において、どんな位置を占めるだろうか。私は『経験と自然』以降の時期を、第六期の文化的・社会的自然主義期と捉えている。「文化的自然主義」は、通常の自然主義が還元主義的、物理主義的であるのに対して、文化を自然進化の一位相として位置づける自然主義である。「文化的自然主義」は『経験と自然』で確立された立場である。

　『確実性の探求』は文化的・社会的自然主義期の初期に属しており、『経験と自然』の思想が、本書に流れ込んでいる。とくに第8章「知性の自然化」以降の諸章は『経験と自然』と重なり合う。実際、『確実性の探求』を執筆していた時期と、『経験と自然』第二版を執筆した時期は重なり合う。

　いっぽう本書の第4章から第7章までは、第四期の道具主義的・実験主義的自然主義の論理学——とくに『実験論理学論集』——との連続性が認められる。ただし本書では、ニュートンの自然哲学に加えて、マクスウェル、ブリッジマン、エディントン、ハイゼンベルクといった物理学者への言及が多く見られる。

　第10章「善の構成」では自然科学の方法論を価値論に援用しようとする考えが展開される。『経験と自然』において、価値の問題は最終の第11章「存在・価値・批判（Existence, Value and Criticism）」で扱われているが、『経験と自然』と比較すると、本書の論述と内容は、方法論的問題に焦点が当てられている。科学の観点から価値論を考察するという思想の出発点は、1902年の「進化論的方法の道徳への応用（"Evolutionary Method as Applied to Morality")、1903年の「道徳性の科学的取り扱いの論理的条件（"Logical Conditions of a Scientific Treatment of Morality"）」であり、この思想の流れは、晩年の『評価の理論（*Theory of Valuation*）』や『人間の問題（*Problems of Men*）』所収の諸論文まで続く。デューイにとっても扱いが難しい問題だったと思われ、私見では必ずしも満足な成果が挙げられていない。そのため後にホワイト（Morton White）、スティーヴンスン（Charles L. Stevenson）等によって批判されることとなった。

　ギフォード講義の主題である「自然神学」に関わる内容は、第11章の後半部分に登場する。宗教的内容が著作の最後に登場する例は、デューイの場合、意外に多い。例えば『哲学の再構成』、『人間性と行為（*Human Nature and Conduct*）』、『経験と自然』などがそうである。これは美的、宗教的経験が、デューイの進化論的自然主義における頂点に位置づけられるためだと思われる。詩と宗教的感情についての理論は、本書を経て1930年代に『共通の信仰（*A Common Faith*）』、『経験としての芸術（*Art as Experience*）』として体系化される。

　第1章〜第3章は本書の序論的位置を占める。序論的各章では第一に doing と making が knowing の下に置かれるようになる経緯についての歴史的、人類学的記述、第二に知識と行為、理論と実践の分離が哲学に及ぼした影響、第三に近代哲学が知識、理論の対象と行為、実践の対象の関係をどのように扱ってきたかに関する哲学史的分析が行われる。デューイはユーバーベーグ（Friedrich Ueberweg）の『哲学史』の英訳者であるモリス（George Sylvester Morris）の弟子であり、若い頃は哲学史家として優れた才能を発揮した。

　以上の考察を纏めると、第1章〜第3章の序論的部分には、デューイにおける経験概念の人類学的展開と、哲学史的見識が示されている。第4章〜第7章では、第四期の道具主義的・実験主義的見解が展開されている。第8章〜第11章では『経験と自然』を代表とする自然主義の形而上学的展開期の特徴が示される。さらに第9章〜第11章で展開される価値論、宗教哲学に関する所論は、1930年代以降の文化的・社会的自然主義の展開と連動して展開される。

　それでは『確実性の探求』独自の主題、主張はどこにあるのだろうか。それは本書が「確実性（certainty）」という、主として知識論に関わる主題を設定

し、その概念を知識と行為の結びつきという視角から解釈したところにある。しかも知識と行為の結びつきの範型は自然科学、とくに物理学に求められる。デューイが自然科学を、知識と行為の関係の代表例とするのは、自然科学が実験科学として捉えられているからである。

　実験とは、実在と命題の対応関係を確認するための主観的作用ではなく、自然過程に介入し、それを一定方向に向けて制御し、その過程の意味を構築する行為である。実験科学にとっての確実性とは、変化しつつある出来事過程を、方向づけられた結果に向けて制御することであり、その制御の結果が知識である。したがって実験、知識、行為、確実性は一連の概念である。本書の第4章以下では、確実性の概念と関わって、実験科学とギリシャ人の科学を代表とする、それ以前の科学を対比しつつ、科学的な観念、数学的な観念、データと観念の関連などが論じられる。

　デューイによれば、実験科学以前の科学およびその影響下で形成された哲学、さらに近代科学のパラダイムとされるニュートンの自然哲学でさえ、実験科学以前の確実性概念が前提されている。その概念とはどのようなものだろうか。実験科学以前の確実性概念の根底にあるのは、変化の恐れである。変化は危険と不確実性の原因であるから、これを回避しなければならない。回避の方法は、表面上の変化の根底に不変なものを見つけ、それを知的に所有することである。デューイは、このような知のあり方を「受容の技術」（第4章）と名づけた。ギリシャ人は観察を否定したのではなく、むしろ鋭い観察力をもっていた。

　しかしギリシャ人は観察対象を、他の何かに対する記号とか知的反応を誘起する問題とはせず、観察対象をそのまま受容し、それを普遍的、不変的原理の下に包摂すること——未知のものを既知のものに還元すること——によって確実性を得ようとしたのである。

　本書では、ギリシャ科学の確実性概念が、近世以降の認識論や存在論、さらにニュートンの自然哲学にさえ残存していることが示される。例えば、感覚主義的経験論と合理論は正反対の学説のようだが、実際は変化の根底にある不変なものの種類に関する異説に過ぎない。またニュートン力学も、観察条件から独立な時間－空間的枠組みと、その枠組みのなかを運動する不変の実体である原子に依拠している。本書では、ギリシャ科学以来の確実性概念が無効化した

解説（加賀裕郎）　　　265

ことを、近代以降の実験科学、アインシュタインの特殊相対性理論、ハイゼンベルクの不確定性原理、マクスウェルの電磁気学などを援用しながら論じている。それによれば確実性は、変化に先行して、また変化の根底に求められるのではなく、方向づけられた変化の所産に求められるべきである。しかもそうした確実性は厳密な因果的決定の問題ではなく、統計的だとされる。確実性の根拠が行為の原因から、行為の結果に変更することから、知識と存在の概念が変わる。変化した知識概念については、本書から10年近く後の『論理学——探求の理論（*Logic: The Theory of Inquiry*)』で体系化される。変化した存在概念については本書と『経験と自然』で体系化される。

3. 『確実性の探求』に関する若干の興味深い解釈

　『確実性の探求』は伝統的な確実性概念、知識論に対する根底的批判を含んでいる。以下では、この批判の意義について、的確に捉えている解釈を二つばかり見てみよう。

　一つはデューイをベーコン（Francis Bacon）の学問理念の系譜で捉える佐々木力の解釈である（『近代学問理念の誕生』岩波書店、1992年）。佐々木はベーコンを素朴な帰納主義者としてではなく、中世以降ヨーロッパで発達した機械的技芸（artes mechanicae）を振興し、これを利用して「自然の恒常的な統率を図り、この手順を踏んだ上で、さらに古代ギリシャ以来あった自然の理論的理解の伝統を結合させて実験科学を唱道」（同書、p. 473）した思想家と捉える。すなわち実践的な「テクネー（τέχνη）」と古代ギリシャの理論的自然学の伝統を結合して、実験科学さらにテクノロジー科学（technological science）的な自然誌、自然哲学を構築することが、ベーコンの目的だったのである。

　実験は、知識獲得の単なる手段ではなく、「自然に動的に介入し……巧妙な実験設備による介入をとおして自然現象を創造し、自然の中に新たな『意味を製作』するだけでなく、自然現象をうまく統率することによって、そこから新しいテクノロジーを引き出し、社会の中に新たな『意味を製作』することでもある」（同書、p. 497）。この実験科学の概念は、『確実性の探求』においてデューイが言う「制御の技術」としての知と、ほとんど同じである。事実、佐々木

はベーコンの学統に連なる思想家としてデューイを挙げている。

　佐々木のベーコン、デューイ解釈は秀逸だと思う。ただし佐々木は、ベーコン－デューイ的なテクノロジー科学は、正当な目的に従属する場合には有効だが、そうでなければ目的合理性とか道具的理性に結びつくものだと考える。したがってベーコン－デューイ的学統は一定の評価を与えられつつも、克服されるべき対象だとされる。しかしデューイは、道具的理性と非道具的理性——例えばハーバーマスのコミュニケーション的理性——の二元的分立を克服することを課題とした。デューイの目的－手段連続性という理念の成否は別として、デューイの立場を「道具的理性」の物象化という視角だけから捉えるのは妥当ではない。

　次に科学哲学者のトゥールミン（Stephen Toulmin）の解釈を取り上げてみよう。トゥールミンは『デューイ後期著作集』第四巻の序論を担当しているが、これが興味深いデューイ解釈となっている。トゥールミンが取り上げるのは、『確実性の探求』のデカルト、ロック以来の認識論的伝統に対する関係である。『確実性の探求』は認識論的基礎づけ主義、表象主義、傍観者的認識論というデカルト、ロック以来の認識論的伝統に対する根本的批判である。トゥールミンによれば、こうした批判においてデューイはハイデガーやウィトゲンシュタインと一致する。確かにデューイとウィトゲンシュタインの「確実性」概念には、関連性を認めることができる。

　デューイの確実性概念については、既に述べた通りである。いっぽうウィトゲンシュタインは確実性について、次のように述べる。「何が経験命題の証明として妥当するのか。『しかしこれは、十分な証明なのだろうか。もしそうならば、十分な証明であることが論理学自体において認識されねばならないのではないか』——あたかも根拠づけが決して終わりに至らないかのようである。しかし終わりは根拠のない前提ではなく、根拠のない行為様式（die unbegründete Handlungsweise）である」（*Über Gewißheit*, Suhrkamp, 1984, S. 143）。この引用文の「確実性」概念は明らかにプラグマティックである。実際、トゥールミンはウィトゲンシュタインを、「洗練されたプラグマティスト」（LW 4: xiii）と呼ぶ。つまりデューイが「行為」「実践」と呼ぶものは、ウィトゲンシュタインにおいては「言語ゲーム」「生活形式」と捉え直されて組織的に分析

解説（加賀裕郎）　　　267

されるのである。

　トゥールミンはまた、デューイの参加者的認識論を、古代ギリシャ以来の「観想」の伝統と比較する。「観想」の伝統は、実験科学としての自然科学だけでなく、精神医学とか生態学とも相容れない。何故なら後者の科学では、医者－患者、人間－環境間の双方向的関係が必須だからである。精神医学的な知は、知識の対象から距離をとって傍観することによってではなく、当該の対象との相互作用を通じて獲得される。こうしてトゥールミンは次のように述べる。

　　感覚中枢という特殊な『内面的』領域の完全な内部で進行する、したがって物理的ないし『外部的』世界から本質的に切り離され、隠された心的作用に代わって、今やそれらすべてが、知るものと知られるものの相互作用を含むものと見なさなければならず、また実践におけるすべての公然たる表現を完全に欠いている、観想的理論の領域を規定しようとする試みは、哲学者と科学者をともに、行き詰まらせることを認めなければならない（MW 4: xvii）。

　さらに興味深いのは、トゥールミンがデューイの哲学史的定位を試み、それを①ピュロン（Phyrro）、セクストゥス・エンピリクス（Sextus Empiricus）といった古代懐疑論と、②アリストテレスの『トピカ』や修辞学、実践的推論の伝統につながるものとしていることである（Cf. LW 4: xx）。

　まず①から見てみよう。トゥールミンは古代懐疑論と近代のヒューム的懐疑論を区別する。客観的知識の不可能性を主張するヒュームの懐疑論は、懐疑論というより独断論的だと言われる。それに対して古代懐疑論は、客観的知識の可能性／不可能性に対して判断を停止する。古代懐疑論の敵はプラトン的なエピステーメー（準幾何学的論証知）であった。古代懐疑論者にとって、ある程度根拠のある臆見と根拠を欠く臆見が区別できれば十分だった。このために必要なのが修辞学、実践的推論（practical reasoning）であり、これが前述の②に結びつく。

　トゥールミンによれば、デューイには①と②の主張が見られる。トゥールミンの解釈について少し考えてみよう。①のようにデューイを古代懐疑論の伝統

268　　　　　　　　　　　確実性の探求

と結びつける解釈は、あまり見ることがない。ただ私はデューイの基本的立場を、「可謬主義的反懐疑論」（Hilary Putnam）と規定するのがよいと考えている。どんな知識も後続する経験や探求によって反駁されうる。後の経験による反駁の可能性を逃れる術はないという点で、プラグマティストは可謬主義者である。しかしプラトン的なエピステーメーの信奉者とは違い、プラグマティストは可謬主義を懐疑論に結びつけない。何故なら可謬的だということは、未来に向けて改良、改善可能だという積極的意味をもつからである。プラグマティストは知のあり方として、臆見の累積的、連続的な改良過程で十分満足する。ここにプラグマティストが可謬主義的でありながら、反懐疑論的である所以がある。

　②についてはどうか。可謬主義的反懐疑論の論理学は、自然過程に動的に介入し、自然現象をある程度制御し、自然の新しい意味を製作する推論活動の理論である。それは実践的推論の研究である。『実験論理学論集』の第 14 章「実践の判断の論理（The Logic of Judgment of Practice）」は、自然科学の論理を実践的推論という観点から検討している。

　実践的推論の形態は、扱われる問題の本性、推論活動の目的に応じて多様である。価値の制御を目的とした推論もあれば、物理的出来事の制御を目的とした推論、美術作品の制作過程で機能する推論など、多様な推論がある。それら全体に関わるのが、「経験の一般論理学」としての哲学なのである。

4.　教育への示唆

　最後に、デューイによる「確実性の探求」概念の変化が教育に対してもつ意義について少し考えてみよう。『確実性の探求』は、デカルト、ロック以来の基礎づけ主義的認識論に対する根本的批判である。認識の確実性は、予め固定した真理への還元によって得られるのではなく、不安定な出来事過程を結果に向けて一定程度、制御することによって得られる。しかもその過程は果てしのない過程である。デューイにおいては基礎づけ主義的認識論が学習理論に置き換えられている。デューイにとって学習過程は、出来事過程の制御能力を増し、出来事過程の意味製作が遂行される、言語と物理的器具を用いた公然たる推論

解説（加賀裕郎）　　269

過程である。学習はその対象を傍観、表象することではなく、学習対象に介入し、それを一定方向に向けて制御することである。このことはデューイの学習理論が活動主義や構成主義の学習理論と結びつきをもつことを示唆する。

　しかし活動主義や構成主義の学習理論は、必ずしもデューイのような哲学的土台を踏まえているわけではない。さらにデューイの学習理論は、テクノロジカルな意味製作と民主的な意思疎通——いわば道具的理性とコミュニケーション的理性——の統合を目指す。例えば客観的真理と民主的共同体が結びつけられる。デューイは次のように言う。「発見されたものは公表され、広く普及し、コミュニケートされ、日常生活で効果あるものにされ、人びとを一つに結びつけるものになるときにだけ、真に知られる」（MW 6: 67）。真理は広くコミュニケートされ、検証され、共有される過程で客観的になるのである。

　もう一つ、諸科学の統一と社会との関連についても触れておこう。20世紀前半、論理実証主義者によって科学の統一を目指す運動が展開され、『統一科学の百科全書』という叢書も発刊された。デューイはこの叢書に二つの論文を寄稿している。その一つでデューイは、物言語やセンス・データ言語による科学の統一を否定しつつも、諸科学の社会的統一について論じている。諸科学は社会生活のなかに広く普及し、使用、検証、真理化のなかで統一されてゆくというのである。ここでも客観的真理と民主主義、道具的理性とコミュニケーション的理性の総合的把握が目指されている。こう見ると、デューイの学習理論は単なる社会的構築主義ではない。デューイが指向した客観的真理と民主主義、道具的理性とコミュニケーション的理性を統合する教育理論的枠組みは、未だ十分には展開されていない。

　次に『確実性の探求』を古代ギリシャのプラトン以来の哲学との関わりで見てみよう。その種の哲学をローティ（Richard Rorty）に倣って「プラトン主義」と呼んでおく。プラトン主義とは「私たちの認識と私たちの言語に依存しないが、私たちの言語によって適切に表象しようとする何かが存在する」と主張する立場である。『確実性の探求』がこの立場を根本的に否定しているのは、言うまでもない。本書の最終章「コペルニクス的転回」で言われているのは、確実性と不確実性、安定と不安定、決着がついたものと未決着なものが分かち難く結びついた経験的世界を根拠なしに受け入れること、それを実在として認

めることが真の「コペルニクス的転回」だということである。経験的世界を二流の存在に貶める哲学は退けられる。

デューイは経験的世界の頂点を民主主義とし、それを自然の創発的進化の一部に定位する。前述のようにデューイの立場は文化的自然主義、民主主義的自然主義である。民主主義と文化主義を自然主義に接合した哲学は少ないが、教育理論ではさらに少ない。そうした理論の構築に、本書は貴重な示唆を与えてくれるはずである。

本書には物理学や数学の話題が多く出てくる。それらのなかで、物理学の話題については、訳者の同僚である物理学者の山本寿教授にご教授いただいた。記して感謝申し上げる。また私事で恐縮だが、本書は訳者の大学院生時代、講義のテキストとして使用された。講義を担当された同志社大学の、故中桐大有教授には少しだけ恩返しができた気持ちである。

＊本解説中で言及されたデューイの著作名については、執筆時点で一般的と思われる邦題としており、本著作集において収録される邦題と異なる場合がある。

人名索引

あ 行

アインシュタイン, A. 88, 100, 114-15, 264

アリストテレス v, 12-13, 32, 72-73, 94, 129, 145, 197

アレクサンダー, F. M. 262

ウィトゲンシュタイン, L. 266

植田清次 257

エディントン, A. S. 87-88, 103-04, 195, 262

か 行

金子晴勇 x

ガリレオ 73-76, 236

河村望 257

カント, I. viii, 33, 46-49, 52, 112, 136, 139, 143-44, 235-37

ギフォード, A. 257

クラジウス v

コーエン, M. R. 88

コペルニクス, N. 76, 235-36

さ 行

佐々木力 265-66

サンタヤナ, G. 194

ジェイムス, W. 117, 168, 193, 232, 258

シュライエルマッハー, F. x, 251

スティーヴンソン, C. L. 263

スピノザ, B. de 43-45, 51, 112, 169, 236, 250

スペンサー, H. 51-52

た 行

ティリッヒ, P. J. 257

デカルト, R. 33, 45, 72, 90-91, 112, 266, 268

デモクリトス 94

トゥールミン, S. 266-67

トマス・アクィナス vii

な 行

ニーバー, R. 257

ニュートン, I. 48, 75-77, 87, 90-96, 100, 102, 112-15, 119, 125, 129, 161-62, 165, 168, 188, 262, 264

ニューマン, J. H. 41, 246

ノーブル, E. 201

は 行

バークリー, G. 96, 112

パース, C. S. 88, 115

ハーツホン, C. 202

ハーバーマス, J. 266

バーンス, A. C. 262

バーンスタイン, R. #

ハイゼンベルク, W. 161-63, 202, 257, 262, 264

ハイデガー, M. viii, xii, 266

ハイネ, H. 47

バウムガルテン, A. G. v

パウロ x

バリー, S. 77, 122, 127

バルト, K. 257

ヒューム, D. 112, 124, 267

フィヒテ, J. G. 49-51

フック, S. 258

プトレマイオス 236

プラトン v, 13, 119, 124, 269

ブリッジマン, P. W. 87, 164, 262

ヘーゲル, G. W. F. xi, 49-51

ベーコン, F. 265-66

ベネディクト, R. 262

ベルクソン, H. 72, 257

ヘルムホルツ, H. von 130

ベンサム, J. 146

ボアス, F. 262

ホイヘンス, C. 76

ボーア, N.　257
ポパー, K.　vi
ポラニー, M.　257
ホワイト, M.　263
ホワイトヘッド, A.　88, 257

ま 行

マイケルソン, A.　101, 114
マクスウェル, J. C.　202, 262, 265
ミード, G. H　78
ミル, J. S.　88, 124, 145
モーリー, E.　101, 114
モリス, G. S.　263

や 行

ユーイング, A.　258
ユーバーベーグ, F.　263

ら 行

ライプニッツ, G. W.　125
ラプラス, P.-S.　162
ルクレチウス　51
ロイス, J.　139, 258
ローティ, R.　269
ロック, J.　21, 90, 147, 266, 268

事項索引

あ　行

アクティブ・ラーニング　xi
安全性　v, 7, 23-24, 26, 40, 102, 197, 207, 237, 251
意志　172, 189, 203, 218
意識　154
　　──の理論　68
依存　ix-x
　　──感情（感覚）　v-vi, x-ii, 251-52
イデア　v, 48, 72
意図，意図的　199, 203, 238
意味　84, 176, 268
インテレクトゥス　171
運動　73-75, 77, 100, 113, 116-17, 235
エチカ　44
エピステーメー　267-68
延長的抽象化　88

か　行

懐疑論　112, 153-54, 267
概念　116, 119, 122, 135-36, 138, 141, 143
　　諸概念についての──　116
概念論　150
　　客観的──　51, 151
　　主観的──　51
科学革命　22, 67, 75
科学的
　　──確実性　v-vi
　　──操作　99
　　──探究　29
確実性　7, 18-19, 21, 23-24, 26, 31, 40, 48-49, 57, 66, 93, 165, 178, 185, 199, 207, 231, 251, 263-66
学習　268-69
仮説　61-62, 76, 132, 142, 152, 226, 253
価値，価値論　28, 32-37, 44, 51-53, 62, 74, 84, 105, 108, 131, 208-11, 213-16, 221-22, 224, 231-33, 247, 254, 256, 262-63, 268

価値判断　215, 256
活動　120, 165, 243
可能性，可能的　vii-viii, 127, 129, 245, 251, 254-55
可謬主義的反懐疑論　268
神　46, 209, 239, 252
感覚　18, 65, 70, 91, 95-96, 99, 122, 124, 133, 135, 137, 141-42, 210, 267
　　──主義　90, 139, 143, 214
感覚的
　　──証拠　11
　　──性質　90, 97
　　──直覚　146
環境　160
観察，観察行為　19, 42, 65, 68, 70, 114-15, 136, 146, 149, 160, 162-68, 173, 185, 264
観察科学　21-22
感情　x, 216, 229
感性　136
観想的知識　29
カント主義　136
観念　85, 89, 102, 107-08, 110-11, 122, 131-33, 178, 213-14, 216, 220, 229, 244-47
観念論　51, 110, 132, 141, 144, 189, 209, 241
　　──哲学　110, 253
　　──＝理念論　vii
　　絶対──　139
　　真の──　110
機械　201
幾何学　16, 114, 121
危険　3, 5-7, 17, 32-33, 181, 249
記号　120-22, 125, 127-28, 243
儀式　10-11
技術　3-4, 7-8, 59-60, 110, 200, 219, 228
基礎づけ主義　v, 268
帰納法　145
教育，教育思想　xi-xii, 205, 222, 268
享受　79, 82-83, 211, 214-19, 221-22, 224-25, 232-33, 241, 247

形相　39, 71-72, 113, 166
ギリシャ思想，科学　21-22, 39, 41, 44, 71-72, 77-78, 86
キリスト教，キリスト教思想　v, x, 22, 41, 44, 48, 207
禁止　10
近代科学　32, 45, 65, 70, 72, 105
近代哲学　20, 23, 32-33, 39, 40-42, 44-45, 52, 55, 57, 83, 104, 205, 231
偶然性　203
具体的普遍　151
計画　6
経験　21-22, 36, 64-66, 83, 89, 91, 110, 124, 130, 133, 137, 143, 152-53, 181, 191, 193, 197, 207, 220-21, 225, 227, 241, 261, 263
　感覚的——　96
　経験的な——　64
　実験的な——　64
　知覚（的）——　112, 195
　日常——　176, 205
経験主義　147
　——論理学　88
経験的
　——自然主義　261
　——事物　197
　——世界　270
　——的対象　191-92, 194, 198
　——的哲学　61
経験論　114, 124, 131, 141, 208-10, 232
　——的論理学　90
　——哲学　88
　感覚主義的——　85, 89, 97, 136, 145, 264
　伝統的——　86, 124, 131, 141, 167
形式論理学　127-28
形而上学　v, viii, xi, 12, 18, 22, 39, 70, 75, 81-82, 94, 112, 164-65, 168, 189, 196, 248, 261, 263
芸術　72, 74, 79, 244
結果　78, 129, 146, 154, 193, 207
原始宗教　9
現実，現実存在　vii, viii, 250-51
現象　19, 82, 91-92, 115, 148, 153, 167
原理　v-vi, 93, 226

行為　4, 6-7, 14, 20, 23, 26, 28-29, 35, 109, 119, 130, 133, 171-72, 181-82, 197-200, 203, 207, 211, 215-16, 223, 227, 229-30, 239-40, 242-43, 263-65
　理知的——　200, 205
公共哲学者　260-61
傲慢　252
功利主義　25, 209
合理性　7, 16, 40, 80, 130, 169, 170, 173, 207, 214
合理的確実性　18
合理論　97, 131-32, 136, 143, 170, 208, 236, 264
心　7, 19, 39, 60, 64, 84, 103, 112, 139, 154, 165-66, 183-87, 189, 195, →「心的」
　硬い——　116, 118-19
　軟らかい——　117
個人，個人主義　ix-x
個性　90
悟性　48, 136, 240
古典的哲学　23, 246
コペルニクス的転回　xi, 237, 241, 244, 269
コミュニケーション　36, 63, 120, 175-76, 219, 261, 266, 269
根源的直観　viii

さ　行

差異　151
斉一性　167
祭礼　3, 9, 14, 181, 207
参加，参加者　158, 172
参加者的認識論　267
産業社会　63
視覚　89
思考　175
自己中心主義　224
仕事　4
自然　41, 43, 45, 169-72, 187, 189, 197-200, 216, 252, 265
　——科学　14, 20-21, 24, 32-34, 36, 39, 42, 46, 52, 60, 62-63, 66, 75, 87, 91, 106, 108, 111, 113, 115, 133, 142, 157-58, 174, 189, 194, 201, 204-05, 207, 223, 231, 238-

39, 243, 247, 249, 253, 262, 264
——学　13, 43-44
——主義　44, 81, 263
——主義的形而上学　261
——神学　263
——即神　44
——的理性　42
——哲学　162, 264
——の光　42
——法則　92, 165-67, 171
実験，実験主義　xi-xii, 22, 45, 68-69, 77,
　80, 98, 102, 109, 133, 145, 148, 151, 162,
　188, 208, 221-23, 225, 227, 236, 262-64
実験主義的自然主義　260
実験的
——経験論　88, 124, 233
——証拠　93
——操作　135, 151, 251
——探求　20, 39, 68, 75, 79, 81, 97, 133,
　134, 177, 197, 204, 214
——認識（論）　86, 94, 135, 137, 139,
　147, 154, 158, 161, 238
実在　17, 19, 27, 34, 40, 83, 95, 107-09, 117,
　158, 166, 195, 197, 238
　究極的——　26, 38, 43
　物理的——　92
実在性，実在論　19, 52, 103, 144, 224, 241
実証性，実証主義　vi, 11, 50
実践　4-5, 11, 20, 23, 25, 29, 38, 55, 135,
　165, 208, 231
——倫理批判　47
実践的　181
——確実性　48, 102
——活動　4-6, 14, 17, 19, 23, 33, 40, 57,
　158, 173
——行為　15, 24, 239, 256
——推論　268
——批判　47-48
——問題　28, 63, 205, 223
実存，実存論　14, 16, 18
実体　48, 95-96, 100, 113
質的価値　177, 194
質料　17, 99-101, 166

主観性　xii
主知主義　45
純粋活動　15
純粋理性批判　viii, 47, 139
自由意思　203
自由学芸　59
自由主義，自由放任　56, 171
習慣　254
宗教性，宗教的態度　vi-vii, 25, 56
宗教心理学　251
宗教的信仰　250
主観主義，主観的態度　224-25
手段　193, 227-28, 230, 232
主知主義　238
趣味　213
常識，常識的世界　69, 137, 159-60, 197
証明　86, 96, 97, 147
資料　70
進化　52, 270
新実在論　139, 147, 209
心身問題　187
神聖さ，聖なるもの　9-10
真，善，美　35, 51
身体　5, 69
心的　96, 111, 118-19, 135, 141, 151, 163,
　182, 188, 221, 235, 237, 241
信念　11, 21, 15, 48, 221, 226
神秘的体験　191
信頼性　102
真理　21, 55, 92, 127-28, 143, 145, 171, 178,
　226
——の二重本性　46
心理学　25, 27, 51, 157, 194, 210
人類学　9
推論　116, 144-49, 201, 267
——的知識　144
——的認識　151
数学　13, 30, 45, 70, 111-12, 118-19, 122,
　124-27, 148, 157, 159, 162-63, 170, 175-
　76, 195, 241
——的定式化　77, 83
スコラ学，スコラ主義　90, 182
ストア派　189

276　　　　　　　　　　　　　　　　索　引

制御　　8, 105, 131, 133, 175, 201
整合性　　127, 184
製作　　4-6, 14, 240, 268
性質　　92, 99
正準共益量の原理　　161, 162
精神的　　220
生得観念　　49
生物学　　157, 160
生命活動の連続性　　190
絶対依存の感情　　x
絶対者，絶対的存在　　31, 127
絶対的確実性　　v-vi, xi, 20, 28, 49, 237
絶対的真理　　215
説明　　93, 144, 146
善（善さ）　　12, 27, 40, 42, 44, 80, 216, 218,
　　233, 248, 251
センス・データ　　52, 88, 136-41, 143, 150,
　　159, 269
先天的合理論　　90, 113
専門性　　36
相互作用　　19, 29, 62, 82, 101, 104, 106, 113,
　　119, 129, 141, 163, 166, 173, 190-91, 194,
　　197-200, 211, 217, 261
　　可能的――　　126-27, 159
相関関係　　102, 104-05
操作　　9, 32, 94, 102, 109, 119, 124, 210-11,
　　218-19, 232, 236, 238, 246
創造的進化　　72
創造的知性　　78
想像力　　ix, vi, viii, x, 252, 255
贈与　　3
属性　　102, 105, 113-15, 137, 153, 162-63,
　　166
　　本質的――　　94
測定，測量　　102-03, 123
存在　　v, 6, 11, 13-18, 33-37, 39, 41-44, 46,
　　46, 50-51, 53-56, 60, 66, 70, 100, 112-13,
　　116, 126, 128, 130-32, 153, 161, 203, 207-
　　08, 214-15, 224-25, 239-40, 246-48, 250,
　　254, 264

た　行

第一哲学　　12

第三次性質　　194
対象　　19, 22, 74, 80, 92, 96, 98, 102-04, 106-
　　08, 118, 129, 132-33, 138, 140, 144, 149,
　　151-52, 157, 159, 169-70, 181, 191, 196,
　　210-11, 214, 217-18, 221, 227, 237, 242
タブー　　10
単純観念　　147
知覚　　47, 65, 68-69, 79, 83, 92, 96, 99, 133,
　　135-36, 163, 167, 187, 195, 211, 218, 225
力　　100
知行合一　　207-08
知識　　5, 7, 11, 14-15, 17, 20-21, 23, 28-30,
　　35, 40, 54, 57, 62, 64-66, 68, 71, 82, 89, 97,
　　102, 109, 132, 144-45, 148-49, 153-54,
　　157-61, 167, 169-70, 173-74, 177-78, 189,
　　193, 196-97, 204, 207, 217, 223, 227, 229,
　　240, 242-43, 253, 255, 263-64
　　――裁判所　　34
　　推論的――　　144
知識論　　18, 20, 67, 143, 149, 157, 167-68,
　　245
　　伝統的――　　150
知，情，意　　182
知性　　6, 160-61, 171-74, 177, 190, 199, 216,
　　236, 242-44
　　――改善論　　43
知的
　　――愛　　250
　　――確実性　　31
　　――権威　　56, 57
抽象概念　　176, 194
抽象的単純化　　175
超越的価値，超越論的価値論　　209-10
超幾何　　125
超自然的　　9
　　――本質　　91
データ　　78-80, 98, 106, 109, 137-38, 141-
　　42, 153, 158, 192, 213, 264
出来事　　82, 115, 119, 166, 211, 261, 268
哲学　　4-5, 7, 11-15, 22, 24, 26-27, 29, 33,
　　35, 37-39, 53-54, 56, 61, 67, 85, 89, 101,
　　111, 157, 160, 165, 198, 208, 221, 238,
　　247-48, 253, 255

事項索引 277

——の導入　viii
伝統的——　61
デモクラシー（民主主義）　260-61, 270
同一性　150-51
道具, 道具的　8, 88, 98, 107, 122-23, 129,
　131, 151, 176, 178, 225, 227, 243, 269
道具主義　260, 263, 266
統計的　202
同時性　114-15
道徳　5, 23, 25-26, 42, 48-49, 74-75, 89,
　148, 158, 160, 177, 204, 209, 213, 221-23,
　226, 231, 244, 252, 262
——の休日　31
道徳的
　——確実性　47
　——権威　46, 49
陶冶　215, 228
特殊相対性理論　115, 264
独断論　146
ドグマ　32, 36, 128, 152

な　行

日常言語　212
日常性　9-10, 70-71
人間知性論　147
人間の自然　vii-viii, 250
人間の堕落　246
人間の注意と関心の根本的二元論　11
認識, 認識論　19, 29, 67-69, 84, 136, 147,
　151, 165, 199, 204, 239, 241, 243, 246, 264
認識的
　——確実性　27, 31, 40, 44, 47, 52-54
　——経験　177
ヌース　171

は　行

反証, 反証可能性　vi
反省的
　——思考　86
　——操作　210
　——探求　151-52, 157, 213
　——知識　176, 178
　——認識　150

判断　21, 226
　——力批判　49
美術　118, 127, 262, 268
美的　71, 73-74, 124, 148, 177, 191, 213
非 - 不両立性　127
ピューリタニズム　50
表象　124, 266
不安　207
不確実性　5-7, 16, 21, 30-31, 52, 181, 183-
　84, 188, 198
不確定性　188
　——原理　vi, 161-63, 165-66, 168, 265
不可知論　153
普通名詞　192-95
物質　5
物理学　58, 87, 94, 100, 103, 147, 157, 164,
　166, 176-78, 196, 202, 204-05, 225-26,
　253, 264, 270
物理的世界の本性　195
不動の原動者　16
プラグマティズム　29, 88, 115, 268
プリンキピア　94
文化的自然主義　262
分業　30
閉塞した宇宙　168
変化　16, 104-05, 240
傍観者　172, 238, 266
　——認識論, 理論　19, 165, 199
法則　22, 45, 165, 201
本質, 本質存在　v, vii, 18, 95, 128, 250
本性　98

ま　行

マイケルソン - モーリーの実験　100, 114
未来　62
無生物　181-82
メリオリズム　xii
目的　45, 198, 200, 230
物の本性について　51
問題解決学習　xi

や　行

唯物論　61, 85, 230

有機体　182, 187, 190, 224, 261
ユークリッド幾何学　13, 70, 111, 125
与件　141-42
予測，予想　159, 201, 243
欲求　230

ら　行

理性　viii, 42, 135, 170-72, 199, 209, 231
　推論的――　111
　直感的――　111
理知的行為，活動，操作　173, 200-01, 210, 216, 243
理想，理想主義　vii-viii, 27, 33, 50, 85, 220, 227-29, 245-48, 251, 254, 256
理想的
　――可能性　v, viii
　――関係性　130
　――形相　39, 41
リベラル　61, 223, 260
領域　118
理論　5, 20, 23, 38, 55, 221, 231
　――的確実性　102, 172
歴史　200, 203, 249
ロゴス　v, 71
ロマン派　47
論理学　13, 16, 50, 67, 70, 149, 159

訳者紹介

加賀裕郎（かが・ひろお）同志社女子大学学長、同大学現代社会学部社会システム学科教授、博士（哲学）、日本デューイ学会会長。主要著書に『デューイ自然主義の生成と構造』（晃洋書房、2009 年）、『現代哲学の真理論』（編著、世界思想社、2009 年）、『プラグマティズムを学ぶ人のために』（編著、世界思想社、2017 年）、ほか

解題

田中智志（たなか・さとし）東京大学大学院教育学研究科教授、博士（教育学）。「デューイ著作集」総監修。主要著書に『共存在の教育学』（東京大学出版会、2017 年）、『何が教育思想と呼ばれるのか』（一藝社、2017 年）、『学びを支える活動へ』（編著、東信堂、2010 年）、ほか

デューイ著作集 4　哲学 4 確実性の探求
知識と行為の関係についての研究

2018 年 9 月 26 日　初　版

［検印廃止］

著　者　ジョン・デューイ

訳　者　加賀裕郎

発行所　一般財団法人　東京大学出版会

代表者　吉見俊哉

153-0041 東京都目黒区駒場 4-5-29
http://www.utp.or.jp/
電話 03-6407-1069　Fax 03-6407-1991
振替 00160-6-59964

印刷所　株式会社三陽社
製本所　牧製本印刷株式会社

Ⓒ 2018 Hiroo Kaga, Translator
ISBN 978-4-13-014204-5　Printed in Japan

JCOPY 〈㈳出版者著作権管理機構　委託出版物〉
本書の無断複写は著作権法上での例外を除き禁じられています．複写される場合は，そのつど事前に，㈳出版者著作権管理機構（電話 03-3513-6969，FAX 03-3513-6979，e-mail: info@jcopy.or.jp）の許諾を得てください．

デューイ著作集　第Ⅰ期［全8巻］

総監修──田中智志［東京大学］，**監修**（解題）──佐藤　学［学習院大学］・
藤井千春［早稲田大学］・小玉重夫［東京大学］・松浦良充［慶應義塾大学］・
松下良平［金沢大学］，**編集委員会**──総監修者＋岡部美香［大阪大学］・
古屋恵太［東京学芸大学］・高柳充利［信州大学］（順不同）

　　哲学1［通巻1］『人間の自然本性と行為』ほか（岡部美香 訳者代表）
　　哲学2［通巻2］『論理学的理論の研究』ほか（古屋恵太 訳者代表）
　　哲学3［通巻3］『経験と自然』（松下晴彦 訳）
　　哲学4［通巻4］『確実性の探求』（加賀裕郎 訳）　　　　　　　［4500 円］
　　哲学5［通巻5］『共同の信仰』ほか（小玉重夫 訳者代表）
　　教育1［通巻6］『学校と社会』ほか（上野正道 訳者代表）
　　教育2［通巻7］『明日の学校』ほか（上野正道 訳者代表）
　　政治1［通巻8］『公衆とその問題』ほか（生澤繁樹 訳者代表）

　各巻 A5 判横組、上製、約 240-320 頁

ここに表示された価格は本体価格です。ご購入の
際には消費税が加算されますのでご了承ください。